U0109243

古典文獻研究輯刊

十七編

潘美月・杜潔祥 主編

第 13 冊

《新序》《說苑》文獻研究

姚 娟 著

國家圖書館出版品預行編目資料

《新序》《說苑》文獻研究／姚娟　著 — 初版 — 新北市：花木
蘭文化出版社，2013〔民 102〕
目 2+268 面；19×26 公分
（古典文獻研究輯刊 十七編；第 13 冊）
ISBN：978-986-322-438-9（精裝）
1. 新序　2. 說苑　3. 研究考訂
011.08　　　　　　　　　　　　　　　102014875

古典文獻研究輯刊
十七編　第十三冊　　　　　　　ISBN：978-986-322-438-9

《新序》《說苑》文獻研究

作　　者　姚娟
主　　編　潘美月　杜潔祥
總 編 輯　杜潔祥
企劃出版　北京大學文化資源研究中心
出　　版　花木蘭文化出版社
發 行 所　花木蘭文化出版社
發 行 人　高小娟
聯絡地址　235 新北市中和區中安街七十二號十三樓
　　　　　電話：02-2923-1455／傳真：02-2923-1452
網　　址　http://www.huamulan.tw 信箱 sut81518@gmail.com
印　　刷　普羅文化出版廣告事業
初　　版　2013 年 9 月
定　　價　十七編 20 冊（精裝）新台幣 31,000 元
版權所有·請勿翻印

《新序》《說苑》文獻研究

姚 娟 著

作者簡介

姚娟，女，湖北省荊州市人。中國古典文獻學博士，師從於華中師範大學文學院博士生導師王齊洲教授，現為武漢東湖學院傳媒與藝術設計學院副教授、副院長。作者熱愛中國傳統文化，致力於中國古典文獻學研究，在華中師範大學文學院攻讀博士學位期間，承蒙王齊洲、張三夕、高華平三位恩師提攜，勤奮學習，刻苦鑽研，發表與先秦文獻古籍整理有關論文十多篇，多次獲得獎學金，博士論文被評為校級優秀論文，同時獲得優秀博士畢業生稱號。

提　　要

　　《新序》《說苑》是西漢學者劉向（前 79 年～前 8 年）的兩部作品。二書體例特殊、主旨相似，在著作體例、成書年代、材料來源與編撰方式、材料的真實度上一直存在爭議。前人在鑒別版本、校勘文字、字詞注釋、輯佚、史實考辨等文獻整理方面做了大量工作，以此為基礎，本文對《新序》《說苑》二書文獻進行比較研究，同時將二書與傳世文獻、出土文獻相結合，進行全面具體的分析，力圖揭示《新序》《說苑》的文獻來源與文獻價值。

　　緒論：綜述《新序》《說苑》文獻研究現狀，確定本文研究的範圍與重點。

　　第一章是關於《新序》《說苑》二書文獻的研究。考證《新序》《說苑》的成書與流傳，《說苑敘錄》的真偽，對二書中重複文獻進行界定並分析其特點，總結前人的輯佚情況並做出自己的判斷與分析。

　　第二章是關於二書與《孔子家語》互見文獻研究。在對二書互見文獻統計的基礎上，重點分析了《說苑》與《孔子家語》的關係，得出《說苑》與今本《孔子家語》互見文獻皆來自古本《孔子家語》，今本《孔子家語》並非偽書的結論。

　　第三章是關於二書與《韓詩外傳》互見文獻研究。根據二書引用《韓詩外傳》文獻的數量與改動方式，得出《新序》以結尾句歸類文獻、二書與《韓詩外傳》分別有著儒道兩種思想傾向、《新序》與《說苑》有著不同的節士觀的結論。

　　第四章是關於二書與《呂氏春秋》互見文獻研究。統計二書與《呂氏春秋》互見文獻數量，考察二書與《呂氏春秋》文獻的思想共同點，瞭解到《新序》《說苑》因體例不同對處理引用文獻方式的影響。

　　第五章是關於二書與《左傳》等四部史書互見文獻研究。分析了二書與四部史書互見文獻的情況，二書與《左傳》文獻本事相同，文字大異，應屬於不同文本系統的說類歷史故事；《新序》注重《戰國策》與《史記》中反映春秋戰國辯士風采的故事，沒有引《國語》文獻。

　　第六章是關於二書與其它書籍文獻研究。與《大戴禮記》、《禮記》、《晏子春秋》、《荀子》、《韓非子》、《賈誼》、《淮南子》等七部書籍的互見文獻分析，發現除《晏子春秋》為《說苑》所引，其他六部書不一定是二書的文獻來源。

　　第七章是關於二書與出土文獻的研究，出土文獻主要為定縣八角廊漢簡《儒家者言》和阜陽雙古堆漢簡中的一號木牘、二號木牘、殘簡《說類雜事》。經過文字比較後，得出以下結論：《說苑》與出土文獻相近，文字更原始，《孔子家語》則有著重組、加工的痕迹。《說苑》以出土文獻為底本，通過分篇標目、增刪評語的方法，使之成為主旨明晰的新書。

　　本文的結論是：就二書關係而言，二者成書於不同時間，主旨、引書皆有同有異；《說苑》與今本《孔子家語》互見文獻來自古本《孔子家語》，《孔子家語》並非偽書；二書在引《韓詩外傳》與《呂氏春秋》文獻時，通過改變結尾議論來凸顯儒家政治理想。二書與《左傳》《國語》《戰國策》《史記》等史書的歷史故事多來自不同的文本。

緒　論

一、《新序》《說苑》研究現狀

　　《新序》《說苑》二書是西漢後期著名學者劉向的重要作品。劉向（前79 年～前 8 年）〔註1〕，字子政，原名劉更生，西漢沛（今江蘇沛縣）人。劉向出身尊貴，先祖楚元王劉交爲漢高祖劉邦同父少弟。祖父劉辟疆、父親劉德歷任宗正一職，劉德被封爲關內侯、陽城侯。除家世顯赫，劉向家學淵源深厚。楚元王劉交「好書，多材藝。少時嘗與魯穆生、白生、申公俱受《詩》於浮丘伯」〔註2〕。劉向祖父辟疆「亦好讀《詩》，能屬文」〔註3〕。其父劉德，「少時數言事，召見甘泉宮，武帝謂之千里駒」〔註4〕。受家學傳統影響，劉向博極群書、好學不倦，終爲西漢博古通今之儒，並留下詩賦、奏議、傳記等大量的作品。劉向一生中最重要的成就是領校西漢皇室藏

〔註 1〕　劉向的生年並不明確。《漢書・楚元王傳》云：「（向）居列大夫官前後三十餘
　　　　年，年七十二歲卒。卒後十三歲而王氏代漢。」後人主要根據這段文字推測
　　　　劉向的生卒年。由於對王氏代漢之年看法不同，劉向生卒年亦有四種說法：
　　　　第一種，生於漢昭帝元鳳元年辛丑（公元前 80 年），卒於漢成帝元延四年壬
　　　　子（公元前 9 年）；第二種，生於漢昭帝元鳳三年癸丑（公元前 79 年），卒於
　　　　漢成帝綏和元年癸丑（公元前 8 年）；第三種，生於漢昭帝元鳳二年壬寅（公
　　　　元前 78 年），卒於漢成帝綏和二年甲寅（公元前 7 年）；第四種，生於漢昭帝
　　　　元鳳四年甲辰（公元前 77 年），卒於漢哀帝建平元年乙卯（公元前 6 年）。本
　　　　文取第二種說法。
〔註 2〕　班固：《漢書》卷三十六《楚元王傳》，北京：中華書局，1962 年，第 1921
　　　　頁。
〔註 3〕　同上，第 1926 頁。
〔註 4〕　同上，第 1927 頁。

書，先秦古籍多賴劉向得以保存。劉向的作品大部分亡佚，《新序》《說苑》保存得相對完整。此二書是劉向「采傳記行事」〔註5〕著成，多古人嘉語善行，少作者抽象議論，書籍言近旨遠，體例獨特。二書成書目的在於「言得失，陳法戒」〔註6〕，為帝王規諫書，因此一直為朝廷所重視，歷代流傳不衰。下面是二書的研究現狀：

（一）二十世紀以前的研究簡述

《新序》《說苑》問世以來，一直不被學者所看重，其研究相對薄弱。《新序》《說苑》注本，各家志目無有著錄，僅《藝文類聚》七十四引《說苑》曰：「塞，行棋相塞謂之塞也。」〔註7〕《太平御覽》三四三引注曰：「錚，楚庚切。」〔註8〕又三九一：「洿耶，下田也。」〔註9〕又四〇二：「中間，謂紹介也。」〔註10〕這些注釋性文字今本《說苑》無，很明顯，這些引文是對《說苑》中名物的解釋，應為《說苑》舊注無疑。不知何故，這些舊注竟未能留存。

班固、王充、桓譚、陸喜、劉勰、劉知幾等學者在文中提及二書或劉向本人，亦是泛泛而論。比劉向稍後的桓譚，最先在《新論》中提及《新序》，桓譚云：「余為《新論》，術辨古今，今亦欲興治也，何異《春秋》褒貶耶？今有疑者，所謂蚌異蛤、二五為非十也。譚見劉向《新序》、陸賈《新語》，乃為《新論》。」〔註11〕桓譚並未正面評價《新序》，僅指出其創作《新論》受到了劉向《新序》的影響。但他拿《新序》與《春秋》類比，已隱蔽地指出《新序》褒善貶惡的功能。除了桓譚，陸喜也以這種寫作方式表達了自己對《新序》的推崇。他說：「劉向省《新語》而作《新序》，桓譚詠《新序》而作《新論》。余不自量，感子雲之《法言》而作《言道》，覿賈子之美才而作《訪論》，觀子政《洪範》而作《古今曆》，覽蔣子通《萬機》而作《審

〔註 5〕同上，第 1958 頁。

〔註 6〕同上，第 1958 頁。

〔註 7〕歐陽詢：《藝文類聚》卷七十四，上海：上海古籍出版社，1982 年，第 1280 頁。

〔註 8〕李昉等：《太平御覽》卷三四三，北京：中華書局，1985 年，第 1577 頁。

〔註 9〕李昉等：《太平御覽》卷三九一，北京：中華書局，1985 年，第 1809 頁。

〔註 10〕李昉等：《太平御覽》卷三九一，北京：中華書局，1985 年，第 1859 頁。

〔註 11〕嚴可均校輯：《全後漢文》，《全上古三代秦漢三國六朝文》，北京：中華書局，1958 年，第 537 頁。

機》，讀《幽通》、《思玄》、《四愁》而作《娛賓》、《九思》，眞所謂忍愧者也。」〔註12〕班固著《漢書‧藝文志》時，將《新序》《說苑》收入《諸子略》的「儒家」，他認爲：「儒家者流，蓋出於司徒之官，助人君順陰陽明教化者也。游文於六經之中，留意於仁義之際，祖述堯舜，憲章文武，宗師仲尼，以重其言，於道最爲高。」〔註13〕可見，班固的歸類，突出了二書「助人君順陰陽明教化」的思想價值。不過，歷代學者對劉向著作褒貶參半。東漢王充《論衡‧超奇篇》云：「若司馬子長、劉子政之徒，累積篇第，文以萬數，其過子雲、子高遠矣。然而因成紀前，無胸中之造。」〔註14〕便是批評劉向繼承大於創新。此後，學者對《新序》、《說苑》的研究基本上集中在對二書價值的評價上。褒者依然從二書的思想意義上進行肯定，劉勰就認爲劉向《說苑》與先秦諸子一樣「標心於萬古之上，而送懷於千載之下。金石靡矣，聲其銷乎」〔註15〕。劉知幾卻從史學的角度對《新序》《說苑》中材料的眞實性提出質疑，認爲二書「廣陳虛事，多構僞辭」〔註16〕。宋朝的學者亦在這些問題上爭論不休。宋代曾鞏雖然熱衷於整理《新序》《說苑》，在二書的傳播上起到了重要的作用，但他在《說苑序》中也稱劉向「徇物者多而自爲者少」〔註17〕。葉大慶則進一步考證材料的眞僞，並在《考古質疑》中摘錄《新序》《說苑》中時間、事件錯誤的材料進行考辨，此外，黃朝英《靖康緗素雜記》、王應麟《困學紀聞》、顧炎武《日知錄》、虞兆漋《天香樓偶得》諸書皆摘錄若干條。針對葉大慶等人對《說苑》的批評，朱一新在《無邪堂答問》中提出有力的反駁，他說：「劉子政作《新序》《說苑》冀以感悟時君，取是達意而止，不復計事實之舛誤，蓋文章體制不同，議論之文，源出於子，自成一家。」〔註18〕南宋高似孫更是高度評價了這兩部書，

〔註12〕房玄齡：《晉書》卷五十四《陸喜傳》，北京：中華書局，1974年，第1486頁。
〔註13〕班固：《漢書》卷三十《藝文志》，北京：中華書局，1962年，第1728頁。
〔註14〕王充：《論衡》，上海：上海人民出版社，1974年，第212頁。
〔註15〕劉勰撰、范文瀾注：《文心雕龍》，北京：人民文學出版社，1958年，第310頁。
〔註16〕劉知幾撰，張振佩箋注：《史通箋注》卷十八，貴陽：貴州人民出版社，1985年，第625頁。
〔註17〕陳杏珍、晁繼周點校：《曾鞏集》卷十一，北京：中華書局，1984年，第191頁。
〔註18〕朱一新：《無邪堂答問》卷四，北京：中華書局，2000年，第161頁。

他在《子略》中說:「先秦古書甫脫盡劫,一入向筆,採擷不遺。至其正綱紀、迪教化、辨邪正、黜異端,以爲漢規監者,盡在此書。」〔註19〕明清以來,對《新序》《說苑》的研究著作增多。除了對兩書主旨、材料眞僞等問題繼續討論。明清時期更注重二書版本、校勘、輯佚等具體的整理工作。如明朝黃從誠《說苑旁注評林》二十卷,可謂是較早的《說苑》研究著作,清朝盧文弨有《新序拾補》《說苑拾補》(見其《群書拾補》),俞樾有《說苑平議》一卷(在《諸子平議補錄》內),孫詒讓有《說苑札迻》(在《札迻》內),日本則有尾張關嘉的《說苑纂注》(1794)、桃源藏的《劉向〈說苑〉考》(1798)、武井驥的《新序纂注》(1822)、岡本保存的《新序考》等。部分博學多識的藏書家在搜羅《新序》《說苑》善本時,也對二書進行校對、補注等整理工作,對《新序》《說苑》的保存做出較大的貢獻。例如黃丕烈的《士禮居藏書題跋記》一書中,就詳細地介紹了自己校對《新序》《說苑》二書的成果,並且比較了北宋本《新序》《說苑》與南宋咸淳本的優劣,推舉北宋本爲甲,咸淳本爲乙。還有傅增湘《藏園群書題記》、瞿鏞《鐵琴銅劍樓藏書題跋集錄》、潘景鄭《著硯樓書跋》等,都對《新序》《說苑》進行過鑑別、校勘等工作。《新序》《說苑》的原貌能保存得較完整,得助於這些藏書家們之力。

(二)二十世紀以來的研究現狀

跟二十世紀以前的研究相比,二十世紀以來《新序》《說苑》研究呈現多元化態勢。研究者除了繼續進行校正、審訂、注釋、補遺等方面文獻整理工作,還開始了二書在思想、藝術特色、體裁特點等方面的探討。但與其它書籍相比,《新序》《說苑》的研究相對滯後。據《全國報刊索引》與中國期刊網統計,以二書爲研究對象的論文並不多,九十年代以前的論文更是屈指可數。謝明仁先生曾有此感慨:「翻檢建國後至 1985 年底的各種報刊資料索引、古典文學論文索引,除一例外,均未提到《說苑》。而這一例也只是抽出《說苑》中的二章來爲之譯注而已。」〔註20〕《說苑》境況如此,《新序》的研究也不樂觀,據粗略瞭解,到八十年代底,研究《新序》的論文只有蒙傳銘的《劉向〈新序〉之重新考察》〔註21〕和張白珩的《試論劉向〈新序〉

〔註19〕高似孫撰:《子略》,瀋陽:遼寧教育出版社,1998 年,第 63 頁。
〔註20〕謝明仁:《劉向〈說苑〉研究》,蘭州:蘭州大學出版社,2000 年,第 57 頁。
〔註21〕蒙傳銘:《劉向〈新序〉之重新考察》,《圖書館學報》,1965 年第 7 期。

成書之體例》等〔註22〕。此後，研究二書的論文數量增多，碩士、博士研究生也紛紛涉足這一領域。具體說來，《新序》《說苑》的研究分爲以下三個方面。

1.《新序》《說苑》文獻研究

明清學者熱衷於《新序》《說苑》的校勘、訓詁、審訂、補證等具體的古籍整理工作，受其影響，二十世紀中前期，對《新序》《說苑》進行校勘、疏證、注譯、補遺依然是研究重心。《新序》有、張國銓的《新序校注》、石光瑛的《新序校釋》、趙善詒的《新序疏證》、趙仲邑的《新序詳注》、（臺）盧元駿的《新序今注今譯》、李年華《新序全譯》、馬達《新序譯注》等專著。石光瑛《新序校釋》用力頗勤，不僅「校勘廣泛細緻，定字審愼嚴謹」〔註23〕，特別出功力的是《校釋》之「釋」，釋字、釋詞、釋義，皆能持之有故，言之成理。此外，對書中涉及的人物歷史、典章制度、文字音韻、地理名物等等，都旁徵博引，詳爲考釋〔註24〕。趙善詒撰寫了《新序疏證》《說苑疏證》兩本著作。二書皆以閱讀爲目的，所作的工作主要「校正謬誤，刪補衍脫，並加以標點，便於閱讀。校記則擇要夾註在正文內，一般則概從省略，以免繁瑣」〔註25〕。因此，這兩本書略顯簡單。其優點則在於二書能以《新序》《說苑》爲綱，將諸書互見故事逐一輯錄在相關條目下，故事源流，清晰明確，給研究者提供較大的方便。趙仲邑的《新序詳注》雖然名其爲「詳注」，其書中卻「有集證，有考釋，有考辨，有校勘，有考異，有音讀」，〔註26〕是《新序》研究中一本集大成著作。《新序今注今譯》、《新序全譯》、《新序譯注》屬於普及性的通俗本，《新序今注今譯》質量不高，且有一些知識性的錯誤。《新序全譯》、《新序譯注》所據書不廣，但它們在整理普及古籍方面也起到了一定的作用。

至於《說苑》，民國時期則有劉文典的《說苑斠補》、向宗魯的《說苑校證》。解放以後，又有左松超的《說苑集證》、趙善詒的《說苑疏證》、金嘉錫

〔註22〕張白珩：《試論劉向〈新序〉成書之體例》，《四川師範大學學報（社會科學版）》，1980 年第 3 期。

〔註23〕石光瑛校釋：《新序校釋・整理說明》，北京：中華書局，2001 年，第 5 頁。

〔註24〕石光瑛校釋：《新序校釋・整理說明》，北京：中華書局，2001 年，第 5 頁。

〔註25〕趙善詒疏證：《說苑疏證・前言》，上海：華東師範大學出版社，1989 年，第 3 頁。

〔註26〕趙仲邑注：《新序詳注・前言》，北京：中華書局，1997 年，第 21 頁。

的《說苑補正》、盧元駿的《說苑今注今譯》、王瑛、王天海《說苑全譯》等。劉文典著《說苑斠補》,「搜羅舊說,補以己見,創獲甚多,程功頗巨。獨惜於古注類書援引不廣,間亦有缺乏確證而臆斷者」〔註27〕。向宗魯治學嚴謹,整理《說苑》時,先從校勘、訓詁入手。此外,又參校各本,博采群書。因此,其成果《說苑校證》資料翔實、梳理細緻、見解準確。左松超是臺灣學者,他的《說苑集證》共有上中下三冊,可見其書材料之豐富,但《說苑集證》的成書目的亦在「裒集眾說,折中是非,刊其謬,補其闕,通其文理,定其字義」〔註28〕金嘉錫的《說苑補正》於「劉文典未涉之古注、類書詳加檢核,以定其是非;與經、傳、子、史廣為搜羅有關之文,以增其證驗,計得一三○五條,……所獲之豐,邁越前修多多矣」〔註29〕。

以上分析可見,這些著作都是以校勘、注釋、疏文理、定字義為主,研究的目的是希望通過這些工作,能得到一本衍脫謬誤較少的整理本,以方便閱讀。他們的工作實際上是明清藏書家、學者工作的承續,只不過他們較之前人更加細緻。在這些書的前序、後跋中也涉及到了二書歷來存在的基本問題,即成書年代、著作體例、材料真偽、版本考證、文獻輯佚等。由於作者以整理為重點,非以研究為目的,作者只能對這些問題提出自己的一些觀點,深入研究受到限制。但這些著作對《新序》《說苑》所作細緻的整理工作,給繼續研究奠定了良好的基礎。

2. 《新序》《說苑》思想研究

自班固始,《新序》《說苑》就歸為儒家類,僅《宋史・藝文志》將其歸為「雜家類」。可見,學者皆認為二書表現的是儒家思想。紀昀更是盛讚劉向「不愧儒宗」〔註30〕。徐復觀《劉向〈新序〉〈說苑〉的研究》〔註31〕、謝明仁《劉向〈說苑〉研究》、葉幼明的《劉向〈新序〉的思想和藝術》、〔註32〕郝繼東的《劉向〈新序〉之價值取向》〔註33〕、梅軍《〈說苑〉研究》

〔註27〕左松超:《說苑集證・自敘》上冊,臺灣:國立編譯館,2001年,第28頁。
〔註28〕同上。
〔註29〕同上。
〔註30〕永瑢:《四庫全書總目》卷九十一,北京:中華書局,1965年,第772頁。
〔註31〕徐復觀:《兩漢思想史》卷三,上海:華東師範大學出版社,2000年,第31頁。
〔註32〕葉幼明:《劉向〈新序〉的思想和藝術》,《求索》,1992年第4期。
〔註33〕郝繼東:《劉向〈新序〉之價值取向》,《瀋陽師範大學學報(哲學社會科學版)》,2004年第1期。

〔註 34〕、劉琳霞《劉向〈說苑〉考論》〔註 35〕，都分別從政治思想與倫理道德等方面論述了劉向的儒家思想。從《新序》《說苑》來看，劉向的儒家思想包括君仁臣忠、戒淫戒奢、尊賢納諫、重義輕死等方面的內容，這些是劉向對先秦儒學的繼承。但是，爲了適應新的社會歷史環境，劉向對先秦儒學又有所發展。具體說來就是儒家思想爲主導，兼取道、法等諸子之學〔註 36〕。應該說，漢初至中期，儒家思想及儒士一度受到壓抑和貶斥。雖有漢武帝罷黜百家，獨尊儒術，實際卻頗重法治，到宣帝時，依然「多文法吏，以刑名繩下」〔註 37〕，宣帝還譏刺儒者是「俗儒不達時宜，好是古非今，使人眩於名實，不知所守，何足委任！」〔註 38〕因此，揚長避短，採納諸子學說以充實儒家思想是西漢儒學的總趨勢。吳全蘭《論劉向對先秦儒學的繼承和發展》以《新序》《說苑》爲例，具體分析了劉向以道家、法家等諸子之學豐富儒家思想的具體措施〔註 39〕；邢培順、王琳《試論劉向著述的思想傾向》分析了《新序》《說苑》中呈現出的既力圖用儒家思想統一全社會思想意識，又殘留著許多先秦諸子思想的比較複雜的面貌〔註 40〕；吳全蘭《劉向「敬慎」的修身原則及其現代價值》著重論述了《說苑》中「敬慎」的修身原則〔註 41〕。「敬慎」包括謙虛謹慎、懼滿持盈、不貪等，它是劉向融合儒、道兩家思想而提出來的。福建師範大學鄭蘇青碩士論文《劉向三書倫理思想剖析》亦認爲《新序》《說苑》表達的是以儒家爲主，兼取法、道二家的倫理思想〔註 42〕。王萍等撰寫的《道家思想與劉向學術》指出《新序》《說苑》對道家的無爲而治、崇儉抑奢、戒驕重謙等思想也多有吸納和改造，道家思

〔註 34〕梅軍：《〈說苑〉研究》（碩士學位論文），武漢大學，2004 年。

〔註 35〕劉琳霞：《劉向〈說苑〉考論》（碩士學位論文），河南大學，2006 年。

〔註 36〕吳全蘭：《論劉向對先秦儒學的繼承和發展》，《雲南社會科學》，2003 年第 6 期。

〔註 37〕班固：《漢書》卷九《元帝紀》，北京：中華書局，1962 年，第 277 頁。

〔註 38〕同上。

〔註 39〕吳全蘭：《論劉向對先秦儒學的繼承和發展》，《雲南社會科學》，2003 年第 6 期。

〔註 40〕邢培順、王琳：《試論劉向著述的思想傾向》，《山東師範大學學報（人文社會科學版）》，2003 年第 3 期。

〔註 41〕吳全蘭：《劉向「敬慎」的修身原則及其現代價值》，《廣西師大學報（哲學社會科學版）》，2006 年第 1 期。

〔註 42〕鄭蘇青：《劉向三書倫理思想剖析》（碩士學位論文），福建師範大學，2006 年。

想是二書思想體系中的重要組成部分〔註43〕。

　　除了論述《新序》《說苑》中劉向的儒家思想，蔣凡《劉向文學思想述評》全面論述了劉向的文學思想，即曉合經義、文章可觀；積內形外、明意達旨；美刺並興、諷君勸世；「詩無通詁」與具體批評，重視語言文辭的修飾與表達等〔註44〕。吳全蘭《試論劉向的「修文」思想》通過分析《說苑》中的「修文」思想，展現了劉向帶有濃厚的、狹隘的實用主義的色彩的美育思想〔註45〕。其《試論劉向的人生哲學》討論了《新序》《說苑》中劉向對人性觀、人生修養的認識〔註46〕。

3.《新序》《說苑》文學特徵研究

　　對於《新序》《說苑》文學特徵，研究者多注意其小說性、寓言故事、比喻手法、語言特色這四點。《新序》《說苑》記錄先秦至漢初的歷史故事，具備後世小說特徵，研究者多將其歸爲小說類。趙明、楊樹增、曲德來的《兩漢大文學史》就把它作爲漢代子史故事類小說，王增斌等的《中國古代小說通論綜解》、吳禮權的《中國筆記小說史》、吳志達的《中國文言小說史》等都把它作爲小說，一些論文還進行了具體分析。范能船《越世高談，自開戶牖——〈說苑〉論》分析了《說苑》作爲小說藝術作品的四個特點：其一，以歷史故事爲主，雜以議論；其二，故事篇幅雖然短小，但表現手法多樣，呈現出千姿百態的藝術形象；其三，有部分包含豐富多彩的想像和虛構成分，因而極具寓言、神話傳說的色彩；其四、無論敘述語言、對話語言、議論語言，都簡練而傳神，富有哲理情趣〔註47〕。馬達《劉向〈說苑〉管窺》亦提及《說苑》故事生動、寓言趣味雋永、語言曉暢有文採等特點〔註48〕。謝明仁《劉向〈說苑〉研究》中《〈說苑〉之文學性》章中著重論述了《說

〔註43〕 王萍，王小蘭，王仲修：《道家思想與劉向學術》，《山東大學學報（哲學社會科學版）》，2004 年第 3 期。

〔註44〕 蔣凡：《劉向文學思想述評》，《復旦大學學報》，1985 年第 9 期。

〔註45〕 吳全蘭：《試論劉向的「修文」思想》，《廣西師範大學學報（哲學社會科學版）》，2003 年第 4 期。

〔註46〕 吳全蘭：《試論劉向的人生哲學》，《信陽師範學院學報（哲學社會科學版）》，2004 年第 1 期。

〔註47〕 范能船：《越世高談，自開戶牖——〈說苑〉論》，《撫州師專學報（社會科學版）》，1987 年第 3 期。

〔註48〕 馬達：《劉向〈說苑〉管窺》，《鹽城師專學報（社會科學版）》，1987 年第 1 期。

苑》的小說特徵、比喻的修辭手法以及辭約義豐的語言特色〔註49〕。戴紅賢
《劉向書與中國前小說的形態特徵》一文中，指出中國前小說敘事經歷了一
個寄生子史而旁出的嬗變過程，子部和史部這兩大類的前小說對中國小說的
形成有重大的影響，而劉向的著作多具有子部小說的特徵〔註50〕。周蔚的
《劉向小說藝術成就淺論》從記人、敘事、表現手法、語言藝術等方面分析
了劉向的小說藝術成就，並給於高度的評價〔註51〕。重慶師範大學邱東玎的
碩士論文《劉向散文對西漢文風的繼承與超越》認為劉向創立了筆記小說這
一新體裁〔註52〕。曲阜師範大學賈冬月的碩士論文《論劉向的三本書與小說
的關係》從故事、情節、人物、環境四個方面具體分析了《新序》《說苑》的
小說特徵〔註53〕。

　　除了分析《新序》《說苑》的小說特徵，上面所列論文也分析了二書的比
喻修辭手法、寓言故事和語言特徵。此外，李岩《〈說苑〉的比喻》還專文探
討比喻手法在《說苑》中的運用〔註54〕。華東師範大學劉蓓然的碩士論文《劉
向〈說苑〉修辭研究》從語辭技巧研究、文辭修辭功能研究、修辭理論研究
三方面對《說苑》進行研究〔註55〕。

4.《新序》《說苑》的語言學研究

　　《新序》《說苑》語言學研究多集中於碩士論文。東北師範大學於姍的
《〈新序〉復音詞研究》「從構詞方式的角度切入，對《新序》中的復音詞進
行專項研究。目的是將此書放在詞彙史的發展長河中，對古代復音詞的發
展、演變情況作歷時的、縱向的對比和研究，探求漢語復音詞發展的一般規
律」〔註56〕。四川大學楊芸的《〈新序〉文獻異文研究》「採用比較和數據統

〔註49〕謝明仁：《劉向〈說苑〉研究》，蘭州：蘭州大學出版社，2000 年，第 231～
　　　　268 頁。

〔註50〕戴紅賢：《劉向書與中國前小說的形態特徵》，《四川師範大學學報（哲學社會
　　　　科學版）》，1997 年第 1 期。

〔註51〕周蔚：《劉向小說藝術成就淺論》，《蘇州大學學報（哲學社會科學版）》，2004
　　　　年第 3 期。

〔註52〕邱東玎：《劉向散文對西漢文風的繼承與超越》（碩士學位論文），重慶師範大
　　　　學，2004 年。

〔註53〕賈冬月：《論劉向的三本書與小說的關係》（碩士學位論文），曲阜師範大學，
　　　　2007 年。

〔註54〕李岩：《〈說苑〉的比喻》，《新疆師範大學學報》，1986 年第 1 期。

〔註55〕劉蓓然：《劉向〈說苑〉修辭研究》（碩士學位論文），華東師範大學，2007 年。

〔註56〕於姍：《〈新序〉復音詞研究》（碩士學位論文），東北師範大學，2007 年，第

計的方法,從文字、詞彙、語法三個方面討論《新序》」〔註57〕。此外,四川大學楊莊的《〈說苑〉及其相關文獻異文的比較研究》〔註58〕、曲阜師範大學顏麗的《〈說苑〉代詞研究》〔註59〕、蘇州大學陶家駿的《〈說苑〉復音詞研究》〔註60〕都是語言學方面的碩士論文。

總之,二十世紀以來《新序》《說苑》的研究呈現多元化態勢,既有對《新序》《說苑》校勘、注釋、疏文理、定字義的文獻整理,又有研究專著出版。碩士、博士論文以及期刊文章數量也在不斷增加。從研究範圍來說,研究者不僅限於文獻研究,還涉及到思想、藝術、語言學等多個領域,這都是《新序》《說苑》研究的一些可喜的成就。

二、本文的研究意義與價值

本文以《新序》《說苑》二書文獻作為研究對象,對二書成書以及與之有文獻出入的先秦兩漢書籍進行深入細緻的文獻比較,促進對二書與相關書籍關係的認識。並以此為基礎,來重新觀照《新序》《說苑》及其相關書籍在成書以及流傳中所形成的久為爭議的問題,這是一個較新的視角。

前人研究二書,一般分開進行。本論文將《新序》《說苑》看作既有區別又有聯繫的統一整體,共同成為研究對象,這與二書的實際相符合。自班固始,《新序》《說苑》常常被共同提起,班固在《漢書·楚元王傳》中記載:「(劉向)及采傳記行事,著《新序》《說苑》,凡五十篇奏之。」〔註61〕晁公武《郡齋讀書志》亦云:「向當成帝時典校書,因採傳記行事,百家之言,刪取正辭美義可勸誡者為《新序》《說苑》共五十篇。」〔註62〕高似孫《子略》云:「至其正綱紀,迪教化,黜異端,以為漢規監者盡在此書,茲《說苑》《新序》之旨也。」〔註63〕朱一新《無邪堂答問》亦云:「劉子政作《說苑》《新序》,冀

1 頁。

〔註57〕楊芸:《〈新序〉文獻異文研究》(碩士學位論文),四川大學,2003 年,第 1 頁。

〔註58〕楊莊:《〈說苑〉及其相關文獻異文的比較研究》(碩士學位論文),四川大學,2004 年。

〔註59〕顏麗:《〈說苑〉代詞研究》(碩士學位論文),曲阜師範大學,2002 年。

〔註60〕陶家駿:《〈說苑〉復音詞研究》(碩士學位論文),蘇州大學,2003 年。

〔註61〕班固:《漢書》卷三十六《楚元王傳》,北京:中華書局,1962 年,第 1957 頁。

〔註62〕晁公武:《郡齋讀書志》,《續古逸叢書》本。

〔註63〕高似孫:《子略》,瀋陽:遼寧教育出版社,1998 年,第 63 頁。

以感悟時君。」〔註64〕二書體例皆是「採傳記行事」，主旨為正綱紀，感悟君主，學界多認為其「體例相同，大旨亦復相類」〔註65〕，似乎為一本書。《新序》《說苑》中的重複材料亦不少，左松超《說苑集證》中統計的二書重複材料多達 15 章〔註66〕。而且，從出土文獻看，《新序》《說苑》的材料往往雜糅在一起。例如，阜陽雙古堆出土文獻中一號木牘發現《新序》中的材料 2 篇，《說苑》中的材料 34 篇；二號木牘中發現《新序》中的材料 14 篇，《說苑》中的材料 33 篇。郭店楚簡《語叢一》、《語叢二》、《語叢三》也散見《新序》《說苑》的材料。既然《新序》《說苑》在成書目的、選取材料、組織方式都有著共同之處，那麼，劉向為什麼要編纂兩本主旨、內容、體例都基本相似的作品呢？它們之間的關係到底怎樣？然「所以分為兩書之故」，卻都「莫之能詳」〔註67〕。最好的解釋莫過於「其所以分為二書者，蓋其成書有早晚，奏之朝者有先後。遂不可合併為一書」〔註68〕。但此回答也很容易遭到質疑。二書的成書時間至今未有定論，一說《新序》為陽朔元年，《說苑》為鴻嘉四年〔註69〕；一說二書均為永始元年〔註70〕。從以上分析看，二書研究面臨許多共同問題，因此，將兩書放在一起研究，可以在比較中釐清一些基本問題，從而推動二書研究的深入。

此外，本文將《新序》《說苑》與相關書籍的文獻比較作為重點。《新序》《說苑》的文獻多數見於現存古籍，其中與二書有互見文獻的書籍是《戰國策》、《呂氏春秋》、《韓詩外傳》（以下簡稱《外傳》）、《史記》等，它們與二書互見文獻的數量多，可以確定為《新序》《說苑》的引用。將《新序》《說苑》分別引用某一書籍的文獻進行比較，可以發現《新序》《說苑》在處理文獻上的相同處與差別，並從中瞭解劉向的思想傾向。同時，有的書籍只與《新序》《說苑》中其中一本有互見文獻，而與另一書少有甚至沒有。例如《說苑》與《孔子家語》（以下簡稱《家語》）、《晏子春秋》有大量的互見文獻，《新序》

〔註64〕朱一新：《無邪堂答問》卷四，北京：中華書局，2000 年，第 161 頁。

〔註65〕永瑢等：《四庫全書簡明目錄》，上海：上海古籍出版社，1985 年，第 341 頁。

〔註66〕左松超：《說苑集證》，臺灣：國立編譯館，2001 年，第 1445 頁。

〔註67〕永瑢等：《四庫全書簡明目錄》，上海：上海古籍出版社，1985 年，第 341 頁。

〔註68〕周中孚：《鄭堂讀書記》，《清人書目題跋叢刊》第八輯，北京：中華書局，1993 年，第 663 頁。

〔註69〕此時間載於宋版書，並在《郡齋讀書志》等各書目著作中有記載。

〔註70〕錢穆、劉汝霖持此論，得出此結論的根據為《漢書‧成帝紀》和《漢書‧楚元王傳》。

中僅寥寥數篇，又存在文字差異，因此，二書在文獻關係上的區別也有助於我們進一步瞭解二書性質的不同。

三、本文研究的範圍與重點

本文的研究範圍主要是《新序》《說苑》二書的文獻研究以及二書與相關書籍中文獻的比較兩個部分。在二書自身的文獻研究中，首先瞭解《新序》《說苑》的成書，即作者、書名、篇章、成書時代等，其次考辨了《新序》《說苑》的版本流傳以及《說苑敘錄》的眞實性，並結合前人的觀點，對《說苑敘錄》中文字進行解讀。最後是關於《新序》《說苑》重複文獻的研究。由於《新序》《說苑》中存在著大量的重複文獻，這些重複文獻一直爲學者所詬病，並使《新序》與《說苑》之間的關係變得更複雜，因此，爲了深入理解二書的關係以及二書文本特點，重複文獻的研究亦是本文的重點。

在二書與相關書籍中文獻的比較部分，本文將對二書與他書相同的文獻進行詳細文字比勘，尋找造成文字相同與差別的根本原因，以期給二書及相關書籍長期以來所形成的重要的學術問題一個新的思考角度。首先要說明的是，許多研究者已經關注《新序》《說苑》與相關書籍的文獻的對比。對於《新序》，石光瑛的《新序校釋》、趙仲邑的《新序詳注》、李年華《新序全譯》等專著都指出文獻所見書籍。對於《說苑》，向宗魯的《說苑校證》也詳細地指出文獻所見書籍。此外，趙善詒的《新序疏證》、《說苑疏證》還將他書中與二書出入的文獻羅列出來，方便學者的研究。遺憾的是，這些書籍兼校勘、訓詁、審訂、疏證、注譯、補遺等古籍整理工作於一身，因此僅限於指出相關書籍，無暇顧及文獻的具體分析。至於一些碩士論文，也僅在論文的部分章節作了一簡單的討論，沒有通過文獻比較來推動對《新序》《說苑》書本特徵、材料性質的進一步認識。基於此點，本文就是在這些研究的基礎上，作進一步的探討。

與《新序》《說苑》文獻相關的書籍非常多，據統計，大約有《詩經》、《周易》、《尚書》、《論語》、《大戴禮記》、《禮記》、《老子》、《莊子》、《列子》、《荀子》、《管子》、《韓非子》《晏子春秋》、《呂氏春秋》、《淮南子》、《賈誼新書》、《外傳》、《左傳》、《公羊傳》、《穀梁傳》、《國語》、《戰國策》、《史記》、《家語》等幾十種書籍與之有關。因此，一般認爲《新序》《說苑》與這些書籍的文獻存在引用與被引用的關係。但這僅是泛泛而論，若仔細分析，《新序》《說

苑》與這些書籍的關係極其複雜，可以分爲以下幾種：其一，引用書中名句。這些書籍主要有《詩經》、《周易》、《尙書》、《論語》、《老子》等，由於這些書籍成書早，傳播廣，到漢代時已成爲經典著作，書中的句子被當作名句引用。《新序》《說苑》也不例外，名言警句比比皆是，而且以引《詩經》爲多。《新序》《說苑》引名句時一般都寫出所引書書名；其二，《新序》《說苑》與其他古籍之間存在文本互見文獻。《新序》《說苑》中的文獻雖廣見於古籍，但能基本確定爲《新序》《說苑》文獻來源的書籍僅有古本《家語》〔註71〕、《外傳》、《呂氏春秋》、《晏子春秋》、《史記》、《國語》、《戰國策》這六部書。原因主要在於這些書與《新序》《說苑》的互見文獻數量多，文字基本相同；其三，《新序》《說苑》與其他古籍之間存在本事互見文獻。《新序》《說苑》中的文獻也見於《左傳》、《國語》、《大戴禮記》、《禮記》、《荀子》、《賈子新書》、《韓非子》、《淮南子》等書中，但卻很難斷定二書是否引用了這些書中的文獻。這些互見文獻數量少，文字大不相同，而且當它們同時互見與阜陽漢簡中《說類雜事》時，往往與後者更同。因此，這些文獻更可能是同源而不是引用。在《新序》《說苑》與其他書籍的三種關係中，最重要的是第二種。因此，本文將分以下幾個部分對《新序》《說苑》與這些書籍的互見文獻進行比較分析：

（一）《新序》《說苑》與《孔子家語》文獻比較

　　將《家語》列爲第一章，在於此書自身的特殊性以及與《說苑》文獻上的複雜關係。《家語》是孔氏家學的基本典籍，記載了許多孔子及其弟子的寶貴資料，是研究儒學者的必讀書籍。而《家語》捲入魏晉時一場學術論爭，因而影響了學界對其眞僞的判斷。關於此書是否僞書的爭論從魏晉始起，一直延續到今天，是提出時間最早、爭論時間最長的書籍之一。出土文獻定縣漢簡《儒家者言》與《阜陽雙古堆漢簡》中的一號木牘記載了大量與《家語》相關的文獻，給重新認識《家語》帶來了契機。《家語》與《說苑》間有著緊密的聯繫，即《說苑》中有107條文獻見於《家語》，其中文字基本相同的文獻有 103 條。由於《家語》僞書的身份，歷來的觀點都是《家語》摘錄《說

〔註71〕古本《家語》指《漢志》中所記載的《家語》。由於今本《家語》是王肅作注後流傳的版本，此本歷來被認爲是僞書，爲了方便研究，將《漢志》記載的《家語》與王注本《家語》區分開來，分別稱爲古本《家語》與今本《家語》。

苑》中的部分文獻而成書，因此，二書相同的文獻沒能得到很好的研究。如今，出土文獻佐證，《家語》僞書說有所動搖。但出土文獻並不能提供有力的證據來證明《家語》並非僞書。因爲出土文獻與《家語》相關的文獻同時也見於《說苑》，而且《家語》在文字上更同於《說苑》，而非出土文獻〔註72〕。因此，出土文獻並不能證明《家語》沒有摘錄《說苑》中的文獻。其實，正確認識《家語》與出土文獻的關係。還必須從《說苑》開始，因爲「就與出土文獻的關係而言，雖然《家語》與木牘章題基本對應，但實際上與木牘更對應、關係更緊密的，還要算《說苑》」〔註73〕。而且在「出土材料、《說苑》、《家語》三類文獻中，往往存在著出土文獻——《說苑》——《家語》這樣章句結構梯次演進的序列，而《家語》明顯是最末的一級，是經由前面環節的積纍而「層纍」形成的。」〔註74〕因此，讓新出土的文獻來突破《家語》研究的瓶頸，應該以《說苑》爲研究起點。

（二）《新序》《説苑》與《韓詩外傳》文獻比較

《新序》《說苑》與《外傳》中有著大量互見文獻，通過細緻的文獻比較分析，可以肯定地說，文本互見文獻應該來自《外傳》。首先這些文獻的數量較多，《新序》有 23 條，《說苑》有 44 條，因此，引此書的可能性非常大；其次是這些文獻的文字基本相同，特別是《說苑》，與《外傳》文字吻合程度非常高，存在的文字差異多是在書籍流傳過程中的訛、衍、顛倒、亡佚等造成；再就是能明顯發現劉向對引入《新序》《說苑》的文獻作了有目的地修改，即較少改動正文部分，而是通過增、刪、改變結尾句來改變文獻的主旨。主旨轉換的主要目的在於凸顯《新序》《說苑》書中的政治意味。《外傳》多闡述人生哲理、社會準則，雖然也具有普遍意義，但很少與政治相關，引入《新序》《說苑》中的文獻，在修改結尾句後，具有了濃厚的政治色彩。「這種主旨上的再度開掘與強化，顯然有劉向主體意識的參與」〔註75〕。主旨轉換還在於淡化引用文獻中的道家思想，使儒家思想佔據二書的主導地

〔註72〕見本文第二章第二節的論述。

〔註73〕寧鎮疆：《讀阜陽雙古堆一號木牘與〈孔子家語〉相關章題餘劄》，《中國典籍與文化》，2008 年第 2 期。

〔註74〕寧鎮疆：《〈家語〉的「層纍」形成考論——阜陽雙古堆一號木牘所見章題與今本〈家語〉之比較》，《齊魯學刊》，2007 年第 3 期。

〔註75〕楊波：《〈新序〉、〈說苑〉與〈韓詩外傳〉同題異旨故事比較》，《蘭州學刊》，2007 年第 12 期。

位。此舉表明《新序》《說苑》的寫作時代，儒家思想已成爲社會的主流思想，《新序》《說苑》雖然選材很雜，也不免深受影響。在文獻的比較過程中，《新序》《說苑》在處理引用文獻存在差別，這個差別主要表現在節士材料的引用上。《新序》有《節士》、《義勇》兩章，《說苑》有《立節》一章，都記錄了春秋戰國時期節士的事迹，這些材料多來自《外傳》。徐復觀云：「《韓詩傳》的思想中特別提倡士節，此全爲劉向承受。」〔註76〕所言不假。但《新序》《說苑》在接受上卻有一定程度的區別，《新序》是全盤接受，《說苑》卻有所修正。具體來說，就是《新序》繼承了士爲節操而死的複雜態度，有時無奈而感傷，有時鄙夷而不屑。《說苑》通過結尾議論卻大力彰顯士節，對勇於赴死之士給予讚美。正如《說苑·立節》所言：「士有殺身以成仁，觸害以立義，倚於節理而不議死地，故能身死名流於來世，非有勇斷孰能行之。」〔註77〕

（三）《新序》《說苑》與《呂氏春秋》文獻比較

　　與《外傳》一樣，《呂氏春秋》也是對《新序》《說苑》二書同時產生影響書籍。這種影響首先表現在思想上，《呂氏春秋》在目錄著作中雖歸屬爲雜家類，實際上是一部以儒家思想爲主體的「雜家」著作〔註78〕。由於《呂氏春秋》是呂不韋所編撰的治國之書，於儒家思想中多吸收政治教化等方面的理論，尤其將君道擺在治國之首。而《新序》《說苑》亦「言得失，陳法戒」，爲規勸漢成帝而作。其內容「正紀綱，迪教化，辨邪正，黜異端」〔註79〕，是人君治國的指導性教材。因此，二書與《呂氏春秋》有著許多共同的內容，如君主要無爲治國、仁德愛民、任賢納諫、積極反省、勇於改過等等。其次是在體例上。《呂氏春秋》雖說是一部博大精深的哲學著作，卻採用了以歷史故事爲主的通俗化的敘述方式。此書中，《十二紀》還是理論陳述與歷史故事同時存在，《八覽》《六論》則幾乎全部爲歷史故事。《呂氏春秋》的這種體例幾乎爲二書全盤接受。

　　可以確定的是，《新序》《說苑》共同引用了《呂氏春秋》中的文獻，除

〔註76〕徐復觀：《兩漢思想史》第三卷，上海：華東師範大學出版社，2000年，第66頁。

〔註77〕劉向撰，向宗魯校證：《說苑校證》，北京：中華書局，1987年，第77頁。

〔註78〕修建軍：《〈呂氏春秋〉是一部以儒家思想爲主體的「雜家」著作》，《中國哲學史研究》，1989年第4期。

〔註79〕高似孫：《子略》，瀋陽：遼寧教育出版社，1998年，第63頁。

《呂氏春秋》與二書相同的思想及體例可以證明，而且從引用文獻的數量上也可以看出，《新序》引文 18 條，《說苑》引文 23 條，引文中的文字基本上沒有變動。從此可見《呂氏春秋》在流傳的過程中得到了較好的保存。作爲兩部獨立的著作，能同時引用《呂氏春秋》中的文獻，也可以看出二書在思想內容上有許多共同點。

二書在引《呂氏春秋》文獻時，僅以引其中的歷史故事爲主，很少引用文後的議論句，這並不表明劉向不需要文後評語。事實上，《新序》在引用文獻後幾乎都添加了評論。《說苑》雖然較少添加，但每一章節的小標題已經簡明扼要地指出了文獻的主旨。由此可見，二書文獻雖非劉向所創作，但其成書卻爲劉向精心所爲。文後的評論與文前的篇題就是劉向再創造的舞臺。

（四）《新序》《說苑》與《左傳》等四部史書文獻比較

四部史書分別爲《左傳》、《國語》、《戰國策》、《史記》。將這四部史書放在一個部分與《新序》《說苑》進行文獻比較，主要有以下兩個原因：第一，四書皆爲歷史書籍，《新序》《說苑》亦採集前人的傳記行事成書，亦可算兩部歷史傳記，放在一起進行比較，可以找出《新序》《說苑》與史書之間的區別與聯繫。第二，四部史書中，除《史記》《戰國策》外，其它兩部史書與《新序》《說苑》的相同文獻數量較少，不足以構成一個章節。將《新序》《說苑》與四部史書進行文獻比較以後，可以得出以下幾點結論：首先，《新序》《說苑》與《史記》中的相同文獻最多，其中本事互見的文獻分別有 46 條與 58 條，文本互見的文獻分別有 21 條與 25 條，這說明二書中的歷史故事多引自《史記》。至於《戰國策》，爲戰國謀士智慧的展現，《新序》採納甚多，二書本事互見的文獻有 15 條，其中文字互見的文獻有 13 條。但《說苑》與之僅有本事互見的文獻，文字差別很大，不能確定爲《說苑》所本。其它兩部史書與二書互見文獻的數量較少。《新序》《說苑》與《左傳》本事互見的文獻分別是 20 條與 38 條，但文字互見的卻很少，僅有 4 條與 9 條。這說明，《新序》《說苑》中的歷史故事雖見於《左傳》，但敘述方式有別，來自不同的文本系統。《新序》《說苑》與《國語》互見的文獻也很少，其中《新序》僅有 3 條與之本事互見，文字卻大不互見，可以判斷，《新序》中沒有引用《國語》中的文獻。作爲一本歷史故事集的《新序》，其故事往往與史書互見，但與《國語》竟然毫不關聯，可見這兩本書體例、內容截然不同。《說苑》與《國語》

本事互見的文獻 20 條，文字互見的文獻有 13 條，其文獻淵源比《新序》相對要深，通過對二書與四部史書的文獻比較研究後，可以發現《新序》《說苑》的不同特點，《新序》重謀略、辯才，所引史實多與戰國秦漢縱橫之士有關，《說苑》則以事證理，思想是全書的核心。

（五）《新序》《說苑》與其它書籍文獻研究

將《新序》《說苑》與《大戴禮記》、《禮記》、《晏子春秋》、《荀子》、《賈誼》、《韓非子》、《淮南子》等七部書放在同一章內比較，主要有以下幾個原因：第一，七部書中，除《晏子春秋》與《說苑》的相同文獻比較多，其他幾部書與《新序》《說苑》相同文獻的數量很少。第二、正因為相同文獻很少，而這些文獻又都是先秦廣泛流傳的故事性文獻，因此一條文獻往往同時互見於幾本書，因此這條文獻不是某本書所原創，而是古代人民的智慧的結晶。例如《荀子》、《賈誼》、《韓非子》、《淮南子》等書。其中荀子是先秦時代繼孔子、孟子之後最重要的儒學大師，博古通今。而「賈誼言三代與秦治亂之意，其論甚美」〔註80〕。因此，二書多博採古人言語行事。《韓非子》、《淮南子》書中亦彙集了大量的歷史故事。如《韓非子》中的《說林》、《儲說》，《淮南子》中的《道應訓》《人間訓》等，因此，《新序》《說苑》中引用的歷史故事很容易與之撞車。而且，自從定縣漢簡《儒家者言》與阜陽雙古堆漢簡中的《儒家者言》、《說類雜事》出土之後，使我們對《新序》《說苑》成書有了新的認識，據胡平生所言，《說類雜事》就是劉向《說苑敘錄》中提到的「中書《說苑雜事》」〔註81〕，此言非虛。從《說類雜事》現存的文字看，此書記錄的是諸國歷史故事，大多數章節都能在《新序》《說苑》書中找到，其中以《說苑》為最多。可見，《新序》《說苑》中與它書的互見文獻不一定是前者引自後者，有可能出自《說類雜事》。這一部分主要分析了《說苑》與《晏子春秋》的互見文獻，並銀雀山漢簡《晏子春秋》，進一步探索了二書之間的關係，筆者認為《說苑》與今本《晏子春秋》中的文獻，都應該來自劉向校訂本《晏子春秋》，《說苑》所引《晏子春秋》文獻，比今本《晏子春秋》更接近原貌。這也再一次證明了《說苑》的價值，相對於別的書籍，《說苑》的文字在流傳中變動少，能真實地保存古書的原貌。

〔註80〕班固：《漢書》卷四十八《賈誼傳》，北京：中華書局，1962 年，第 2265 頁。
〔註81〕胡平生：《阜陽雙古漢簡與〈孔子家語〉》，《國學研究》第七卷，北京：北京大學出版社，2000 年，第 523 頁。

（六）《新序》《說苑》與定縣八角廊漢簡《儒家者言》等出土文獻 比較

跟《新序》《說苑》關係最近的出土文獻有以下幾種：定縣八角廊漢簡《儒家者言》，阜陽漢簡中的一號木牘、二號木牘、殘簡《說類雜事》。《儒家者言》、一號木牘中主要記載著孔子及其弟子言行事迹。其中多數文字見於《說苑》、《家語》兩本書，這給重新梳理《說苑》與《孔子家語》的文獻關係以及認識《家語》成書帶來契機。二號木牘與殘簡《說類雜事》主要記錄春秋戰國時期的歷史故事。多數章題都見於《說苑》，文字基本相同，整理者胡平生認爲二號木牘與《說類雜事》是《說苑》《新序》的節錄或原始的本子。因此，採用「二重證據法」，將《說苑》、《新序》、《家語》等傳世文獻與出土文獻作細緻的文字比較與分析，是十分重要的。這一章主要分爲兩個部分，第一部分是《新序》《說苑》與定縣八角廊漢簡《儒家者言》互見文獻分析。此處分析以文句爲單位，逐字逐句的解讀，並以此爲基礎來瞭解這些書之間的關係。第二部分是結合《新序》《說苑》二書，全面瞭解二號木牘、殘簡《說類雜事》中章題與傳世文獻的聯繫，以促進對其性質的認識。

第一章 《新序》《說苑》文獻的有關問題

第一節 《新序》《說苑》的成書及《說苑敘錄》

一、《新序》《說苑》的成書

　　劉向所撰《說苑敘錄》是《說苑》成書的最早記錄，其文爲：

> 護左都水使者光祿大夫臣向言：所校中書「說苑雜事」，及臣向書、
> 民間書、誣校讎，其事類眾多，章句相溷，或上下謬亂，難分別次
> 序。除去與新序復重者，其餘者淺薄不中義理，別集以爲百家，後
> 令以類相從，一一條別篇目，更以造新事十萬言以上，凡二十篇，
> 七百八十章，號曰《新苑》，皆可觀。臣向昧死。〔註1〕

從文中可知，《說苑》材料主要來源於中書《說苑雜事》。「中書」，即皇室藏
書。《漢書·楚元王傳》曰：「上（成帝）方精於《詩》、《書》，觀古文，詔向
領校中《五經》秘書。」〔註2〕又曰：「河平中，（劉歆）受詔與父向領校秘書，
講六藝傳記，諸子、詩賦、數術、方技，無所不究。」〔註3〕因此，校中書《說
苑雜事》是劉向著《說苑》的起點。此書「事類眾多，章句相溷，或上下謬

〔註1〕 嚴可均：《全漢文》卷三十五《全上古三代秦漢三國六朝文》，北京：中華書
　　　　局，1958 年，第 334 頁。
〔註2〕 班固：《漢書》卷三十六《楚元王傳》，北京：中華書局，1962 年，第 1950
　　　　頁。
〔註3〕 同上，第 1967 頁。

亂，難分別次序」，是一本類似材料彙集、流傳中遭到破壞的書籍。劉向珍惜古籍，對其進行校理，由於此書不像《戰國策》，儘管成書前有許多書名，如「中書本號或曰《國策》、或曰《國事》、或曰《短長》、或曰《事語》、或曰《長書》、或曰《修書》。」但卻有著同一的內容，即為「戰國時遊士輔所用之國為策謀」〔註4〕；也不像《晏子春秋》，為一人之傳記。《說苑雜事》無主題、中心內容、貫穿始終的人物〔註5〕，不像體例完整的書籍。因此，劉向首先校讎整理這批材料，如校對文字、理順文句、刪掉重複、去除淺薄不中義理者等。然後將這批材料「以類相從，一一條別篇目」最後「造新事十萬言以上」，總共有二十篇，添加篇題，就形成新本《說苑》，並自命其書為《新苑》。《新苑》與現存本《說苑》之名有別，《說苑》書名由何而來？《說苑》之名最早見於班固《漢志》，其文云：「《劉向所序》六十七篇。《新序》、《說苑》、《世說》、《列女傳》頌圖也。」〔註6〕可見，改名者應為班固或劉向之子劉歆〔註7〕。古書書名，變動較多，就是「《漢書・藝文志》著錄之書，其名往往與今本不同，亦或不與六朝、唐人所見本同，並有不與《七略》、《別錄》同者」〔註8〕。例如《淮南子》，高誘注云：「（此書）號曰《鴻烈》，鴻，大也；烈，明也；以為大明道之言也。……光祿大夫劉向校定撰具，名之《淮南》。」〔註9〕可見此書本名《鴻烈》，後劉向校書時改名為《淮南》，如今通稱為《淮南子》，班固或劉歆改《新苑》為《說苑》也就不足為奇。《說苑敘錄》同時

〔註4〕 嚴可均：《全漢文》卷三十五《全上古三代秦漢三國六朝文》，北京：中華書局，1958年，第331頁。

〔註5〕 阜陽漢墓中出土的一號木牘、二號木牘以及殘簡《說類雜事》中載有《說苑》中的一部分材料，其中以《說類雜事》為最多。而且這些材料多數不見他書，僅見《說苑》，胡平生等認為這些殘簡就是劉向所校中書《說苑雜事》，並取名為《說類雜事》，因此，從《說類雜事》可以粗略瞭解《說苑雜事》的形態。

〔註6〕 班固：《漢書》卷三十《藝文志》，北京：中華書局，1962年，第1727頁。

〔註7〕 阮孝緒《七錄序》云：「昔劉向校書，輒為一錄，論其指歸，辨其訛謬，遂竟奏上，皆載在本書。時又別集眾錄，謂之《別錄》是也。子歆撮其指要，著為《七略》。」（見阮孝緒《七錄序》，載嚴可均：《全梁文》卷六十六《全上古三代秦漢三國六朝文》，北京：中華書局1958年，第3346頁。）《漢志序》云班固在劉歆《七略》的基礎上，「刪其要，以備篇籍」。（班固：《漢書》卷三十，北京：中華書局1962年，第1701頁。）可見，《漢志》乃班固刪劉歆《七略》而成，劉歆《七略》則來自劉向《別錄》。

〔註8〕 余嘉錫：《古書通例》，北京：中華書局，2007年，第218頁。

〔註9〕 劉文典：《淮南鴻烈集解・高誘敘》，《新編諸子集成》本，北京：中華書局，1989年，第2頁。

提到劉向的《新序》，這也是《新序》最早被提及之處。從《說苑敘錄》可以瞭解《新序》成書的兩點信息，一是《新序》成書時間早於《說苑》；二是《新序》與《說苑》原本有許多重複章節，劉向撰寫《說苑》時刪去，因此，《新序》《說苑》應該是兩本沒有重複章節的書。

從現存本《新序》《說苑》來看，二書的篇章結構安排有所不同。《新序》有十篇，前五章以「雜事」命名，從《雜事一》直至《雜事五》，後五章列有不同的小標題，它們分別爲《刺奢》、《節士》、《義勇》、《善謀上》、《善謀下》等。《說苑》共有二十篇。分別是《君道》、《臣術》、《建本》、《立節》、《貴德》、《復恩》、《政理》、《尊賢》、《正諫》、《敬慎》、《善說》、《奉使》、《權謀》、《至公》、《指武》、《談叢》、《雜言》、《辨物》、《修文》、《反質》等。《新序》在北宋時由三十卷殘至十卷，亦非成書時原貌。《說苑》雖也曾殘至五卷，但曾鞏盡力搜集與整理，再加上朝廷重視此書，由高麗尋回《反質》篇，《說苑》已基本恢復了舊觀。

二、《說苑敘錄》的內容考辨及文字理解

劉向於河平三年（前 26 年）奉詔校讎皇室圖書，並爲整理好的定本寫下敘錄，介紹此書整理過程、外貌特徵、書本內容等，隨書奉上，供皇帝閱覽。這些敘錄在圖書流傳過程中多已散失，現約存留 10 篇，《說苑敘錄》就是其中一篇。

《說苑敘錄》是研究《說苑》以及《新序》的最原始材料，阮孝緒言：「昔劉向校書，輒爲一錄，論其旨歸，辨其訛謬，隨竟奏上，皆載在本書。」〔註10〕可見，《說苑敘錄》是劉向上奏《說苑》時所寫之文。此文存在兩個問題，一是內容的眞實性；二是學者對文句理解的歧異。關於《說苑敘錄》的眞實性。據筆者瞭解，對此問題，除王齊洲教授提出「宋本『敘錄』從何而來，不得而知。證諸史籍，其結論卻頗成問題。」〔註11〕基本上少有其它學者提起異議。《說苑敘錄》是否眞實？且看它來自何處。盧文弨（1717～1796）《說苑拾補》中所引《說苑敘錄》是最早的記載。嚴可均（1762～1843）《全上古三代秦漢三國六朝文》也輯入此文。據盧文弨與嚴可均所言，此文

〔註10〕阮孝緒：《七錄序》，載嚴可均：《全梁文》卷六十六《全上古三代秦漢三國六朝文》，北京：中華書局，1958 年，第 3346 頁。

〔註11〕王齊洲：《〈漢志〉著錄之小說家〈封禪方說〉等四家考辨》，《蘭州大學學報（社會科學版）》，2007 年第 5 期。

原載於宋本《說苑》。根據前人的序、跋及版本目錄,《說苑》有下面幾種宋刻本:

第一、北宋刊本。黃丕烈(1763～1825)收藏,《士禮居藏書題跋記》卷三有著錄。莫友芝撰,傅增湘訂補的《藏園訂補邵亭知見傳本書目》、傅增湘的《藏園群書經眼錄》、邵懿辰撰,邵章續錄《增訂四庫簡明目錄標注》、潘景鄭的《著硯樓書跋》等書目著作曾載此書。

第二、南宋咸淳元年(1265)九月鎮江府學刊本。據黃丕烈所說,他見過的咸淳重刊本有四種,分別爲顧志逵(抱沖)所藏殘宋本、吳騫拜經樓所藏宋刻本、濂西坊蔣氏藏咸淳重刻本、小書堆所藏宋刻殘本〔註12〕。

奇怪的是,儘管這些序、跋、書目著作詳細地介紹了《說苑》的行與字數等基本情況,但均未提及《說苑敘錄》,是忽略還是本身就沒有呢?不得而知。再往上推,宋本《說苑》主要來自曾鞏的整理本。曾鞏云:「劉向所序《說苑》二十篇,《崇文總目》云:『今存者五篇,餘皆亡。』臣從士大夫間得之者十有五篇,與舊爲二十篇。」〔註13〕曾鞏也沒有提及《說苑敘錄》,而且《說苑敘錄》稱《說苑》爲《新苑》,曾鞏卻依然言「劉向所序《說苑》二十篇」,並未改稱《新苑》,對《說苑》《新序》二書名之間的牴牾也未加以說明。晁公武《郡齋讀書志》著錄《說苑》時,詳細地記錄了十九篇章的篇名以及上書時間,但同樣未提及劉向的《說苑敘錄》,種種情況表明,《說苑》的眞實性有待繼續考證。

其次是關於《說苑敘錄》的文字理解。根據劉向的《晏子敘錄》、《戰國策書錄》體例來看,《說苑敘錄》文句似有脫落,因而給理解此文帶來障礙。首先看《說苑敘錄》之名,據盧文弨《說苑拾補》,宋本《說苑》載有《說苑敘錄》之文而無其名。《說苑敘錄》乃後人所加。「敘錄」始自劉向《別錄》,後人多將「揭示圖書的內容主旨、價值得失,介紹作者生平事迹、學術源流,以及該書的版本、校勘、流傳情況」〔註14〕的文字稱爲敘錄。但向宗魯《說苑校證》卻稱其爲《說苑・序奏》,理由是「序奏之稱,見《論衡・變虛

〔註12〕黃丕烈:《士禮居藏書題跋記》卷三,北京:書目文獻出版社,1989 年,第 75 頁。

〔註13〕陳杏珍、晁繼周點校:《曾鞏集》卷十一,北京:中華書局,1984 年,第 191 頁。

〔註14〕張三夕主編:《中國古典文獻學》,武漢:華中師範大學出版社,2003 年,第 76 頁。

篇》」〔註15〕。案《論衡》原文爲：「子韋書錄序秦（奏）亦言。」〔註16〕「敘錄」與「序奏」似乎皆可。文中所提《說苑雜事》，徐復觀認爲是「中秘所藏的一堆材料」〔註17〕梅軍卻認爲在劉向校書前已有此書。對於「除去與新序復重者」之《新序》，多數學者認爲乃劉向所撰書，但嚴靈峰卻提出此爲「新編」之意〔註18〕。「別集以爲百家」之「百家」，魯迅認爲是「小說家」中之《百家》，〔註19〕後人多從此說。但王齊洲教授卻認爲《說苑敘錄》中「並不涉及另有一本以《百家》命名之書。序中所稱『別集以爲百家』，是說由舊本《說苑雜事》『除去與《新序》重複者』後，其餘尚有百家之數」〔註20〕。其論證嚴密，自成一家之言。從上可見，《說苑敘錄》聚訟紛紜，有必要作進一步討論。

（一）《說苑敘錄》的內容考辨

《漢書‧楚元王傳》云：「（劉向）採傳記行事，著《新序》《說苑》凡五十篇奏之。數上疏，言得失、陳法戒。書數十上，以助觀覽，補遺闕。上雖不能盡用，然內嘉其言，常嗟歎之。」〔註21〕劉向著書，目的在於進獻漢成帝，對其進行規諫與引導。《說苑敘錄》成文後，應載於《說苑》書前，隨書奏上，並與書流傳。《說苑》的保存情況，可從歷代史志與官修目錄書得知概況。《隋書‧經籍志》記載：《說苑》二十卷，劉向撰。《舊唐書‧經籍志》記載：《說苑》三十卷，劉向撰；《新唐書‧藝文志》記載：劉向《說苑》三十卷。除了《舊唐書》《新唐書》將《說苑》二十卷記爲三十卷〔註22〕，《說

〔註15〕劉向撰，向宗魯校注：《說苑校證》，北京：中華書局，1987年，第1頁。

〔註16〕王充：《論衡》，上海：上海人民出版社，1974年，第68頁。

〔註17〕徐復觀：《兩漢思想史》卷三，上海：華東師範大學出版社，2000年，第40頁。

〔註18〕嚴靈峰：《劉向〈說苑敘錄〉研究》，《無求備齋學術新著》，臺灣：商務印書館，1987年，第372頁。

〔註19〕魯迅：《中國小說史略》，北京：人民文學出版社，1973年，第18頁。

〔註20〕王齊洲：《〈漢志〉著錄之小說家〈封禪方說〉等四家考辨》，《蘭州大學學報（社會科學版）》，2007年第5期。

〔註21〕班固：《漢書》卷三十六《楚元王傳》，北京：中華書局，1962年，第1957頁。

〔註22〕《舊唐書》《新唐書》將《說苑》二十卷記爲三十卷，周中孚解釋爲「字之誤」，（周中孚：《鄭堂讀書記》卷三六「子部‧儒家類」，北京：中華書局1993年，第663頁。）當爲確論。查歷代目錄著作，《說苑》均爲二十卷，《新》、《舊唐書》所云「三十卷」，當是爲筆誤，「三」應作「二」。

苑》的原貌並沒有改變。至北宋，《說苑》殘損嚴重。據《崇文總目》記載，《說苑》全書二十篇，存者僅五篇。後曾鞏整理此書，「從士大夫間得之者十有五篇，與舊爲二十篇。正其脫謬，疑者缺之」〔註23〕，《說苑》基本上恢復舊觀。但曾校本也並非完整無缺，陸游《跋說苑》記載：「李德芻云，館中《說苑》二十卷，而缺《反質》一卷，曾鞏乃分修文爲上下，以足二十卷，後高麗進一卷，遂足。淳熙乙司十月六日，務觀書。」〔註24〕可見，曾鞏整理此書之後，還差卷二十《反質》。此卷自高麗進回後，《說苑》才終爲完帙。

曾鞏校書之時，同時爲《說苑》作序，論書及人，並未提及《說苑敘錄》，直至南宋，才有三位學者提及此敘錄，他們分別是陳振孫、黃震、王應麟。陳振孫是著名的藏書家，其《直齋書錄解題》記載：「《說苑》二十卷，劉向撰。序言臣向所校中書《說苑雜事》，除去與《新序》復重者，其餘淺薄不中義理，別集以爲百家後，今以類相從，更以造新事，凡二十篇七百八十四章，號曰說苑。……未知即當時篇章否，新苑之名亦不同。」〔註25〕此文基本上保持了《說苑敘錄》原貌。黃震是南宋末大學者，其《黃氏日抄》卷五十六記載：「《說苑》者，劉向之所校讎，去其復重與凡已見《新序》者而定爲二十卷，名《說苑》。」〔註26〕王應麟《漢書藝文志考證》亦云：「向校中書說苑雜事，分別次序，除去與新序復重者，以類相從，凡二十篇，君道至反質七百八十四章（鴻嘉四年三月己亥上），」〔註27〕黃震、王應麟僅摘取部分文句，但所本正是此文。三人離北宋不遠，所見應是經曾鞏校對整理並加入高麗卷之本。可見，北宋本《說苑》載有《說苑敘錄》，此敘錄應該眞實可靠。

當然，這裏還有一個問題，曾鞏整理此書時，《說苑》殘存五篇，十四篇得自士大夫，一篇來自高麗。搜集的時間地點不一，整理本是否恢復了原貌呢？回答是肯定的。曾鞏整理此書時正任官方館閣編修，有許多便利條件；

〔註23〕陳杏珍、晁繼周點校：《曾鞏集》卷十一，北京：中華書局，1984年，第190頁。

〔註24〕陸游：《渭南文集》卷二十七，《陸放翁全集》（第三冊），北京：北京市中國書店，1986年，第164頁。

〔註25〕陳振孫：《直齋書錄解題》，上海：上海古籍出版，1987年，第272頁。

〔註26〕黃震：《黃氏日抄》卷五十六，文淵閣《四庫全書》本。

〔註27〕王應麟：《漢書藝文志考證》，浙江：浙江書局光緒九年（1883）刻本。

曾鞏自身亦學識廣博，他「生而警敏，讀書數百言，脫口輒誦。年十二試作六論，援筆而成，辭甚偉。甫冠名聞四方」，〔註28〕他對劉向懷有敬仰之情，整理自是盡心竭力。且此書自西漢成書，一直流傳不衰，班固將此書首載於《漢志》，劉勰將此書列入諸子類，稱包括《説苑》在類的這些諸子書籍「標心於萬古之上，而送懷於千載之下。金石靡矣，聲其銷乎！」〔註29〕劉知幾雖對此書反覆詰難，仍可證明其研究之深。《説苑》的影響還表現在朝廷的重視。由於《説苑》「探傳記行事百家之言，刪取正辭美義可勸誡者」〔註30〕而成，目的是「正紀綱，迪教化，辨邪正，黜異端」〔註31〕，成為歷代君王的教科書，因而受到官方的提倡與宣揚。在其成書之時，成帝就「內嘉其言，常嗟歎之」〔註32〕。太宗貞觀二十一年二月壬申，劉向被列入太學之祭先師，「代用其書，垂於國胄，自今有事於太學，並令配享宣尼廟堂」，而且「迄乎宋之仁英未有改易」〔註33〕。到了明代，明太祖朱元璋「好觀道德心經《説苑》《韻府》諸書，」並「頒劉向《説苑》《新序》於天下學校，令生員講讀」〔註34〕。劉向長期被朝廷推崇，二書又被列入學校教材，因此，士大夫家中應收藏此書，曾鞏借助朝廷之力，恢復此書原貌不算太難。

再者，歷代類書中有《説苑》引文，它們與《説苑》文字基本相同，可見《説苑》原貌改變不大。現藏於敦煌研究院的《説苑》卷二十《反質》，是隋代至初唐的寫本。自「秦始皇既兼天下」始，到「欲無窮，可得乎」部分完整，與現存《説苑》相比，除文字略有小異，篇章順序、文句基本相同。《反質》卷在宋代就已散佚，曾鞏也未能搜集到此篇，初唐的《反質》寫本與流傳至高麗的《反質》卷如此相同，證明《説苑》在流傳過程中並沒有失真。

〔註28〕脫脫等著，《宋史》卷三百十九《曾鞏傳》，北京：中華書局，1977年，第10390頁。

〔註29〕劉勰著，范文瀾注：《文心雕龍》，北京：人民文學出版社，1958年，第310頁。

〔註30〕晁公武：《郡齋讀書志》，《續古逸叢書》本。

〔註31〕高似孫：《子略》，瀋陽：遼寧教育出版社，1998年，第63頁。

〔註32〕班固：《漢書》卷三十六《楚元王傳》，北京：中華書局，1962年，第1957頁。

〔註33〕劉昫等：《舊唐書》本紀第三《太宗下》，上海：中華書局，1982年，第59頁。

〔註34〕張廷玉等：《明史》卷一百三十六《劉仲質傳》，北京：中華書局，1974年，第3933頁。

　　宋代到清代之間，《說苑》版本迭出，宋有北宋本、咸淳本，明有楚府本、何良俊本、程榮本、楊鐙本、何鐙本、天一閣本、王謨本、崇文局本、明鈔本等，《說苑敘錄》不屬於《說苑》的文本內容，便被許多版本刪除。「自明代何良俊本以下，俱脫此奏」〔註35〕。所幸清代學者盧文弨從宋本《說苑》摘錄下《說苑敘錄》全文，此後嚴可均將此文輯入《全上古三代秦漢三國六朝文》，使此文得到很好的保存。

（二）《說苑敘錄》文字解讀

　　跟其它幾篇敘錄相比，《說苑敘錄》文句殘缺，內容不完整，理解存在歧義。但《說苑敘錄》是瞭解《說苑》以及《新序》書貌的最原始資料，正確理解此敘錄是研究二書的前提。因此，本文將結合前人對敘錄的理解，集中於說苑雜事、新序、百家、新苑等四點進行解讀：

1.說苑雜事

　　根據《說苑敘錄》所言，「說苑雜事」是《說苑》成書前的底本，劉向就是在「說苑雜事」的基礎上，經過校對、排序、增刪而形成《說苑》。因此，弄清「說苑雜事」的性質有助於我們理解《說苑》的成書特點。

　　前人對「說苑雜事」有兩種理解：一本書或者一堆材料。前者為多數學者所遵從。黃震《黃氏日抄》云：「《說苑》者，劉向之所校讎，去其復重與凡已見《新序》者，而定為二十卷名《說苑》。」〔註36〕此論幾成學者共識。沈欽韓《漢書疏證》云：「此書舊本有之，向重為訂正。」〔註37〕余嘉錫云：「謂為校中書說苑雜事，則當時本有《說苑》之書。」〔註38〕向宗魯云：「序奏（即敘錄）謂得中書說苑雜事，則子政之前，已有其書，子政校錄，謂之說苑新書，」〔註39〕姚振宗《別錄佚文》亦云：「《新序》本名《新語》，《說苑》本名《說苑雜事》。」〔註40〕羅根澤更作定論：「劉向時已有成書，已有

〔註35〕劉向撰，向宗魯校證：《說苑校證》，北京：中華書局，1987年，第1頁。

〔註36〕黃震：《黃氏日抄》卷五十六，文淵閣《四庫全書》本。

〔註37〕王先謙：《漢書補注》卷三十六《劉向傳》，北京：中華書局，1983年，第963頁。

〔註38〕余嘉錫：《四庫提要辯證》卷十子部一，北京：中華書局，1980年，第552頁。

〔註39〕劉向撰，向宗魯校證：《說苑校證・敘例》，北京：中華書局，1987年，第1頁。

〔註40〕姚振宗：《七略別錄佚文》，《快閣石室山房叢書》本。

定名，故劉向得讀而校之，其非作始劉向，毫無疑義。」〔註41〕臺灣學者嚴靈峰在《劉向〈說苑敘錄〉研究》一文中亦提出：「所校中書說苑雜事，是說用中秘所藏《說苑雜事》一書作底本，加以校讎。」〔註42〕認爲「說苑雜事」是一堆材料，此觀點爲臺灣學者徐復觀所持，他認爲「說苑雜事僅指中秘所藏的一堆材料，並非如其它諸子百家之勒爲一書，所以又可加入自己及民間所藏的的這類材料，而至事類眾多，不似已勒爲一書者之有一定的範圍。」〔註43〕但唱和者寥寥。

　　兩種觀點均有一定的道理，前者主要依據《說苑敘錄》中「所校中書「說苑雜事」，及臣向書、民間書」之句。劉向曾校讎群書，其第一步工作就是文字校對，並以中秘書爲底本，根據外書參校。例如：《管子書錄》云：「所校讎中管子書三百八十九篇，太中大夫卜圭書二十七篇，臣富參書四十一篇，射聲校尉立書十一篇，太史書九十六篇，凡中外書五百六十四篇。」〔註44〕《晏子敘錄》云：「所校中書晏子十一篇，臣向謹與長社尉臣參校讎，太史書五篇，臣向書一篇，參書十三篇，凡中外書三十篇，爲八百三十八章」〔註45〕等等，根據劉向校讎書籍敘錄的體例，「說苑雜事」應該是皇家所藏之書。

　　徐復觀先生認爲「說苑雜事」爲一堆材料，其言也頗爲有理。《說苑敘錄》稱其書「事類眾多，章句相溷，或上下謬亂，難分別次序。」確實像一堆淩亂的材料，況「說苑雜事」若爲公認之書，劉向就不可能進行在此基礎上進行再創作，就如《晏子》書，劉向亦曾校理，卻不能歸爲己有。

　　綜上所述，筆者認爲，「說苑雜事」應該爲先秦古書，阜陽雙古堆漢墓出土的一號木牘、二號木牘、殘簡「說類雜事」爲其中一部分文獻。同時《說苑雜事》也是一本體例特殊的書，它彙集了春秋戰國時期人物言行，是材料的彙編。它沒有明確的主旨、統一的內容，而且有許多「淺薄不中義理」的

〔註41〕羅根澤：《〈新序〉〈說苑〉〈列女傳〉不作始於劉向考》，顧頡剛、羅根澤編：《古史辨》第四冊，上海：上海古籍出版社，1982 年，第 227～229 頁。

〔註42〕嚴靈峰：《劉向〈說苑敘錄〉研究》，《無求備齋學術新著》，臺灣：商務印書館，1987 年，第 364 頁。

〔註43〕徐復觀：《兩漢思想史》卷三，上海：華東師範大學出版社，2000 年，第 40 頁。

〔註44〕嚴可均：《全漢文》卷三十五《全上古三代秦漢三國六朝文》，北京：中華書局，1958 年，第 332 頁。

〔註45〕同上。

材料，僅對這本書作文字上的校訂整理，意義不大，因此劉向按一定的思想對此書進行增刪，使之成爲有價值的書。

2. 新序

《說苑敘錄》中的「新序」，多數學者都認爲是劉向所撰書籍《新序》，宋黃震云：「去其復重與凡已見《新序》者，而定爲二十卷名《說苑》。然自今觀之，其間煩重與《新序》混淆者尙亦多有。」〔註46〕嚴文弨記載《說苑敘錄》時，在「除去與新序復重者」文句下注按語，言「尙有未除盡者。」向宗魯先生又進一步解釋：「復重多篇，詳當篇及佚文。」〔註47〕俞嘉錫亦云：「然向既除兩書之復重者，與他書之但除本書之復重者不同。」〔註48〕可見，《新序》爲書名之說爲學者共識。

但也有不同的觀點。臺灣現代學者嚴靈峰認爲「『新序』二字疑非書名，乃新加編次之意」〔註49〕因爲「劉向校書，皆以同書相校，無有以他書相校之例」〔註50〕此理由確實存在，縱觀劉向留下的敘錄，校讎時皆爲同書相校，以中書爲底本，用外書來參校。《說苑敘錄》中用《新序》與《說苑》相校，似乎不合劉向的校讎體例。但持此觀點者較少。

歷代學者將「新序」看作書籍的原因何在？具體分析，有以下幾點：第一，「新序」與劉向《新序》書同名；第二，《說苑敘錄》云「除去與新序復重者」，而《新序》與《說苑》確實存在許多重複的篇章。對這些重複篇章，學者早有論述，更有學者總結出重複文獻的篇章書目。例如：嚴靈峰爲 8 條，左松超爲 15 條，楊波爲 9 條。由於重複標準難以精確把握，所得結論便各有不同。

從劉向所撰書籍敘錄可知，刪重複是其校讎圖書中的重要步驟。如《管子書錄》中「除復重四百八十四篇，定著八十六篇」〔註51〕，《戰國策書錄》中「除復重得三十三篇〔註52〕」劉向所留的十篇敘錄中，除《韓非子》、《關

〔註46〕黃震：《黃氏日抄》卷五十六，文淵閣《四庫全書》本。

〔註47〕劉向撰，向宗魯校證：《說苑校證》，北京：中華書局，1987 年，第 1 頁。

〔註48〕余嘉錫：《四庫提要辯證》卷十子部一，北京：中華書局，1980 年，第 553 頁。

〔註49〕嚴靈峰：《劉向〈說苑敘錄〉研究》，《無求備齋學術新著》，臺灣：商務印書館，1987 年，第 364 頁。

〔註50〕同上，第 372 頁。

〔註51〕嚴可均：《全漢文》卷三十五《全上古三代秦漢三國六朝文》，北京：中華書局，1958 年，第 332 頁。

〔註52〕同上，第 331 頁。

尹子》外，其餘書籍敘錄皆涉及刪重複這一校書步驟。爲什麼刪重複是校書整理中不可缺少的步驟呢？從敘錄中可見，劉向在校書之前，首先需要搜集不同的版本。如校對《管子》書，有中書三百八十九篇，太中大夫卜圭書二十七篇，臣富參書四十一篇射聲校尉立書十一篇，太史書九十六篇，中外書五百六十四篇，這裏面有五種不同版本的《管子》，因此會出現許多復重篇章，正如《管子書錄》中云：「已校，除復重。」〔註53〕可見，此時除復重篇章就是出去用來進行校對的相同篇章。因此，這些篇章在文字上應該是完全一致的。在《晏子敘錄》中，還有這樣的一句話，「又有復重，文辭頗異，不敢遺失，復列以爲一篇」〔註54〕從這裏可以看出，劉向整理書籍時態度謹慎，文辭不同者，皆予以妥善地保存。

因此，劉向刪除的是文字重複的文獻。《新序》與《說苑》皆採自百家傳記行事成書，《新序》於八年前完成，「說苑雜事」與之性質相近，此書中極可能存有與《新序》中重複的篇章，劉向理所當然要刪去與之重複者。

這一結論亦得到出土文獻佐證。阜陽雙古堆漢簡中的《說類雜事》，竹簡雖殘，但整理出來55個章題，其中《說苑》32條，《新序》12條。其中除第二條「齊侯問於晏子曰忠臣之事君何若」同時見於《新序》《說苑》，其它的章題見於《說苑》則不見於《新序》，同樣，見於《新序》的章題同樣不見於《說苑》。可以推論，這正是劉向刪去重複篇章的結果。

3. 百家

《說苑敘錄》云：「其餘者淺薄不中義理，別集以爲百家。」所謂百家，多認爲是《漢志》小說家所記錄的《百家》書。余嘉錫云：「《漢志》小說家有百家三十九卷，蓋即向所敘。」〔註55〕姚振宗《別錄佚文》云：「此言別集以爲百家者，《漢書・藝文志》小說家《百家》百三十九卷，是可以知《新序》《說苑》《百家》三書皆從中外諸雜書釐訂者也。」〔註56〕楊樹達《漢書管窺》曰：「蓋《說苑》之餘，猶李昉等既撰集《太平御覽》，復裒錄《太平廣記》也。」〔註57〕魯迅云：「《說苑》今存，所記皆古人行事之迹，足爲法

〔註53〕嚴可均：《全漢文》卷三十五《全上古三代秦漢三國六朝文》，北京：中華書局，1958年，第332頁。
〔註54〕同上。
〔註55〕余嘉錫：《四庫提要辯證》卷十，北京：中華書局，1980年，第553頁。
〔註56〕姚振宗：《七略別錄佚文》，《快閣石室山房叢書》本。
〔註57〕楊樹達：《漢書管窺》卷四，上海：上海古籍出版社，1984年，第18頁。

戒者。執是以推《百家》，則殆爲故事之無當於治道者矣。」〔註58〕

如果分析以上各家所言，可以發現《說苑》與《百家》的聯繫，多與人們的現代小說觀念有關。西方，小說在 18 世紀正式定名以前就主要指「古代的散文虛構故事」〔註59〕，福斯特在《小說面面觀》明確提出「小說是用散文寫成的具有某種長度的虛構故事」〔註60〕《現代漢語詞典》定義小說爲：「一種敘事性的文學體裁，通過人物塑造和事件、環境的描述來概括地表現社會生活的矛盾。」這其實就是人們對小說的普遍認識。用現代小說觀念觀照《說苑》，《說苑》就是典型的古代小說集。屈守元先生云：「從它（《說苑》）的寫作形式看，頗具故事性，多爲對話體，甚至還有些情節出於虛構，可以認爲其中有些作品屬於古代短篇小說。」〔註61〕而曹道衡、劉躍進著的《先秦兩漢史料學》、周錫山釋評的《中國小說史略》、吳志達著的《中國小說史》就已分別稱其爲「歷史故事」、「筆記小說」「雜記小說」等，《百家》正屬於《漢志》中「小說家」類作品，這些作品多爲「街談巷語，道聽途說者之所造也」〔註62〕，其內容自然淺薄之至，與《說苑》中「淺薄不中義理」的材料相合。

雖然今人理解《說苑》與《百家》的關係，實際上是脫離了小說的歷史語境，將現代小說觀念強加在了古人身上。但《說苑》「廣陳虛事，多構僞辭」〔註63〕，名字中之「說」又與「小說家」暗合。那麼，今人對《說苑》與《百家》的關係的理解，也應該是合理的。

4. 新苑

《新苑》之名爲《說苑敘錄》所提及，是《說苑》最早的書名。《說苑》之名見於班固《漢志》。一書而異名，其中緣由，一直未爲人所提及。直至南宋，陳振孫才有「新苑之名亦不同」〔註64〕之說，但他沒有給於答案。向宗

〔註58〕魯迅：《中國小說史略》，北京：人民文學出版社，1973 年，第 18 頁。

〔註59〕伊恩・P・瓦特著，高原等譯：《小說的興起》，北京：三聯書店，1992 年，第 1 頁。

〔註60〕愛・摩・佛斯特，蘇炳文譯：《小說面面觀》，廣州：花城出版社，1984 年，第 25 頁。

〔註61〕劉向撰，向宗魯校證：《說苑校證・序言》，北京：中華書局，1987 年，第 4 頁。

〔註62〕班固：《漢書》卷三十《藝文志》，北京：中華書局，1962 年，第 1745 頁。

〔註63〕劉知幾撰，張振佩箋注：《史通箋注》卷十八，貴陽：貴州人民出版社，1985 年，第 625 頁。

〔註64〕陳振孫：《直齋書錄解題》，上海：上海古籍出版，1987 年，第 272 頁。

魯先生則認爲：「《新苑》云者，《說苑新書》之簡稱也。」〔註65〕但徐復觀並不同意以上二種說法，他認爲：「以陸賈之《新語》，賈誼之《新書》，及劉氏成書在先的《新序》推之，可能劉向本命名爲《新苑》；至班氏寫《劉向傳》時，改稱或誤稱爲《說苑》，而《新苑》之名，反因之泯滅。」〔註66〕姚與嚴的觀點相同，認爲「新」爲新編之意；向宗魯則根據劉向校書之舊例，提出「說苑新書」一說。他們的共同點在於都是從校書方面去理解，這雖符合《說苑》的成書特點，但略嫌偏頗。《說苑》與《新國語》《賈子新書》《列子新書》不同，那些書劉向僅有校訂之功，非爲其自著。《說苑》卻是劉向所著，《漢志》中署名劉向。「新」便僅非「新編」「新書」如此簡單。

「新」字在漢代，似乎常被用作書名。例如陸賈的《新語》，劉向的《新序》，桓譚的《新論》，都是以「新」爲書名。而且這一類以新爲書名的書籍關係密切，如東漢桓譚創作《新論》就是受《新序》、《新語》二書影響。桓譚云：「余爲《新論》，術辨古今，今亦欲興治也，何異《春秋》褒貶耶？今有疑者，所謂蚌異蛤、二五爲非十也。譚見劉向《新序》、陸賈《新語》，乃爲《新論》。」〔註67〕陸喜在論述自己的創作時，也論及三書的關係，他說：「劉向省《新語》而作《新序》，桓譚詠《新序》而作《新論》。余不自量，感子雲之《法言》而作《言道》，覩賈子之美才而作《訪論》，觀子政《洪範》而作《古今曆》，覽蔣子通《萬機》而作《審機》，讀《幽通》、《思玄》、《四愁》而作《娛賓》、《九思》，眞所謂忍愧者也。」〔註68〕那麼，漢人以「新」爲名，用意何在？從形式上看，《新語》《新論》與《新序》《說苑》並不相同；如果比較內容，從桓譚之語可知，其撰寫《新論》，是比照《春秋》，借古諷今。陸賈《新語》更是如此，寫作目的是通過列舉「秦所以失天下，吾所以得之者何，及古成敗之國」〔註69〕的史實，來總結歷史教訓，思考治國方法。

〔註65〕劉向撰，向宗魯校證：《說苑校證・敘例》，北京：中華書局，1987 年，第 1頁。

〔註66〕徐復觀：《兩漢思想史》卷三，上海：華東師範大學出版社，2000 年，第 41頁。

〔註67〕嚴可均校輯：《全後漢文》，《全上古三代秦漢三國六朝文》，北京：中華書局，1958 年，第 537 頁。

〔註68〕房玄齡：《晉書》卷五十四《陸喜傳》，北京：中華書局，1974 年，第 1486頁。

〔註69〕司馬遷：《史記》卷九十七《酈生陸賈列傳》，北京：中華書局，1982 年，第2699 頁。

《新序》《說苑》也同樣如此，採前人的「傳記行事」，目的在於規勸成帝。因此，「新」的意義可能更在於此。

三、《新序》《說苑》的書名、體例和成書時間

（一）《新序》《說苑》的著作體例

對《新序》《說苑》的著作體例存在兩種看法：舊書或資料的彙編；劉向所著書。宋代的黃震持前一種觀點，他說「《說苑》者，劉向之所校讎，去其復重與凡已見《新序》者，而定為二十卷，名《說苑》」〔註70〕。黃氏沒有言《說苑》為劉向著，認為劉向對《說苑》僅做了校文字與刪重複的工作。但黃氏所言尚且模糊，清代的沈欽韓就明確指出：「二書（《新序》《説苑》）舊本有之，向重為訂正。」〔註71〕然而，認為二書為劉向著的學者亦不少，班固《漢書・楚元王傳》中就寫著「著《新序》《說苑》」〔註72〕，《隋書・經籍志》、《舊唐書・經籍志》、《崇文總目・儒家類》、《通志・藝文類》等目錄著作都明確的寫著「劉向著」。這兩種對立的意見也反映在近人的研究中。余嘉錫承續黃震、沈欽韓的觀點，依然認為「子政書非所自作」〔註73〕。羅根澤《〈新序〉〈說苑〉〈列女傳〉不作始於劉向考》一文中更是堅定地認為《新序》《說苑》非劉向創作。〔註74〕臺灣學者徐復觀在對《新序》《說苑》二書內容深入研究後，站在了余嘉錫的對立面。他認為二書「組成一個思想系統，此已可見其經營構造的苦心」。由此批評「過去的人，沒有就兩書內容下過切實的功夫，對其精神脈絡略無理解，所以認為不是劉氏所自著」〔註75〕。謝明仁則採取折衷法，認為「說《說苑》是劉向『序（編）』的或『著（撰）』，都有片面之處，故穩妥一點，應把這兩者合在一起：《說苑》二十卷，漢劉向編著（或編撰）」〔註76〕。左松超與謝明仁的觀點一致，他認為《說苑》「編輯

〔註70〕黃震：《黃氏日抄》卷五十六，文淵閣《四庫全書》本。

〔註71〕王先謙：《漢書補注》，北京：中華書局，1983 年，第 963 頁。

〔註72〕班固：《漢書》卷三十六《楚元王傳》，北京：中華書局，1962 年，第 1957 頁。

〔註73〕余嘉錫：《四庫提要辯證》卷十，北京：中華書局，1980 年，第 553 頁。

〔註74〕羅根澤：《〈新序〉〈說苑〉〈列女傳〉不作始於劉向考》，顧頡剛、羅根澤編：《古史辨》第四冊，上海：上海古籍出版社，1982 年，第 227～229 頁。

〔註75〕徐復觀：《兩漢思想史》卷三，上海：華東師範大學出版社，2001 年，第 40 頁。

〔註76〕謝明仁：《劉向〈說苑〉研究》，蘭州：蘭州大學出版社，2000 年，第 12 頁。

自有義法，不僅刪校和條分篇目而已。單說《說苑》是劉向所『校』或所『著』都不太符合事實，比較正確的應該是『編著』或『編撰』」〔註77〕。可見，《新序》《說苑》既有對前人材料的編纂，又有「明確的政治動機和目的」〔註78〕。應爲劉向所「編撰」，這一觀點基本上爲學者所認同。近年來的博士碩士論文以及單篇論文雖然還在討論這一問題，但多同意此說。如梅軍的碩士論文《〈說苑〉研究》通過對前賢說法的考辯以及對「劉向所序」之「序」的考證，得出《說苑》「乃是借古事闡明自己的思想道德體系，以之爲諫書，感化稱帝」的觀點〔註79〕。王蘇鳳的論文《劉向〈新序〉著作性質考辨》通過考證「序」之意以及對有關史料和材料的運用情況的分析，最終認爲：「《漢志》所謂『劉向所序』，應理解爲劉向在綜合諸多史料的基礎上，加上自己的見解並進行分類編撰而成，按我們現在的說法，稱之爲『編撰』最爲恰當。」〔註80〕張白珩的《試論劉向《〈新序〉成書之體例》〔註81〕高月的《昧死以進諫──論劉向編撰〈說苑〉的心態及其成因》〔註82〕、賈冬月的《論劉向的〈說苑〉及其體例》〔註83〕也都承認《新序》《說苑》這種特殊的著作體例。

（二）《新序》、《說苑》的書名與成書年代

《新序》書名少有爭論。《說苑敘錄》稱《說苑》爲《新苑》，實有必要分辨。《說苑》之名，自《漢書》著錄後，歷代公私目錄著作沿用至今，可見此名已深入人心。但劉向《說苑敘錄》云：「……更以造新事十萬言以上，凡二十篇，七百八十章，號曰《新苑》，皆可觀。臣向昧死。」〔註84〕可見，劉向最開始稱自己的著作爲《新苑》，與《說苑》之名有明顯不同。《說苑敘錄》是劉向對《說苑》寫作情況的原始記錄，其言也應眞實可信。對於《說苑》

〔註77〕左松超：《說苑集證》，臺灣：國立編譯館，2001年，第18頁。

〔註78〕石光瑛：《新序校釋·整理說明》，北京：中華書局，2001年，第4頁。

〔註79〕梅軍：《〈說苑〉研究》（碩士學位論文），武漢大學，2004年，第6頁。

〔註80〕王蘇鳳：《劉向〈新序〉著作性質考辨》，《河北師範大學學報（哲學社會科學版）》，2000年第3期。

〔註81〕張白珩：《試論劉向《〈新序〉成書之體例》，《四川師範大學學報（社會科學版）》，1980年第3期。

〔註82〕高月：《昧死以進諫──論劉向編撰〈說苑〉的心態及其成因》，《涪陵師範學院學報》，2006年第2期。

〔註83〕賈冬月：《論劉向的〈說苑〉及其體例》，《現代語文》，2006年第6期。

〔註84〕嚴可均：《全漢文》卷三十五《全上古三代秦漢三國六朝文》，北京：中華書局，1958年，第334頁。

與《新序》的矛盾，後人有種種推測。姚振宗《七略別錄佚文》云：「《新苑》疑《新說苑》，脫『說』字猶重編《國語》稱《新國語》」〔註85〕，向宗魯則認爲「《說苑》也者，《說苑新書》之簡稱也。」〔註86〕但徐復觀並不同意以上二種說法，他認爲「以陸賈之《新語》，賈誼之《新書》，及劉氏成書在先的《新序》推之，可能劉向本命名爲《新苑》；至班氏寫《劉向傳》時，改稱或誤稱爲《說苑》，而《新苑》之名，反因之泯滅」〔註87〕。無論哪一種說法，都沒能提供確鑿的證據。臺灣嚴靈峰則提出另一說法，他認爲《敘錄》中所提及「新序」非指「現存本《新序》……『新序』一語，疑係指『新編』之意」。因此，《新苑》之名「亦即《新編說苑》」〔註88〕。此說不囿陳言，頗具新意，但還須深入求證。

二書的成書年代也難以確定，其中主要有兩種說法：

第一種說法是《新序》《說苑》成書於永始元年乙巳（前16年），持此論者有錢穆、劉汝霖等。立論依據是《漢書·成帝紀》與《劉向傳》。《漢書·成帝紀》云：「永始元年六月丙寅，立皇后趙氏。」〔註89〕《楚元王傳》云：「向?俗彌奢淫，而趙、衛之屬起微賤，踰禮制。向以爲王教由內及外，自近者始。故採取《詩》《書》所載賢妃貞婦、興國顯家可法則，及孽嬖亂亡者，序次爲《列女傳》，凡八篇，以戒天子。及採傳記行事，著《新序》、《說苑》凡五十篇奏之。」〔註90〕但這裏僅指出在「趙、衛之屬起微賤，踰禮制」那一段時間內上奏《新序》《說苑》，並未點明在立趙皇后那一年，錢穆、劉汝霖等人僅爲推斷。

第二種說法是《新序》爲陽朔元年（前24）二月癸卯奏上，《說苑》爲鴻嘉四年（前17）三月己亥奏上，這一時間分別題於校宋本《新序》與宋本《說苑》卷首。題成書時間於卷首，應該是劉向整理古籍的方式。錢謙益在北宋本《新序》十卷卷一後明確指出：「舊本《新序》、《說苑》卷首開列『陽

〔註85〕姚振宗：《七略別錄佚文》，《快閣石室山房叢書》本。

〔註86〕劉向撰，向宗魯校證：《說苑校證》，北京：中華書局，1987年，第1頁。

〔註87〕徐復觀：《兩漢思想史》卷三，上海：華東師範大學出版社，2000年，第41頁。

〔註88〕嚴靈峰：《劉向〈說苑敘錄〉研究》，載《無求備齋學術新著》，臺灣：商務印書館，1987年，第371頁。

〔註89〕班固：《漢書》卷十《成帝紀》，北京：中華書局，1962年，第319頁。

〔註90〕班固：《漢書》卷三十六《楚元王傳》，北京：中華書局，1962年，第1957頁。

朔』、『鴻嘉口年口月具官（臣）劉向上』一行。此古人修書經進之體式。今本先將此行削去，古今人識見相越及鑱刻之佳惡，一閱而可辨者也。」〔註91〕宋本《新序》《說苑》為宋代曾鞏整理本，題於卷首的時間應為其保留。陳騤《中興館閣書目》、晁公武《郡齋讀書志》、馬端臨《文獻通考》、王應麟《玉海》及《漢書藝文志考證》等都如此記錄，必有所據，因此，後代學者多以此時間為準。如趙仲邑《新序詳注》、石光瑛《新序校釋》、趙善詒《新序疏證》、向宗魯《說苑校證》、趙善詒《說苑疏證》、徐復觀《兩漢思想史》等都採用此說，現今的碩士博士論文及單篇論文也多以此時間為準。但這一時間也有疑點。唐人馬總《意林》云：「《說苑》二十卷，劉向；《新序》三十卷，河平四年（前25），都水使者、諫議大夫劉向上。」〔註92〕馬總所處年代遠早於曾鞏，其記錄應比曾鞏的整理更可靠，雖「諫議大夫」有誤，但畢竟其所記時間與《新序》卷首記錄不同。馬總沒有記錄《說苑》的成書時間，是已脫落，還是《說苑》根本沒有時間，或者二者都於「河平四年」所上，不得而知。因此，謝明仁認為二書「具體的時間在材料不足的情況下我們只好存疑了」〔註93〕。嚴靈峰則根據《意林》中「《說苑》列於《新序》之前」這一事實，提出「《說苑》不應在鴻嘉時奏上」〔註94〕。二書的成書年代，依然疑點重重，有必要進一步考證。

第二節　《新序》《說苑》版本流傳

一、兩漢至隋唐時期

　　《新序》《說苑》成書後，進獻給漢成帝，漢成帝閱讀完畢，應保存於皇家藏書室。由於「兩漢是經學昌明的時代，自漢武帝罷黜百家、獨尊儒術之後，經學博士相繼設立，經學大師層出不窮，宗經成為有漢一代的社會風氣」〔註95〕。《新序》《說苑》都屬於諸子作品，自然難以得到重視。但劉向身為

〔註91〕黃丕烈：《士禮居藏書題跋記》卷三，北京：書目文獻出版社，1989年，第70頁。

〔註92〕王天海：《意林全譯》，貴陽：貴州人民出版社，1997年，第507頁。

〔註93〕謝明仁：《劉向〈說苑〉研究》，蘭州：蘭州大學出版社，2000年，第35頁。

〔註94〕嚴靈峰：《劉向〈說苑敘錄〉研究》，載《無求備齋學術新著》，臺灣：商務印書館，1987年，第363頁。

〔註95〕袁行霈主編：《中國文學史》卷一，北京：高等教育出版社，1999年，第163頁。

皇室宗親，三朝老臣，又主持整理皇室圖書十幾年，其政治地位、學術地位都極其崇高，其作品應該在學士文人間傳抄閱讀。班固撰《漢書》時，就將劉向的八篇奏章原文抄錄，並簡單介紹了《新序》《說苑》的體例、內容、成書目的。劉向絕大多數作品，都在《漢志》中有著錄，可見，劉向的作品，在當時應有一定的影響。

兩漢至隋唐時期，活字印刷術尚未產生，此間，《新序》《說苑》主要以寫本流傳。梁劉勰博覽群書，精思竭慮，撰成《文心雕龍》，書中分別提到《新序》《說苑》，《才略篇》云：「二班兩劉，奕葉繼採，舊說以爲固文優彪，歆學精向，然《王命》清辯，《新序》該練，璀璧產於昆崗，亦難得而踰本矣云。」〔註 96〕《諸子篇》云：「若夫陸賈《典語》、賈誼《新書》、楊雄《法言》、劉向《說苑》、王符《潛夫》、崔寔《正》論、仲長《昌言》、杜夷《幽求》，咸敘經典，或明政術。雖標論名，歸乎諸子。」〔註 97〕劉勰對二書是高度稱讚的，他用《新序》來代表劉向之學，稱此書「該練」，言其子劉歆難以逾越；對《說苑》一書，則將其歸入「諸子類」，稱此類書籍「標心於萬古之上，而送懷於千載之下，金石靡矣，聲其銷乎」〔註 98〕。劉勰分別論及二書文體特徵以及書籍性質，所見應該是完本。《晉書‧陸喜傳》有論及《新序》的文字，即「劉向省《新語》而作《新序》，桓譚詠《新序》而作《新論》」〔註 99〕，陸喜將《新序》與《新語》、《新論》之書相提並論，並明確指出劉向創作《新序》的動機，對《新序》瞭解頗深，可見劉向二書已在社會上傳播，並對文士有著較大的影響。

在《漢志》著錄《新序》《說苑》二書後，後代目錄著作都有記載。《隋書‧經籍志》（以下簡稱《隋志》）襲自《漢志》記錄，但稍有區別，《隋志》在子部儒家類記載：新序三十卷錄一卷，劉向撰《說苑》二十卷，劉向撰。兩本書與《列女傳》《世說》等書分開記錄，並且明確標出卷數。但這僅是記載方法上的變化，二書並沒有脫離原貌。到《舊唐書‧經籍志》記載二書時，

〔註 96〕劉勰撰，范文瀾注：《文心雕龍》，北京：人民文學出版社，1958 年，第 699 頁。

〔註 97〕劉勰撰，范文瀾注：《文心雕龍》，北京：人民文學出版社，1958 年，第 310 頁。

〔註 98〕同上。

〔註 99〕房玄齡：《晉書》卷五十四《陸喜傳》，北京：中華書局，1974 年，第 1486 頁。

《新序》《說苑》的體制有所變化。《新序》雖然卷數未變化，但少錄一卷。《說苑》則由二十卷增爲三十卷，《新唐書·藝文志》襲自《舊唐書·經籍志》，與之記錄相同。可見，至唐代時，《新序》《說苑》已非原貌。不過此時變化並不是很大，《新序》丟失了目錄，但卷數未變，可見內容未受影響。《說苑》卷數由「二十」增至「三十」，十卷並非小數，憑空而至，不合情理。因此，學界多認爲是誤寫，此論似乎更符合事實。

此觀點且另有旁證，《新序》《說苑》自成書之日，就定位爲帝王之書。內容主要爲明君賢臣、納諫遠讒、修身正國等，所以，二書雖有不經之談，且通俗之至。但多引古語古事。嘉言善行，比比皆是，且義理可法。因此，從成帝始，就倍受讚賞，後代帝王也多會以此爲政治教材，魏晉雖未有記錄，但至唐太宗貞觀二十一年二月壬申，劉向被列入太學之祭先師，「代用其書，垂於國胄，自今有事於太學，並令配享宣尼廟堂」〔註100〕，到了明代，明太祖朱元璋亦好觀此書，於是「頒劉向《說苑》《新序》於天下學校，令生員講讀」〔註101〕。可見，歷代帝王都能認識二書的教育意義以及普及功能，所以，二書應能較好地保持原貌。

二、宋元時期

唐至宋時期，因五代戰亂，古籍遭受嚴重損壞，其中包括《新序》《說苑》二書。據《崇文總目》記載，《說苑》此時僅存五卷，《新序》也由三十卷驟然下降至十卷。對於《新序》《說苑》二書而言，這是損壞最爲嚴重的一次。所幸二書得到曾鞏的精心整理，他「正其訛舛而綴緝其放逸」〔註102〕，《新序》《說苑》終於復生，自此以後，《新序》《說苑》版本多來自曾鞏所校本。

曾鞏（1019～1083），字子固，北宋時期南豐（今屬江西）人，嘉祐進士，嘗奉詔編撰史館書籍，官至中書舍人。也許是有著與劉向整理古籍的相同經歷，曾鞏十分尊崇劉向。面對劉向殘缺不全的作品，曾鞏自是盡力收集整理，並分別撰寫了《新序目錄序》與《說苑目錄序》。兩篇序中介紹

〔註100〕劉昫等：《舊唐書》本紀第三《太宗下》，上海：中華書局，1982 年，第 59頁。
〔註101〕張廷玉等：《明史》卷一百三十六《劉仲質傳》，北京：中華書局，1974 年，第 3933 頁。
〔註102〕晁公武：《郡齋讀書志》，《續古逸叢書》本。

了曾鞏所見《新序》《說苑》的書本概貌以及自己的整理情況。《新序目錄序》云：「劉向所集次《新序》三十篇，錄一篇，隋唐之世尙爲全書，今可見者十篇而已，臣既考正其文字，因爲其序。」〔註103〕《說苑目錄序》云：「劉向所序《說苑》二十篇，《崇文總目》云：『今存者五篇，餘皆亡。』臣從士大夫間得之者十有五篇，與舊爲二十篇，正其脫謬，疑者缺之，而敍其篇目。」〔註104〕

從以上所引文字可見，《新序》《說苑》二書中，僅《說苑》恢復了書本原貌，《新序》卻僅剩下十篇，亡佚的二十篇未能搜到。曾鞏只能爲殘存十篇進行文字校對，這就是現存的《新序》版本。因此，曾鞏的整理工作還存在缺憾，不僅《新序》如此，《說苑》中也同樣存在。

曾鞏說整理《說苑》時「從士大夫間得之者十有五篇，與舊爲二十篇」，所言有虛。眞實情形是曾鞏僅搜集到十四篇，與殘存的五篇合爲十九篇。對曾鞏的整理情況，晁公武《郡齋讀書志》有詳細記載，其文云：

> 《說苑》二十卷，右劉向撰。以《君道》、《臣術》、《建本》、《立節》、《貴德》、《復恩》、《政理》、《尊賢》、《正諫》、《法誡》、《善說》、《奉使》、《權謀》、《至公》、《指武》、《談叢》、《雜言》、《辨物》、《修文》爲目，陽嘉四年上之，闕第二十卷。曾子固校書，自謂得十五篇於士大夫家，與《崇文》舊書五篇合爲二十篇而敍之，然止是析十九卷作《修文》上、下篇耳。〔註105〕

晁公武所見《說苑》有二十卷〔註106〕。據其所言，此本顯然是曾鞏校理本（以下簡稱曾本），但此本雖有二十卷，書中只有十九個標題，跟現存本《說苑》比較，缺少了第二十卷「反質」標題。晁公武言曾鞏是「析十九卷作《修文》上、下篇」而湊足劉向原書的二十篇數目，此事應該屬實。陸游《跋〈說苑〉》亦云：「李德芻云：『館中《說苑》二十卷，而闕《反質》一卷，曾鞏乃分《修文》爲上、下，以足二十卷，後高麗進一卷，遂足。』」〔註107〕陸游語

〔註103〕陳杏珍、晁繼周點校：《曾鞏集》卷十一，北京：中華書局，1984年，第176頁。

〔註104〕同上，第190頁。

〔註105〕晁公武：《郡齋讀書志》卷十子部儒家類，見許逸民、常振國編：《中國歷代書目叢刊》第一輯，現代出版社，1987年，第644頁。

〔註106〕此處「卷數」與「篇數」相同。

〔註107〕陸游：《渭南文集》卷二十七《陸放翁全集》（第三冊），北京：北京市中國書店，1986年，第164頁。

不僅進一步證實了晁公武關於《說苑》的記載，而且指出曾鞏之後，《說苑》曾再一次被整理，此次《說苑》補齊第二十卷，才真正恢復原貌。曾鞏是北宋人，陸游生於北宋末年，主要生活在南宋時期，可見曾鞏校書後，《說苑》又經過整理。姚明達曾指出宋代朝廷統一的校書有五次〔註108〕。曾鞏校書是在仁宗嘉祐年間，此後在徽宗時期、南宋高宗至孝宗時期、寧宗時期又有三次校書。陸游於一二一〇年去世，此時第三次校書才剛剛開始，陸游所看到的《說苑》應該是前兩次校書的版本。這兩次校書的成果就是從高麗進回《反質》卷，使《說苑》真正恢復舊觀。然而《新序》卻僅剩下十卷，再也無法成為完帙。補足《反質》卷的《說苑》應該記載於淳熙五年陳騤等編寫的《中興館閣書目》，後《宋史·藝文志》在撰寫時直接取材於此書，所載《說苑》應該是補足《反質》卷的版本，以後所刊佈的《說苑》幾乎都來自此本。

據官私目錄著作記載，保持了曾校本原貌的《新序》《說苑》主要是北宋刊本。其本為半葉十一行，行二十字，白口，左右雙欄。此本曾為藏書家黃丕烈所收藏，北宋本保存原貌較好，黃丕烈云曾取二書與他書相校，發出「今余何幸而兩書皆得盡善盡美之本，展讀一過，盡正群訛，豈不快哉！豈不快哉！」〔註109〕潘景鄭《著硯樓書跋》亦云：「《說苑》以海源閣所藏宋本為第一。」〔註110〕但藏書家將二書以秘本珍之，流傳不廣，對後世的影響不大。此後，《說苑》有南宋咸淳元年（1265）九月鎮江府學刊本，此本為半葉九行，行十八字，細黑口，左右雙欄。版心下著字數及人名。卷十九有款識一行：歲壬申秋琊山翁士白重修校正。卷二十有款識三行：鄉貢進士直學胡達之際校，迪功郎改差充鎮江府學教授徐沂，咸淳乙丑九月迪功郎特差充鎮江府學教授李士忱命工重刊。咸淳重刊本與北宋本相比，雖只能「遜而居乙矣。」〔註111〕但由於在社會上普及面廣，因而對《說苑》版本流傳有重要影響。

元時期對《新序》《說苑》刊刻顯然不多。就保存至今的元刊本，以及題跋與版本目錄中所載的元刊本來看，《新序》有一種元刊本，半葉十一行，行

〔註108〕姚明達：《中國目錄學史》，上海：上海古籍出版社，2005年，第141頁。
〔註109〕黃丕烈：《士禮居藏書題跋記》卷三，北京：書目文獻出版社，1989年，第72頁。
〔註110〕潘景鄭：《著硯樓書跋》，上海：古典文學出版社，1957年，第167頁。
〔註111〕同上。

十八字，目錄在序前。《說苑》大約有以下幾種：一是宋元間刊本。半葉十一行，行二十字，白口，左右雙欄。蝶裝。此本在《增訂四庫簡明目錄標注》與《北京大學圖書館藏善本書錄》中定爲宋刊本，然傅增湘認爲此本非宋刻本，從文字上看，此本與宋咸淳本雖然相合，「然此本有而咸淳本無者，亦所在多有。」所以不是宋咸淳本，而且此本也不是北宋本，因爲它「雖字體方正，行款與海源閣藏宋本合，然氣息屛薄，宋諱不避。」所以傅增湘疑其「爲宋末元初覆刻之本」。〔註112〕此本據傅增湘描述，其「蝶裝巨冊，微有損混，望而知爲內閣大庫之書。紙背鈐有『國子監崇文閣官書』大印」。因此，此本很可能是宋末元初官印本。一是元大德間刊本，半葉十一行，行二十字，白口，左右雙欄。末冊有元人跋五行，其文爲『憲使牧菴先生暇日出示劉向《說苑》，有益後學，俾口之梓，以壽其傳，誠盛事也。大德癸卯（1301）冬十月朔，文學椽河南後學雲謙敬書。」可見其爲民間刊本，然其「此本字迹結體方整，而筆意圓渾」，屬於版本佳品。〔註113〕還有一種是元麻沙小字本，每半葉十一行，行十八字，《增訂四庫簡明目錄標注》有著錄，詳細情況所知較少。

三、明清至近現代

　　《新序》《說苑》二書在宋代經曾鞏收集整理以後不斷完善，到明清時期，二書的卷數已經定型，官私目錄著作的記錄都是《新序》十卷，《說苑》二十卷。而且宋代、明清時代的藏書家增多，他們在藏書讀書時也注重整理書籍，對書籍進行版本比勘、文字校對等工作，《新序》《說苑》的文字、內容在流傳中逐漸穩定。相比宋元時期，明代刻書更爲繁榮，二書的版本大爲增加，下面，本文介紹二書的版本源流：

　　明代，《新序》《說苑》往往合刊爲一本，二書最早的版本是明洪武間刊本，半葉十行，行十九字，黑口，四周雙欄。北京圖書館有藏。據《明史》記載，明太祖朱元璋「好觀道德心經《說苑》《韻府》諸書，」並「頒劉向《說苑》《新序》於天下學校，令生員講讀」〔註114〕，王重民撰《中國善本書提要》

〔註112〕傅增湘：《藏園群書經眼錄》卷七，北京：中華書局，1983年，第542～543頁。

〔註113〕傅增湘：《藏園群書經眼錄》卷七，北京：中華書局，1983年，第543頁。

〔註114〕張廷玉等：《明史》卷一百三十六《劉仲質傳》，北京：中華書局，1974年，第3933頁。

時曾詳考此事，其文云：「考《明史》卷一三六《劉仲質傳》：『仲質字文質，分宜人。洪武初，以宜春訓導薦入京，擢翰林典籍。奉命校正《春秋本末》。十五年，拜禮部尚書，命與儒臣定釋奠禮，頒行天下。已，復奉命頒劉向《説苑》、《新序》於學校，令生員講讀。』此即當時刊刻頒行之本，規橅頗似《元史》，而雕鏤之精稍過之。檢下書口所記刻工姓氏，有與《元史》同者，尤爲刻於洪武間之明證也。」此書由朝廷統一印製，作爲學校教材使用，應屬於好的版本。

　　明嘉靖二十六年（1547）何良俊刊刻《説苑》、《新序》二書，此亦爲合刊本。半葉十行，行二十字，白口，左右雙欄。書前有曾鞏校書序，嘉靖丁未（1547）何良俊長序。何良俊在序中反駁了世俗對二書的偏見，表達了自己對劉向的尊崇。刊本精緻工整，是版本中的佳品。明嘉靖三十八年（1559）楊美益刊刻《劉氏二書》本，半葉十一行，行十八字，白口，四周雙欄。有嘉靖己未（1559）楊美益、彭範、孔天胤序。刊於山西汾陽。傅增湘訂補《邵亭知見傳本書目》、《中國叢書廣錄》等書著錄。明萬曆二十年（1592）程榮刊《漢魏叢書》本，半葉九行，行二十字，白口，左右雙欄。藏書家對此本頗爲嘉許，黃丕烈《士禮居藏書題跋記》卷三云：「明刻當以程榮《漢魏叢書》本爲近古，餘則脱略不可殫述。故傳校宋本於此冊，後之見是篇者，勿輕置之。」〔註115〕當然，也有人對此本持有微詞，潘景鄭云「今世頗珍程榮本，不知程本訛奪，已不如嘉靖本遠甚，遑論宋元槧本耶」〔註116〕。明萬曆二十年（1592）何允中刊《廣漢魏叢書》本，潘景鄭《著硯樓書跋》記此本，稱爲「何鎧本」，《中國叢書綜錄》、嚴靈峰《周秦漢魏諸子知見書目》等著錄。

　　清代的學術興盛繁榮，也就推動版本的整理。其中《四部叢刊》本、《四庫全書》本、以及湖北崇文書局、鐵華館校宋本所編定的版本都公認爲善本，近現代《新序》《説苑》的整理本基本上以此爲版本。如趙仲邑《新序詳注》依據的是「鐵華館校宋本、明程榮校本、《四部叢刊》本和湖北崇文書局刊本」〔註117〕；向宗魯《説苑校證》校本有「宋咸淳本、明楚府本、何良俊本、程榮本、楊鎧本、何鎧本、天一閣本，及世俗通行王謨本、崇文局本、新景印

〔註115〕黃丕烈：《示禮居藏書題跋記》，北京：書目文獻出版社，1989年，第76頁。
〔註116〕潘景鄭：《著硯樓書跋》，上海：古典文學出版社，1957年，第167頁。
〔註117〕趙仲邑：《新序詳注・前言》，北京：中華書局，1997年，第21頁。

明鈔本」〔註118〕；趙善詒《新序疏證》以「清光緒九年鐵華館校宋本爲底本，對校明嘉靖翻宋本並參考其他資料，進行標校」〔註119〕；趙善詒《說苑疏證》則以「《四部叢刊》（影印平湖葛氏傳樸堂藏明鈔本）爲底本」〔註120〕。

　　儘管明清時期《新序》《說苑》版本眾多，但依然可以探尋其源流。《新序》《說苑》的版本都來自宋代曾鞏的整理本。《新序》中較好的版本如明嘉靖翻宋本、程榮校本、何允中刊《廣漢魏叢書》時的《新序》校訂本、《四庫全書》本、湖北崇文書局刊本、《四部叢刊》本等，它們都是在宋本《新序》的基礎上進行翻刻與校訂。《說苑》與《新序》稍有區別，《說苑》在明清時期的版本主要有兩個系統〔註121〕。

　　一個是北宋刊本，此本最爲近古。由於此本爲藏書家作秘書珍藏，因此影響範圍較小。最接近此本原貌的僅有三個本子，一是是元大德七年雲謙刻本，半葉十一行，行二十字，白口，左右雙欄。上海圖書館藏，收入中華再造善本。一是明抄本。半葉九行，行十五字。據徐建委言：「此本特徵與黃丕烈描述的宋廿二行本（北宋刊本）一致。……與咸淳本、明刻本皆不同，而與雲謙本同，可見這個抄本抄自宋廿二行本或云謙本。」〔註122〕三是《四部叢刊》本，此本據明抄本影印。

　　二是南宋咸淳本，由鎮江府學刊刻，此本爲半葉九行，行十八字，細黑口，左右雙欄。此本底本亦是北宋刊本中的一種，但文字訛誤、增衍多，位居北宋刊本之後。此本印量大，修補翻刻多，明清時期的《說苑》如宋咸淳元年鎮江府學刻元明遞修本、明覆刻咸淳本、元大德陳仁子刻本、明萬曆程榮刻《漢魏叢書》本、明吳勉學刻本等都基本上屬於此系統。此外，徐建委指出，《說苑》還有「元末至明刻本系統」，但「該系統最早的版本是元麻沙小字本，其底本當是咸淳本」〔註123〕。因此，本文依舊將此版本歸入南宋咸淳本系統。

〔註118〕劉向撰，向宗魯校證：《說苑校證・敘例》，北京：中華書局，1987年，第2頁。
〔註119〕趙善詒疏證：《新序疏證・前言》，上海：華東師範大學出版社，1989年，第2頁。
〔註120〕趙善詒疏證：《說苑疏證・前言》，上海：華東師範大學出版社，1989年，第3頁。
〔註121〕徐建委：《劉向〈說苑〉版本源流考》，《文獻》，2008年第2期。
〔註122〕同上。
〔註123〕徐建委：《劉向〈說苑〉版本源流考》，《文獻》，2008年第2期。

第三節 《新序》《說苑》重複文獻分析

一、《新序》《說苑》重複文獻界定

分析《新序》《說苑》重複文獻之前，應該界定重複文獻的範圍，具體說來也就是何爲重複文獻？在《新序》《說苑》中，重複文獻的情況很複雜，大致可歸爲以下兩種：文字完全相同的文獻（不包括書籍流傳中的文字的訛誤、增衍、顛倒、丟失）；本事相同的文獻〔註124〕。在《新序》《說苑》中，符合文字重複標準的文獻只有一章，它們是《新序》5·23章與《說苑》2·12章：

> 齊侯問於晏子曰：「忠臣之事君也何若？」對曰：「有難不死，出亡不送。」君曰：「列地而與之，疏爵而貴之，君有難不死，出亡不送，可謂忠乎？」對曰：「言而見用，終身無難，臣奚死焉！諫而見從，終身不亡，臣奚送焉！若言不見用，有難而死，是妄死也；諫不見從，出亡而送，是詐爲也。故忠臣也者，能盡善與君而不能與君陷於難〔註125〕。（《新序》5·23章）

> 齊侯問於晏子曰：「忠臣之事其君何若？」對曰：「有難不死，出亡不送。」君曰：「裂地而封之，疏爵而貴之，君有難不死，出亡不送，可謂忠乎？」對曰：「言而見用，終身無難，臣何死焉！諫而見從，終身不亡，臣何送焉！若言不見用，有難而死之，是妄死也；諫而不見從，出亡而送之，是詐爲也。故忠臣者，能納善於君，而不能與君陷難者也。（《說苑》2·12章）

以上兩章，內容都是齊侯與晏子討論忠臣與君主的關係。在文字上，除了「列地而與之」與「裂地而封之」，「君有難不死」與「吾有難不死」，「臣奚死焉」與「臣何死焉」，「能盡善與君」與「能納善於君」等句子中細微地文字差別外，二文幾乎完全相同。這些細微的文字差別也只是古籍流傳中出現的異文，無關宏旨，因此，這是兩章文字完全相同的文獻。

〔註124〕 本事指文獻中的主題或故事類型。其實這裏的重複文獻即指後面的互見文獻，其中文字完全相同的文獻，即文本互見文獻，本事相同文獻即本事互見文獻。由於前人研究《新序》《說苑》文獻時，多用「重複」一詞，本文即沿用於此。

〔註125〕 《新序》中的引文出自趙仲邑的《新序詳注》（北京：中華書局，1997年版），以下皆同。

事實上，歷代學者卻並非按這條標準來界定二書重複文獻，他們所討論的是本事相同的文獻。黃震《黃氏日抄》云：「又桑谷之祥，既以爲大戊又以爲武丁，與書則武丁乃鼎雉之事耳。龍蛇之章既以爲介子推，又以爲舟之僑。於傳則橋乃戮於城濮之役耳。鴻鵠六翮之喻，《新序》以爲固桑告晉平公，《說苑》以爲古乘告趙簡子。不屑扶君之事，《新序》以爲虎會事趙簡子，《說苑》以爲隋會使晉文侯。君不能致士之說，《新序》以爲大夫對衛相，《說苑》以爲田饒對齊相宗衛。解衣就鼎以諫佛肸之說，《新序》以爲田單，《說苑》以爲田基，是二書定於一人而自爲異同。若嚴則音聲之訟，以一位公孫文子告楚，一以爲晏子告齊，是一書重出而自異同。劉向自以爲去其復重而尚若是，何哉？」〔註126〕

黃震指斥劉向「二書定於一人而自爲異同」，就是因爲桑谷之祥、龍蛇之章、鴻鵠六翮之喻、不屑扶君之事、解衣就鼎以諫佛肸之說這些故事類型或是固定主題同時出現在《新序》《說苑》兩書中，但多數文獻中時間、地點、人物發生了變化，文字也有較大不同。下面舉例說明：

> 趙簡子上羊腸之坂，群臣皆偏袒推車，而虎會獨擔戟行歌不推車。簡子曰：「寡人上坂，群臣皆偏袒推車，會獨擔戟行歌不推車，是會爲人臣侮其主。爲人臣侮其主，其罪何若？」虎會對曰：「爲人臣而侮其主者，死而又死。」簡子曰：「何謂死而又死？」虎會曰：「身死，妻子又死，若是謂死而又死。君既已聞爲人臣而侮其主者之罪矣，君亦聞爲人君而侮其臣者乎？」簡子曰：「爲人君而侮其臣者何若？」虎會對曰：「爲人君而侮其臣者，智者不爲謀，辯者不爲使，勇者不爲鬥。智者不爲謀，則社稷危，辯者不爲使，則指事不通，勇者不爲鬥，則邊境侵。三者不使，則君難保。」簡子曰：「善。」乃罷群臣推車，爲士大夫置酒，與群臣飲，以虎會爲上客。（《新序》1·9章）

> 晉文侯行地登隧，大夫皆扶之，隨會不扶。文侯曰：「會，夫爲人臣而忍其君者，其罪奚如？」對曰：「其罪重死。」文侯曰：「何謂重死？」對曰：「身死，妻子爲戮焉。」隨會曰：「君奚獨問爲人臣忍其君者，而不問爲人君而忍其臣者邪？」文侯曰：「爲人君而忍其臣者，其罪何如？」隨會對曰：「爲人君而忍其臣者，智士不爲謀，辯

士不爲言，仁士不爲行，勇士不爲死。」文侯援綏下車，辭大夫

曰：「寡人有腰髀之病，願諸大夫勿罪也。」〔註127〕（《說苑》8·

23 章）

二文情節基本相同，都是講某位君主在攀登崎嶇山路時，眾大臣爲討好其君，紛紛出力幫助。其中一位大臣卻特立獨行，只顧自己行路。當面對君主對此事的責問時，這位大臣先是肯定自己有罪，接著，他又馬上指出，如果君主不以禮對待臣子，將會眾叛親離，從而導致國家危亡。雖然二文記錄的是同一故事類型，但《新序》的主人公是趙簡子與虎會，《說苑》的主人公是晉文侯與隨會，而且文中細節也多有不同。《新序》爲「上羊腸之阪」，《說苑》爲「行地登隧」；《新序》爲「群臣皆偏袒推車，而虎會獨擔戟行歌不推車」，《說苑》爲「大夫皆扶之，隨會不扶」等等。

當然，不同類型的重複只是選擇標準的寬嚴不同。前者是要求兩條文獻文字完全相同（文字相同，本事也就相同），後者只看本事是否相同，文字不做討論。由於《新序》《說苑》中本事相同的文獻多，而且這類文獻構成二書「廣陳虛事，多構僞辭」的特點，成爲後人討論的中心。因此，本事相同文獻是重複文獻研究的重點。

綜上所述，本文的研究對象，既包括唯文字相同的文獻，也包括僅本事相同的文獻。本文將在前人研究基礎上，對重複文獻的形成原因、特點進行深入比較分析。

二、重複文獻數量

二書重複文獻的數量，一些學者已進行了統計，但由於這些重複文獻有的主題內容基本相似，有的卻關係疏遠，難以確立嚴格的標準，而標準的模糊，使得學者總結的重複文獻章數竟各不相同。首先來看嚴靈峰、左松超、謝明仁、楊波等對二書重複文獻的數量統計。

嚴靈峰統計爲八則重複文獻，如下文所示〔註128〕：

1. 《說苑》「臣術篇」：齊侯問於晏子　並見《新序·雜事二》

2. 《說苑》「立節篇」：佛肸用中牟之縣畔　並見《新序·義勇篇》

〔註127〕《說苑》中引文出自向宗魯的《說苑校證》（北京：中華書局，1987 年版），以下皆同。

〔註128〕嚴靈峰：《劉向〈說苑敘錄〉研究》，載《無求備齋學術新著》，臺灣：商務印書館，1987 年，第 374 頁。

3. 《說苑》「復恩篇」：晉趙盾舉韓厥　並見《新序・節士篇》

又　　　　　　魏文侯攻中山　並見《新序・雜事二》

4. 《說苑》「尊賢篇」：趙簡子游於河　並見《新序・雜事一》

又　　　　　　晉文侯行地　並見《新序・雜事一》

5. 《說苑》「至公篇」：申包胥哭秦庭　並見《新序・節士篇》

又　　　　　　延陵季子　並見《新序・節士篇》

楊波統計的重複文獻為九章，如下表所示：〔註129〕

序號	《說苑》		《新序》	
1	君　道	燕昭王問於郭隗	雜事三	燕易王時國大亂
2	君　道	楚文王有疾	雜事一	楚共王有疾
3	善　說	晉平公問叔向	雜事五	晉平公問於叔向
4	復　恩	晉文公入國，至於河	節　士	晉文公反國，酌士大夫酒
5	復　恩	晉趙盾舉韓厥	節　士	公孫杵臼、程嬰者
6	至　公	吳王闔閭為伍子胥興師	善　謀	楚平王殺伍子胥之父
7	至　公	吳王壽楚有四子	節　士	延陵季子者
8	至　公	子胥將之吳	節　士	申包胥者
9	立　節	佛肸用中牟之縣畔	義　勇	佛肸以中牟叛

左松超統計的重複文獻為十五章，如下表所示：〔註130〕

《說苑》	《新序》
1・21〔註131〕「楚莊王既服鄭伯」章	1・7「魏武侯謀事而當」章
1・34「楚文王有疾」章	1・6「楚共王有疾」章
2・5「魏文侯且置相」章	4・4「魏文侯弟」章
2・12「齊侯問晏子」章	5・23「齊侯問晏子」章

〔註129〕楊波：《論〈說苑〉、〈新序〉同題材料的運用》，《古籍整理研究學刊》，2007年第4期。

〔註130〕左松超：《說苑集證》，臺灣：國立編譯館，2001年，第1445頁。

〔註131〕「1・21」，「1」指篇目，「21」指章節，如「《說苑》1・21」即為《說苑》第一篇《君道》的第二十一章，「《新序》1・7」即指《新序》第一篇《雜事一》的第七章。以下皆同。

4‧19「佛肹用中牟之縣畔」章	8‧8「佛肹以中牟叛」章
6‧4「晉文公入國」章	7‧22「晉文公反國」章
6‧7「魏文侯攻中山」章	2‧3「甘茂下蔡也」章
6‧17「晉趙盾舉韓厥」章	7‧27「公孫杵臼、程嬰者」章
8‧14「趙簡子游於河」章	1‧15「平公浮西河中流」章
8‧17「宗衛相齊」章	2‧8「昔者，燕相得罪於君」章
8‧22「晉文侯行地登隧」章	1‧9「趙簡子上羊腸之阪」章
11‧9「孟嘗君寄客於齊王」章	5‧24「宋玉因其友以見於楚襄王」章
11‧19「晉平公問叔向」章	5‧18「晉平公問於叔向」章
14‧2「吳王壽夢有四子」章	7‧5「延陵季子者，吳王之子也」章
14‧12「子胥將之吳」章	7‧11「申包胥者，楚人也」章

　　嚴靈峰、楊波、左松超總結的重複文獻的數量分別為八章、九章、十五章，數量不同是由於各人選擇時標準把握的寬嚴不同導致。總的來說，左松超十五條重複文獻收錄的最爲全面。本文在學者所總結出來的的重複篇章基礎上，進一步搜檢二書，共統計了二十條重複文獻，如下表所示〔註132〕：

《新序》《説苑》重複文獻

《新序》		《説苑》	
章數及首句	所見古籍	章數及首句	所見古籍
1‧3 禹之興也以塗山	《史記》《外傳》	14‧13 楚令尹虞丘子	無本
1‧5 晉大夫祁奚老	無本	14‧15 晉文公問於咎犯日	無本
1‧6 楚共王有疾	無本	1‧34 楚文王有疾	無本
1‧7 昔者魏武侯謀事而當	《荀子》	1‧21 楚莊王既服鄭伯	《賈誼新書》
1‧9 趙簡子上羊腸之阪	無本	8‧22 晉文侯行地登隧	無本
1‧15 晉平公浮西河中流而歎日	《外傳》	8‧14 趙簡子游於河而樂之	無本

〔註132〕本文重複文獻數量統計過程中，參考謝明仁《劉向〈説苑〉研究》甚多。謝明仁統計的重複文獻數量爲二十二章，其中包括《説苑》與《新序》佚文重複的兩章。本文所統計的數量與謝明仁基本相同（除去兩章佚文）。

2‧3 甘茂，下蔡人也	《戰國策》《史記》	6‧7 魏文侯攻中山	《呂氏春秋》
2‧6 楚人有獻魚楚王者	無本	5‧20 孔子之楚	《家語》
2‧8 昔者，燕相得罪於君	無本	8‧17 宗衛相齊	《外傳》
2‧18 楚莊王蒞政三年	無本	7‧3 楚莊王立爲君	無本
3‧4 燕易王時國大亂，	《戰國策》	1‧20 燕昭王問於郭隗曰：	無本
4‧4 魏文侯弟曰季成	《呂氏春秋》	2‧5 魏文侯且置相	《外傳》《史記》
5‧18 晉平公問於叔向曰	無本	11‧19 晉平公問叔向曰	《阜簡》
5‧23 齊侯問於晏子曰	《晏子春秋》	2‧12 齊侯問於晏子曰	《晏子春秋》
5‧24 宋玉因其友以見於楚襄王	《外傳》	11‧9 孟嘗君寄客於齊王	無本
6‧4 晉文公反國	無本	7‧22 晉文公入國	無本
7‧27 公孫杵臼、程嬰者，	《史記》	6‧17 晉趙盾舉韓厥	無本
7‧5 延陵季子者	無本	14‧2 吳王壽夢有四子	無本
7‧11 申包胥者，楚人也	無本	14‧12 子胥將之吳	無本
8‧5 佛肸以中牟叛	無本	4‧19 佛肸用中牟之縣畔	無本

三、《新序》《說苑》重複文獻比較分析

　　《新序》《說苑》中的重複文獻前人提及較早，如黃震《黃氏日抄》、《四庫全書總目》等書中都提到文獻重複的問題。黃震《黃氏日抄》指出：「鴻鵠六翮之喻，《新序》以爲固桑告晉平公，《說苑》以爲古乘告趙簡子。不屑扶君之事，《新序》以爲虎會事趙簡子，《說苑》以爲隨會使晉文侯。君不能致士之說，《新序》以爲大夫對衛相，《說苑》以爲田饒對齊相宗衛。解衣就鼎以諫佛肸之說，《新序》以爲田單，《說苑》以爲田基，是二書定於一人而自爲異同。若嚴則音聲之訟，以一位公孫文子告楚，一以爲晏子告齊，是一書重出而自異同。」〔註133〕《四庫全書總目》記載：「黃朝英《緗素雜記》亦摘其固桑對晉平公論養士一條，《新序》作舟人古乘對趙簡子。又楚文王爵筦饒一條，《新序》作楚共王爵筦蘇。」〔註134〕前人對二書中文獻重複問題，並沒有作進一步研究，本文將在前人探討的基礎上，結合二書，深入分析重複文

〔註133〕黃震：《黃氏日抄》卷五十六，文淵閣《四庫全書》本。
〔註134〕永瑢等：《四庫全書總目》卷九十一，北京：中華書局，1965年，第772頁。

獻的產生原因、特點以及在書中的作用。

（一）產生原因：所見異詞，所聞異詞，所傳聞異詞

　　《新序》《說苑》同為劉向所編撰，為什麼會有如此多的重複文獻？儘管它們事同人不同，敘述語言也存在較大差異，但如此多主題情節相同的文獻分處兩書，會使人產生似曾相識的感覺，這樣會影響兩本書的獨立性。對於重複文獻的產生原因，前人有所探討，黃震認為：「方南豐編集時，官書僅有五卷，後於士大夫間得十五卷以足之，則後世之殘斷錯誤，非必皆劉向本文耳。」〔註135〕《四庫全書總目》云：「二書同出向手而自相矛盾，殆捃拾眾說，各據本文，偶爾失於參校也。然古籍散佚，多賴此以存。」〔註136〕嚴可均的態度更為寬容，他說：「向所類事與左傳及諸子間或時代牴牾，或一事而兩說、三說兼存，韓非子亦如此。良由所見異詞，所聞異詞、所傳聞異詞，不必同李斯之法，別黑白而定一尊。淺學之徒，少所見，多所怪，謂某事與某書違異，某人與某人不相值。生二千載後而欲畫一二千載以前之人之事，甚非多聞闕疑之意，善讀書者豈宜然乎？」〔註137〕三種觀點中，四庫館臣與嚴可均的觀點一致，黃震則將重複文獻看作二書的缺陷，歸咎於版本流傳中失真。顯然，黃震的看法略顯偏頗。《說苑》在宋代雖然僅剩五卷，但由於朝廷對此書的重視，曾鞏的盡心整理，此書已經恢復原貌，少量佚文以及章句脫落並不影響此書。這一點可以從敦煌遺書《辨物》與《反質》二卷得以證明。可見，二書的重複文獻應該為劉向有意為之。春秋戰國時期是百家爭鳴的時代，諸子百家「上說諸侯，下說列士」〔註138〕，「周行天下，上說下教，雖天下不取，強聒而不捨也」〔註139〕。自然會「一事而兩說、三說兼存」〔註140〕，而《新序》《說苑》的材料來源於春秋戰國時期的諸國故事，劉向「各據所見群書，採摭而成」〔註141〕，出現重複文獻很正常。

〔註135〕黃震：《黃氏日抄》卷五十六，文淵閣《四庫全書》本。

〔註136〕永瑢等：《四庫全書總目》卷九十一，北京：中華書局，1965年，第772頁。

〔註137〕嚴可均：《鐵橋漫稿》卷八《書〈說苑〉後》，轉引自左松超：《說苑集證》，臺灣：國立編譯館，2001年，第1413頁。

〔註138〕孫詒讓：《墨子閒詁》卷七，北京：中華書局，2001年，第197頁。

〔註139〕郭慶藩：《莊子集釋》，北京：中華書局，1961年，第1082頁。

〔註140〕嚴可均：《鐵橋漫稿》卷八《書〈說苑〉後》，轉引自左松超：《說苑集證》，臺灣：國立編譯館，2001年，第1413頁。

〔註141〕周中孚：《鄭堂讀書記》，《清人書目題跋叢刊》第八輯，北京：中華書局，1993年，第663頁。

在兩書重複文獻中，有的文獻也顯現了明顯的創作痕迹，似乎是劉向對同一文獻進行了處理加工。例如《新序》7‧27 章與《說苑》6‧17 章：

> 公孫杵臼、程嬰者，晉大夫趙朔客也。晉趙穿弑靈公，趙盾時為貴大夫，亡不出境，還不討賊，故《春秋》責之，以盾為弑君。屠岸賈者，幸於靈公。晉景公時，賈為司寇，欲討靈公之賊。盾已死，欲誅盾之子趙朔，徧告諸將曰：「盾雖不知，猶為首賊。賊臣弑君，子孫在朝，何以懲罪？請誅之。」韓厥曰：「靈公遇賊，趙盾在外，吾先君以為無罪，故不誅。今諸君將妄誅，妄誅，謂之亂臣。有大事，君不聞，是無君也。」屠岸賈不聽，韓厥告趙朔，趣亡。趙朔不肯，曰：「子必不絕趙祀，予死不恨。」韓厥許諾，稱疾不出。賈不請而擅與諸將攻趙氏於下宮，殺趙朔、趙同、趙括、趙嬰齊，皆滅其族。趙朔妻，成公姊，有遺腹，走公宮匿。公孫杵臼謂程嬰：「胡不死？」嬰曰：「朔之妻有遺腹，若幸而男，吾奉之；即女也，吾徐死耳。」無何，而朔妻免生男，屠岸賈聞之，索於宮。朔妻置兒袴中，祝曰：「趙宗滅乎，若號！即不滅乎，若無聲！」及索，兒竟無聲。已脫，程嬰謂杵臼曰：「今一索不得，後必且復之，奈何？」杵臼曰：「立孤與死，孰難？」嬰曰：「立孤亦難耳。」杵臼曰：「趙氏先君遇子厚，子彊為其難者，吾為其易者，吾請先死。」而二人謀取他嬰兒，負以文褓，匿山中。嬰謂諸將曰：「嬰不肖，不能立孤，誰能與吾千金，吾告趙氏孤處。」諸將皆喜，許之，發師隨嬰攻杵臼。杵臼曰：「小人哉，程嬰。下宮之難，不能死，與我謀匿趙氏孤兒，今又賣之。縱不能立孤兒，忍賣之乎？」抱兒呼曰：「天乎！趙氏孤兒何罪！請活之，獨殺杵臼也！」諸將不許，遂殺杵臼與兒。諸將以為趙氏孤兒已死，皆喜，然趙氏真孤兒乃在。……趙武冠，為成人，程嬰乃辭諸大夫，謂趙武曰：「昔下宮之難，皆能死，我非不能死，思立趙後。今子既立為成人，趙宗復故，我將下報趙孟與公孫杵臼。」趙武號泣固請，曰：「武願苦筋骨，以報子至死，而子忍弃我死乎？」程嬰曰：「不可，彼以我為能成事，故皆先我死。今我不下報之，是以我事為不成也。」遂自殺。趙武服衰三年，為祭邑，春秋祠之，世世不絕。君子曰：「程嬰、公孫杵臼，可謂信交厚士矣。嬰之自殺下報，亦過矣。」（《新序》7‧27 章）

晉趙盾舉韓厥，晉君以爲中軍尉。趙盾死，子朔嗣爲卿。至景公三年，趙朔爲晉將，朔取成公姊爲夫人。大夫屠岸賈欲誅趙氏。初，趙盾在時，夢見叔帶持龜要而哭，甚悲，已而笑，拊手而歌。盾卜之，占兆絕而後好。趙史援占曰：「此甚惡，非君之身，乃君之子，然亦君之咎也。」至子趙朔世益衰。屠岸賈者，始有寵於靈公，及至於晉景公，而賈爲司寇，將作難，乃治靈公之賊，以致趙盾。遍告諸將曰：「趙穿弒靈公，盾雖不知，猶爲首賊。臣殺君，子孫在朝，何以懲罪？請誅之。」韓厥曰：「靈公遇賊，趙盾在外，吾先君以爲無罪，故不誅；今諸君將誅其後，是非先君之意而後妄誅，妄誅謂之亂臣。有大事而君不聞，是無君也。」屠岸賈不聽。厥告趙朔趨亡，趙朔不肯，曰：「子必不絕趙祀，朔死且不恨。」韓厥許諾，稱疾不出。賈不請而擅與諸將攻於下宮，殺趙朔、趙同、趙括、趙嬰齊，皆滅其族。朔妻成公姊，有遺腹，走公宮匿，後生男，乳，朔客程嬰持亡匿山中。居十五年，晉景公疾，卜之曰：「大業之後不遂者爲祟。」景公疾問韓厥，韓厥知趙孤在，乃曰：「大業之後在晉絕祀者，其趙氏乎？夫自中衍皆嬴姓也，中衍人面鳥喙，降佐殷帝大戊；及周天子，皆有明德；下及幽、厲無道，而叔帶去周適晉，事先君文侯；至於成公，世有立功，未嘗有絕祀。今及吾君，獨滅之趙宗，國人哀之，故見龜策，唯君圖之。」景公問云：「趙尚有後子孫乎？」韓厥具以實對。於是景公乃與韓厥謀立趙孤兒，召而匿之宮中。諸將入問疾，景公因韓厥之眾，以脅諸將，而見趙孤，孤名曰武。諸將不得已，乃曰：「昔下宮之難，屠岸賈爲之，矯以君令，並命群臣，非然，孰敢作難。微君之疾，群臣固且請立趙後；今君有令，群臣之願也。」於是召趙武、程嬰遍拜諸將軍。將軍遂返與程嬰、趙武攻屠岸賈，滅其族，復與趙武田邑如故。故人安可以無恩？夫有恩於此，故復於彼。非程嬰則趙孤不全，非韓厥則趙後不復，韓厥可謂不忘恩矣。(《說苑》6‧17章)

兩條文獻都屬於存孤救趙的歷史故事，其基本情節見於《史記》。但二者講述的重點明顯有別，《新序》側重於程嬰和公孫杵臼在救趙世孤兒時的忠義剛勇；《說苑》側重於韓厥復德報恩之舉。因此，《新序》中突出程嬰和公孫杵臼冒險救孤兒的整個過程，並以程嬰功成自殺作爲結尾，突出二人「信交厚

士」的義士風貌。《說苑》刪掉了程嬰和公孫杵臼救孤的內容，主要記載韓厥私傳消息於趙朔、阻止屠岸賈誅趙、幫助趙武復仇的故事。這是典型的一事而兩三說兼存。而且《新序》《說苑》中存孤救趙故事除基本情節見於《史記》，文字不見它書，似乎是劉向所爲。《新序》成書在前，《說苑》成書在後，劉向見《新序》中某些文獻適合《說苑》，因而進行了再創作嗎？

再來看兩則重複文獻，《新序》5·18 章與《說苑》11·19 章：

> 晉平公問於叔向曰：「國家之患孰爲大？」對曰：「大臣重祿而不極諫，近臣畏罪而不敢言，下情不上通，此患之大者也。」公曰：「善。」於是令國曰：「欲進善言，謁者不通，罪當死。」（《新序》5·18 章）

> 晉平公問叔向曰：「歲飢民疫，翟人攻我，我將若何，」對曰：「歲飢，來年而反矣；疾疫，將止矣；翟人，不足患也。」公曰：「患有大於此者乎？」對曰：「夫大臣重祿而不極諫，近臣畏罪而不敢言，左右顧寵於小官而君不知，此誠患之大者也。」公曰：「善！」於是令國中曰：「欲有諫者爲隱，左右言及國吏，罪。」（《說苑》11·19 章）

兩則文獻人物相同，內容也是晉平公與叔向討論何爲國家治理中最棘手的問題。區別在於《說苑》多出晉平公向叔向提出「歲飢民疫，翟人攻我，我將若」之問，叔向以此非最大的禍患來安慰晉平公，然後才引出與《新序》文字相同的部分。《說苑》開頭多出的文字彷彿爲劉向添加，目的爲了襯托叔向高超的語言技巧，從而將此文獻歸入《善說》篇。當阜陽雙古堆中《說類雜事》整理出版後，可以清楚地看見，《說類雜事》中就有《說苑》中的文獻，可見，這兩則文獻也是因爲所本不同，才造成文字的差別。因此，嚴可均等人的判斷是準確的，《新序》《說苑》的文獻來自前人流傳，除了少量的評論以及體例的編排，劉向極少進行文字創作。即使這些看起來相同的文獻，其實也是來自不同的書籍。

（二）重複文獻特點：或人物有別；或敘述方式不同

《新序》《說苑》中的重複文獻，多數是主題或者故事類型重複，不同處卻非常多，大約表現爲或人物有別、或敘事參差、或詳略互異等等，本文將進一步分析重複文獻的特點。

1.故事類型相同，人物有別

《新序》《說苑》中屬這種重複文獻最多。《新序》《說苑》中記載了大量春秋戰國甚至時代更早的歷史故事，「由於周、秦以前，簡冊繁重，口說流行」〔註142〕，這些歷史故事最開始主要在口頭傳播，由於講述人的不同，故事往往固定為某一類型，其中的人物、情節以及語言會被無意或者是有意地修改，這樣，就會出現同一故事類型，卻有著許多翻版，從而造成重複文獻的現象。《新序》中1‧5章、1‧6章、1‧9章、1‧15章、2‧6章、2‧8章、3‧4章、5‧23章、5‧24章、8‧5章以及《說苑》中的相關文獻，都是屬於第一種現象。例如：

> 晉平公浮西河，中流而嘆曰：「嗟乎！安得賢士與共此樂者？」船人固桑進對曰：「君言過矣。夫劍產干越，珠產江、漢，玉產昆山，此三寶者，皆無足而至。今君苟好士，則賢士至矣。」平公曰：「固桑來！吾門下食客者三千餘人，朝食不足，暮收市租；暮食不足，朝收市租；吾尚可謂不好士乎？」固桑對曰：「今夫鴻鵠高飛沖天，然其所恃者六翮耳。夫腹下之毳，背上之毛，增去一把，飛不為高下。不知君之食客三千餘人，六翮邪？將腹背之毛毳也？」平公默然而不應焉。（《新序》1‧15章）

> 趙簡子游於西河而樂之，歎曰：「安得賢士而與處焉？」舟人古乘跪而對曰：「夫珠玉無足，去此數千里，而所以能來者，人好之也；今士有足而不來者，此是吾君不好之乎！」趙簡子曰：「吾門左右客千人，朝食不足，暮收市徵，暮食不足，朝收市徵，吾尚可謂不好士乎？」舟人古乘對曰：「鴻鵠高飛遠翔，其所恃者六翮也，背上之毛，腹下之毳，無尺寸之數，去之滿把，飛不能為之益卑，益之滿把，飛不能為之益高；不知門下左右客千人者，亦有六翮之用乎？將盡毛毳也？」（《說苑》8‧14章）

以上兩則文獻完全為同一故事類型，即人君在河上游玩時突然感歎無賢士相處，船夫用珠寶無足而至之喻諷刺君主不好士，用鴻鵠六翮之喻諷刺其不識賢。在流傳中，故事的人物發生了變化，《新序》為「晉平公與船人固桑」，《說苑》卻變成「趙簡子與舟人古乘」。因此，此類故事有著「集體性、口頭性、

〔註142〕余嘉錫：《古書通例》，北京：中華書局，2007年，第252頁。

變動性」〔註143〕特徵。

2. 人物主題相同，敘述方式不同

《新序》《説苑》的重複文獻中，有一些故事人物相同，內容也基本相同，但在敘述方式卻大不相同。有的兩則故事相互包含，如《新序》《説苑》中的1‧7與1‧21章、2‧3與6‧7章等；有的敘述角度不同，如《新序》《説苑》中的7‧11與14‧12章、7‧23與6‧17章等；有的是敘述語言有別，如《新序》《説苑》中的1‧3與14‧13章、4‧4與2‧5章、5‧8與11‧19章、6‧4與7‧22章、7‧5與14‧2章、7‧11與14‧12章。

首先看故事相互包容的兩則文獻：

> 昔者魏武侯謀事而當，群臣莫能逮，朝而有喜色。吳起進曰：「今者有以楚莊王之語聞者乎？」武侯曰：「未也。莊王之語奈何？」吳起曰：「楚莊王謀事而當，群臣莫能逮，朝而有憂色。申公巫臣進曰：『君朝而有憂色，何也？』莊王曰：『吾聞之：諸侯自擇師者王，自擇友者霸，足己而群臣莫之若者亡。今以不穀之不肖，而議於朝，且群臣莫能逮，吾國其幾於亡矣。吾是以有憂色也。』莊王之所以憂，而君獨有喜色，何也？」武侯逡巡而謝曰：「天使夫子振寡人之過也！天使夫子振寡人之過也！」（《新序》1‧7章）

> 楚莊王既服鄭伯，敗晉師，將軍子重三言而不當。莊王歸，過申侯之邑，申侯進飯，日中而王不食，申侯請罪，莊王喟然歎曰：「吾聞之：其君賢者也，而又有師者王；其君中君也，而又有師者霸；其君下君也，而群臣又莫若君者亡。今我，下君也，而群臣又莫若不穀，不穀恐亡。且世不絕聖，國不絕賢，天下有賢而我獨不得，若吾生者，何以食為！」故戰服大國，義從諸侯，戚然憂，恐聖知不在乎身，自惜不肖，思得賢佐，日中忘飯，可謂明君矣。（《説苑》1‧21章）

比較可見，《説苑》中以楚莊王為主角，講述其才智過於群臣卻以此為憂的故事，展現了一位思賢若渴的賢君形象；《新序》則以魏武侯為故事主角，楚莊王的故事則成為吳起勸諫魏武侯時所舉事例。

敘述角度不同的文獻除了前文所舉「存孤救趙」之例外，還有「申包胥

〔註143〕趙仲邑注：《新序詳注‧前言》，北京：中華書局，1997年，第14頁。

救楚」的故事，對於這則故事，《新序》歸入《節士》篇，著重描寫申包胥赴秦乞師時的艱難與逃賞的堅定，突出的是申包胥忠義兩全的節士品格。《說苑》則加進其好友伍子胥要亡楚的誓言，將二人相對比，突出申包胥大公無私的高尚情操。此章歸入《至公》篇。同樣的故事，敘述角度的不同，就賦予了文獻特殊的意義。

再就是敘述語言有別。有些重複文獻，人物、主題都基本相同，但敘述語言卻大不相同。例如：

> 延陵季子者，吳王之子也。嫡同母昆弟四人，長曰遏，次曰餘祭，次曰夷昧，次曰札。札即季子，最小而賢，兄弟皆愛之。既除喪，將立季子，季子辭曰：「曹宣公之卒也，諸侯與曹人不義曹君，將立子臧，子臧去之，遂不爲也，以成曹君。君子曰：『能守節矣。』君義嗣也，誰敢干君？有國，非吾節也。札雖不才，願附子臧，以無失節。」固立之，棄其室而耕，乃舍之。遏曰：「今若作而與季子，季子必不受，請無與子而與弟，弟兄迭爲君，而致諸侯乎季子。」皆曰：「諾。」故諸兄爲君者，皆輕死爲勇，飲食必祝曰：「天若有吾國，必疾有禍予身。」故遏也死，餘祭立。餘祭死，夷昧立。夷昧死，而國宜之季子也。季子使而未還。僚者，長子之庶兄也，自立爲吳王。季子使而還，致而君事之。遏之子曰王子光，號曰闔閭，不悅曰：「先君之所爲不與子而與弟者，凡爲季子也。將從先君之命，則國宜之季子也。如不從先君之命而與子，我宜當立者也。僚惡得爲君？」於是使專諸刺僚，而致國乎季子。季子曰：「爾殺我君，吾受爾國，是吾與爾爲亂也。爾殺我兄，吾又殺爾，是父子兄弟相殺，終身無已也。」去而之延陵，終身不入吳國，故號曰延陵季子。君子以其不受國爲義，以其不殺爲仁，是以《春秋》賢季子而尊貴之也。（《新序》7‧5章）

> 吳王壽夢有四子：長曰謁；次曰余祭；次曰夷昧；次曰季札，號曰延陵季子，最賢，三兄皆知之。於是王壽夢薨，謁以位讓季子，季子終不肯當。謁乃爲約曰：「季子賢，使國及季子，則吳可以興。乃兄弟相繼。」飲食必祝曰：「使吾早死，令國及季子。」謁死，余祭立；余祭死，夷昧立；夷昧死，次及季子。季子時使行，不在。庶兄僚曰：「我亦兄也。」乃自立爲吳王。季子使還，復事如故。謁子

光曰：「以吾父之意，則國當歸季子；以繼嗣之法，則我適也，當代
之君。僚何爲也！」於是乃使專諸刺僚，殺之，以位讓季子。季子
曰：「爾殺吾君，吾受爾國，則吾與爾爲其篡也。爾殺吾兄，吾又殺
汝，則是昆弟父子相殺無已時也。」卒去之延陵，終身不入吳。君
子以其不殺爲仁，以其不取國爲義。夫不以國私身，捐千乘而不恨，
棄尊位而無怨，可以庶幾矣。（《説苑》14·2 章）

以上兩則文獻都是講延陵季子讓國之事，情節也大致相同，首先是兄長立
下王位傳弟不傳子的規矩，試圖將王位傳給延陵季子，其次是長兄之子闔
閭使專諸刺僚，並讓位給季子，都遭到拒絕。季子最後定居延陵，終身不入
吳國。

（三）重複文獻的的作用

1.「一事異辭」是為了表達不同的主旨

前面已經界定，二書的重複文獻其實是「一事異辭」，並非眞正重複。那
麼，同一件事用不同的敘述方式講述，其目的何在，如果仔細分析這些文獻，
就可以發現，不同的講述方式是爲了表達不同的主旨。例如：

楚共王有疾，召令尹曰：「常侍筦蘇，與我處，常思我以道，正我
以義，吾與處，不安也，不見，不思也。雖然，吾有得也，其功
不細，必厚賞之。申侯伯，與我處，常縱恣吾，吾所樂者，勸吾爲
之，吾所好者，先吾服。吾與處，歡樂之，不見，戚戚也。雖然
吾終無得也。其過不細，必亟遣之。」令尹曰：「諾。」明日，王薨，
令尹即拜筦蘇爲上卿，而遂申侯伯出之境。曾子曰：「鳥之將死，其
鳴也哀；人之將死，其言也善。」言反其本性，共王之謂也。故孔
子曰：「朝聞道，夕死可矣。」於以開後嗣，覺來世，猶愈沒身不寤
者也。（《新序》1·6 章）

楚文王有疾，告大夫曰：「管饒犯我以義，違我以禮，與處不安，不
見不思；然吾有得焉，必以吾時爵之。申侯伯，吾所欲者勸我爲之，
吾所樂者先我行之，與處則安，不見則思，然吾有喪焉，必以吾時
遣之。」大夫許諾，乃爵管饒以大夫，贈申侯伯而行之。申侯伯將
之鄭，王曰：「必戒之矣，而爲人也不仁，而欲得人之政，毋以之魯、
衛、宋、鄭。」不聽，遂之鄭。三年而得鄭國之政，五月而鄭人殺

之。(《說苑》1‧34 章)

兩條文獻主人公分別為「楚共王」、「楚文王」，所言實為一事，即楚王臨死前評價兩個臣子，一個忠言逆耳，一個縱君行樂。正所謂人之將死，其言也善。楚王的遺言是獎前逐後，出乎人意料之外。二則故事在結尾做出不同的處理。《新序》的結尾借用曾子和孔子之語評論此事，得出人臨死會返其本性及及早覺悟的結論。《說苑》結尾則加入楚王勸申侯伯不要去鄭國的一番話。勸說的原因在於楚王瞭解申侯伯不仁而貪權的性格，如去魯、衛、宋、鄭這些小國將激發其貪欲。申侯伯不聽勸告，最後因專權被殺。這個結尾突出了楚王的知人，知人正屬於篇題《君道》的範圍。再舉一例：

> 晉平公問於叔向曰：「國家之患，孰為大？」對曰：「大臣重祿而不極諫，近臣畏罪而不敢言，下情不上通，此患之大者也。」公曰：「善。」於是令國曰：「欲進善言，謁者不通，罪當死。」(《新序》5‧18 章)

> 晉平公問叔向曰：「歲飢民疫，翟人攻我，我將若何？」對曰：「歲飢，來年而反矣；疾疫，將止矣；翟人，不足患也。」公曰：「患有大於此者乎？」對曰：「夫大臣重祿而不極諫，近臣畏罪而不敢言，左右顧寵於小官而君不知，此誠患之大者也。」公曰：「善！」於是令國中曰：「欲有諫者為隱，左右言及國吏，罪。」(《說苑》11‧19 章)

這兩則故事更相同，人物都為「晉平公與叔向」，對話也是圍繞「國家之患，孰為大」展開，不同之處在於《說苑》中添加了鋪墊，即晉平公為「歲饑民疫，翟人攻我」這些國家憂患向叔向尋求解決的方法。由此引入「什麼是國家最大憂患」這一中心話題。兩則故事都與進諫有關，但《說苑》通過巧妙鋪墊而引起晉平公的興趣，表現了叔向高超的語言技巧。因此歸入《善說》篇中。《新序》表現地是忠臣直諫，與言辭運用無關。

2. 重複文獻比較可知，《新序》重個人品格，類似傳記；《說苑》注重闡發義理

將《新序》《說苑》中的重複文獻相比較，可以發現二書不同的特點。《新序》注重人物個人品格的挖掘，每條文獻都像人物傳記；《說苑》的文獻卻是闡述的是抽象義理的事例。

《新序》《說苑》重複文獻比較

| 《新序》 | | 《說苑》 | |
章數	主　旨	章數	主　旨
1·3	用「孫叔敖相楚莊王卒以霸，樊姬與有力焉」結尾，讚美樊姬在楚莊王納賢稱霸的重要作用。	14·13	進賢讓位爲至公行爲。
1·5	用「唯善故，能舉其類。詩曰唯其有之，是以似之，祁奚有焉」結尾，讚美祁奚不偏不黨、公正廉明。	14·15	僅寫了咎犯薦仇人爲西河守，並謝絕其來訪，闡述至公的含義是不偏不黨、公正廉明。
1·6	用「言反其本性，共王之謂也。故孔子曰：『朝聞道，夕死可矣。』於以開後嗣，覺來世，猶愈沒身不寤者也」。讚美共王能反本性。	1·34	君道的重點在於知人。
2·6	楚人獻魚，觸動楚王，使之施行仁政，稱讚漁者的仁智。	5·20	「務施而不腐餘財」乃聖人之德。
2·18	忠信者，士之行也；言語者，士之道路也；道路不修治，士無所行矣。	7·3	進諫與納諫。
3·4	樂毅之笑，得賢之功也。	1·20	君道在於任用人才。
7·27	稱讚「程嬰公孫杵臼可謂信交厚士」	6·17	施德報恩。
7·5	「君子以其不受國爲義，以其不殺爲仁，是以《春秋》賢季子而尊貴之也」讚美季子的高尚品德。	14·2	能讓國是君主最大的無私。
7·11	「申子之不受命赴秦，忠矣；七日七夜不絕聲，厚矣；不受賞，不伐矣」讚美其忠厚的美德，但對其不受賞略有微詞。	14·12	「凡民有喪，匍匐救之。」這是一種無私的情懷。

　　從上表的文獻對比可知，《新序》中的每一章結尾都指向個人品德，如樊姬的聰慧、祁奚的公正、楚共王的覺悟、漁者的仁智、樂毅的謀略以及程嬰、公孫杵臼、延陵季子、申包胥等人的高尚節操，使得每則文獻都類似一篇人物傳記。《說苑》卻與之不同，每則文獻後很少有點評，而是用篇題來概括主旨。例如，同樣是「楚人獻魚」，《新序》重點在於讚美漁者的仁智，《說苑》卻歸入《貴德》篇，說明務施而不腐餘財乃聖人之德；同樣是「存孤救趙」，《新序》重點在於讚美程嬰、公孫杵臼的忠信與勇敢，《說苑》卻歸入《復恩》篇，通過韓厥爲報趙盾知遇之恩，極力輔助趙氏孤兒並幫助趙家報仇雪恨的故事，說明「如主有超異之恩，則臣必死以復之」〔註144〕的道理。

〔註144〕劉向撰，向宗魯校證：《說苑校證》，北京：中華書局，1987 年，第 116 頁。

第四節　《新序》《說苑》佚文

一、前人的輯佚情況

　　《新序》《說苑》自西漢成書，經歷代刊刻，已非原貌。宋代更是脫落嚴重，其中《新序》散佚至二十卷，《說苑》僅剩五卷。雖經曾鞏搜集整理，《說苑》能恢復二十卷舊觀，「而篇有佚章，章有佚句」〔註145〕，《新序》更是由三十卷減爲十卷。因此，自清開始，學者紛紛搜集二書佚文，並獲得較好的研究成果。現將各書輯佚文章數列表如下：

	《新序》	《說苑》
盧文弨《群書拾補》	52	25
嚴可均《全漢文》	52	24
趙善詒《新序疏證》《說苑疏證》	52	34
張國銓《新序校注》	51	
趙仲邑《新序詳注》	60	
馬達《新序譯注》	49	
李華年《新序全譯》	56	
向宗魯《說苑校證》		42
左松超《說苑集證》		63

　　從上表可知，最早開展《新序》《說苑》輯佚工作的是清代盧文弨，分別輯錄《新序》52 條，《說苑》25 條。據輯之書計有《北堂書鈔》《藝文類聚》《史記正義》《後漢書注》《文選注》《太平御覽》《荀子》（楊倞注）等。後代學者所輯佚文多在盧文弨輯佚的基礎上增刪而成。例如，嚴可均所輯全據盧文弨，僅《新序》刪一條、增一條，依然爲 52 條；《說苑》合兩事爲一條，共 24 條。今人趙善詒《新序疏證》所載佚文據張國銓所輯，張國銓輯《新序》佚文 51 條，趙善詒刪兩條，另外輯補 3 條，共 52 條。但張國銓亦來自嚴可均，他將嚴可均輯文刪並爲 41 條，並補輯十條，從而得到 51 條。趙善詒《新序疏證》則直接以盧文弨爲本，他將盧文弨誤作佚文的材料刪掉，重複的材料刪並爲 21 條，另得佚文 13 條，共計 34 條。另外，趙仲邑《新序詳注》所

〔註145〕劉向撰，向宗魯校證：《說苑校證》，北京：中華書局，1987 年，第 531 頁。

輯 60 條佚文，馬達《新序譯注》所輯 49 條佚文，李華年《新序全譯》所輯 56 條佚文，向宗魯《説苑校證》所輯 42 條佚文，左松超《説苑集證》所輯 63 條佚文，都借鑒了前人的研究成果。

　　儘管有所繼承，但學者們所輯佚文卻多有不同，這是因爲《新序》《説苑》佚文情況複雜，難以判斷。且每一位學者在輯佚過程中還受自身認識與所依據書籍的影響，因此，學者們在輯佚時，既借鑒前人的研究成果，又有所調整。調整的方法包括刪除、合併、增加等。刪除材料往往是因爲重複，佚文材料本屬《新序》《説苑》，誤作佚文。合併是將疑爲同一事的兩條佚文合在一起。材料的增加多是由於輯佚文獻範圍的擴大，因此能搜集更多的佚文。《新序》《説苑》輯佚在二書研究中佔有重要地位，但從學者的輯佚情況看，二書的輯佚工作還屬於初步整理階段，還需進行深入研究。

二、佚文輯錄與研究

（一）《新序》佚文輯錄與研究

　　本文以盧文弨《群書拾補》爲底本，參照嚴可均《全漢文》、李華年《新序全譯》、趙仲邑《新序詳注》、趙善詒《新序疏證》中的佚文緝補，《新序》的佚文數量變化不大，最少有 49 條，最多有 60 條，多數爲 50 多條。本文輯錄佚文不求以多爲善，而是盡量刪減，將能判定爲一條文獻的合併、已見現存本《新序》《説苑》的文獻刪除，這樣才不會使佚文面貌模糊不清，從而方便研究。現輯錄佚文 38 條，並分別按性質將材料歸入不同的篇章。

雜事第二（人君要任賢、遠讒、納諫，讚美賢士的仁德、智慧）〔註 146〕
(1) 齊景公遊於牛山之上而北望齊曰：「美哉國乎，使古無死者，則寡人將去斯。如之何！乃泣沾巾。高子曰：「然，賴君之賜，蔬食惡肉，可得而食也。駕馬棧車，可得而乘也。且不欲死，而況吾君乎？俯而垂泣，晏子拊手而笑曰：「樂哉，今日嬰之遊也，見怯君一而□臣二。使古之無死者，則太公丁公至今猶存。吾君方將披蓑笠而立乎畎畝之中，唯事之恤，何暇念死乎？景公慚焉。」（《太平御覽》四二八）
(2) 周昌者，沛人，以軍功封汾陰侯、御史大夫。高帝欲廢惠帝，立戚夫

―――――――――――――――――――
〔註 146〕此爲作者在對《新序》文獻逐條分析後概括的主旨，以下皆同。

人子如意，群臣固爭莫能得，昌廷爭之強，上問其說，昌爲人吃，曰：「臣口不能言，然臣則知其不可也，陛下雖欲廢太子，臣期期不奉詔。」(《太平御覽》七四〇)

(3) 齊有田巴先生，行修於外，智明於內，王聞其賢，聘之，將問政焉。田巴先生改制新衣，拂飾冠帶，顧謂其妾，妾曰：「姣。」將出門，問其從者，從者曰：「姣。」過於淄水，自照視，醜惡甚焉，遂見齊王，齊王問政，對曰：「今者大王召臣，改制飾，將造公門，問於妾曰：「奚若？」妾愛臣，諛臣曰姣；問從者，從者畏臣，諛臣曰：「姣。」臣至臨淄水而觀影，然後自知醜惡也。今齊之臣妾諛王者，非特二人，王能臨淄水，見己之惡，過而自改，斯齊國治矣。(《太平御覽》六三、三八二，《群書治要》四二、《藝文類聚》二三)

(4) 昌邑王治側鑄冠十枚，以冠賜國相及儒者，後以冠冠奴，龔遂免冠歸之曰：「王賜儒者冠下至臣，今以余冠冠奴，是大王奴虜畜臣也。」(《太平御覽》五百，《藝文類聚》引文較略)

(5) 昌邑王徵爲天子，到營陽置積竹刺杖二枚，龔遂諫曰：「積竹刺杖者，驕蹇少年杖也，大王奉大喪，當拄竹杖。」(《太平御覽》七百十) 按趙善詒云「《漢書武五子傳》」「營」作「濟」

(6) 昌邑王取侯王二千石黑綬黃綬，與左右佩之，龔遂諫曰：「高皇帝造花綬五等，陛下取之而與賤人，臣以爲不可，願陛下收之。(《太平御覽》六八二)

(7) 魯哀公爲室而大，公儀子諫曰：「室大眾與人處則嘩，少與人處則悲，願公適之也。曰：「聞命矣，築室者不輟。」明日又諫：「國小室大，百姓必怨吾君，諸侯聞之，必輕吾國。」公曰：「聞命矣，築室不輟。明日又諫曰：」左昭右穆，爲室而大，以臨二先君，無乃害於孝乎？於是哀公毀室而止。(《太平御覽》卷一七四)

(8) 大王亶父止於岐下，百姓扶老攜幼，隨而歸之，一年成邑，二年成都，三年五倍其初。(《文選·於令升晉紀總論》李善注)

雜事第三 (人君治國用兵都在於得民心、以及賢士口頭、書面語言在政治軍事外交中的重要作用)

(9) 上古之時，其民敦樸，故三皇教而不誅，無師而威，故善爲國者不師，三皇之德也。至於五帝，有師旅之備而無用，故善師者不陣，五

帝之謂也。湯伐桀，文王伐崇，武王伐紂，皆陣而不戰，故善陣者不戰，三王之謂也。及夏后氏之伐有扈，殷高宗之討鬼方，周宣王之征獫狁而不血刃，皆仁聖之惠，時化之風也，至齊桓侵蔡而蔡潰，伐楚而楚服，使強楚以致苞茅之貢於周室，北伐山戎使奉朝觀，三存亡，一繼絕，九合諸侯，一匡天下，衣裳之□十有一，嘗大戰，亦不血刃，至晉文公設虎皮之威，陳曳柴之僞，以破楚師而安中國，故曰善戰者不死，晉文公之謂也，楚昭王遭闔閭之禍，國滅昭王出亡，父老迎而哭之，昭王曰「寡人不仁，不能守社稷，父老反矣，何憂無君，寡人且從此入海矣。」父老曰：「有君若此其賢也！」及申包胥請救，哭秦庭七日，秦君憐而救之，秦楚同心，遂走吳師，昭王反國，故善死者不亡，昭王之謂也。是故自晉文公已下至戰國，而暴兵始眾，於是以強並弱，以大吞小，故強國務攻，弱國備守，合從連衡，輩相攻伐，故戰則稱孫吳，守則稱墨翟，至秦而以兵併天下，窮兵極武而亡。及項羽尚暴而滅漢，以寬仁而興，故能掃除秦之苛暴矣，孝武皇帝攘服四夷，其後天下安然，故世之爲兵者，其行事略可觀也。(《太平御覽》二七一)

(10) 湯居亳七十里地，與葛伯爲鄰，葛伯放淫不祀，湯使人遺之牛羊，葛伯食之，又不以祀，湯又使人問曰：「何爲不祀？」曰：「無以供粢盛也，湯又使亳眾往爲之耕，老弱饋食，葛伯率其民要其有酒食黍稻者奪之，不與者殺之，有一童子以黍肉餉，殺而奪之，書曰：「葛伯仇餉，此之謂也。爲其殺是童子而征之。四海之內皆曰：「非富天下也，爲匹夫匹婦復讎也。」(《太平御覽》三○五)

雜事第四 (明君賢臣是治國的關鍵。信、義、仁、勇、改過、善賞是戰爭取勝的關鍵，人君要仁德寬厚、聽善言能行、任賢納諫、以誠治國、見災修德等)

(11) 臧孫行猛政，子貢非之曰：「夫政猶張琴瑟也，大弦急則小弦絕矣。是以位尊者德不可以薄，官大者治不可以小，地廣者制不可以狹，民眾者政不可以苛。獨不聞子產相鄭乎，其掄材惟賢抑惡而揚善，故有大略者不問其所短，有德厚者不非其小疵，其牧民之道，養之以仁，教之以禮，因其所欲而與之，從其所好而勸之，賞之疑者從重，罰之疑者從輕。(《藝文類聚》五二)

（12）子產相鄭，七年而教宣風行，國無行人。（《北堂書鈔》三五風俗和
　　　平圖圖空虛注引）

（13）李斯問孫卿曰：「當今之時，爲秦奈何？」孫卿曰：「力術止義術行，
　　　秦之謂也。」（《荀子・強國》楊倞注）

（14）梁車新爲鄴令，其姊往見之，值暮，郭門閉逐踰郭而入，梁車新因
　　　刖其足，趙成侯以爲不慈，遂奪璽免官。（《太平御覽》五百十七）

（15）孫武樂毅之徒，皆前世之賢將也，久遠深奧，其事難知，至於吳
　　　漢，近時人耳，起於敗馬，立爲良將，垂名竹帛，天下歸德，此可
　　　慕也。（《太平御覽》二七六）

（16）禹南濟於江，黃龍負舟，舟中之人皆失色，禹仰天而歎曰：「吾受命
　　　於天，死生命也，龍俯首而逝。（《太平御覽》卷六〇）

雜事第五（人君要善於學習；仁德愛民；禮賢尊儒；苛政、好戰、、賞
　　　　　罰不明是亡國根本；人君要視明聽聰，以防諫言不上通。善於
　　　　　覺悟；人君要任賢、重賢，不以老少論賢）

（17）齊王問墨子曰：「古之學者爲己，今之學者爲人，何如？」對曰：「古
　　　之學得一善言以附其身，今之學得一善言務以悅人也。」（《北堂書
　　　鈔》八三《太平御覽》六〇七）

（18）子產決鄧析教民之難，約大獄袍衣，小獄襦袴，民之獻袍衣襦袴者
　　　不可勝數，以非爲是，以是爲非，鄭國大亂，民口讙譁，子產患之
　　　於是討鄧析而僇之，民乃服，是非乃定。（《荀子・強國》楊倞注）

（19）文王之葬枯骨，無益眾庶，眾庶悅之，恩義動人也。（《太平御覽》
　　　三七五）

（20）　子奇年十八，齊君使之治阿，既而君悔之，遣使追，曰：「未至阿
　　　及之還之，已至勿還也。」使者及之而不還，君問其故，對曰：「子
　　　奇必能治阿。臣見使與共載者，皆白首也，夫以老者之智，以少者
　　　之決，必能治阿矣。是以不還。子奇至阿，鑄庫兵以作耕器，出倉
　　　廩以振貧窮，魏聞童子治邑，庫無兵，倉無粟，乃起兵擊之，阿人
　　　父率子，兄率弟，以私兵戰，遂敗魏師。（《意林》三）

《刺奢》

（21）紂王天下，熊羹不熟，而殺庖人。（《太平御覽》八六一）

（22）諸侯垣牆有黝堊，無丹青之色。（《太平御覽》一八七）

《義勇》

(23) 勇士一呼，三軍皆辟易，士之誠也。夫勇士孟賁，水行不避蛟龍，陸行不避虎狼，發怒吐氣，聲響動天，至其死矣，頭身斷絕，夫不用仁而用武，當時雖快，身必無後，是以孔子勤勤行仁。(《太平御覽》四三七)

(24) 齊遣淳于髠到楚，髠爲人短小，楚王甚薄之，謂曰：「齊無人耶而使子來，子何長也？」髠對曰：「臣無所長，腰中七尺之劍，欲斬無壯王。」王曰：「止，吾但戲子耳，與髠共飲。」(《太平御覽》四三七)

無法歸類的散句

(25) 公孫敖問伯象先生曰：「今先生收天下之術，博觀四方之日久矣，未能裨世上之治，明君臣之義，是則未有異於府庫之藏金玉，筐篋之囊簡書也。(《太平御覽》八十一)

(26) 公孫敖曰：「夫玉石金鐵，猶可琢磨，以爲器用，而況於人。」(《太平御覽》八一三)

(27) 農無廢業，野無空地 (《北堂書鈔》三九)

(28) 楚王使謁者徐光迎，方與盲人吹竽者也，龔遂乃止。(《太平御覽》卷五八一)

(29) 賤之如虺蜴也 (《荀子‧王霸篇》楊倞注)

(30) 伊尹蒙恥辱，負鼎俎以干湯。(《後漢書‧崔駰》注)

(31) 營度也。(《文選‧東京賦》李善注)

(32) 楚王載繁弱之弓，忘歸之矢，以射兕於雲夢。(《文選‧嵇叔夜贈秀才入軍詩》李善注)

(33) 公孫龍謂平原君曰：「臣居魯則聞下風，高先生之知，悅先生之行。」(《文選‧鄒陽上書吳王》李善注)

(34) 孔子曰：「聖人雖生異世，相襲若規矩」(《文選‧孫子荊爲石仲客與孫皓書》李善注)

(35) 趙良謂商君曰：「君亡可翹足而待也。」(《文選‧孫子荊爲石仲客與孫皓書》李善注)

(36) 及定王，王室遂卑矣。(《文選‧陸士衡辯亡論上》李善注)

(37) 劉向曰：「先生之所以指麾而四海賓服者，誠德之至也。」(《文選‧

石闕銘》李善注）

（38）晉襄公之孫周，爲晉國休戚不倍本也。（《文選·潘安仁楊仲武誄》
李善注）

從上文可知，《新序》佚文並不多，如果將「無法歸類的散句」中的有些散句合併，例如（1）（3）句，《新序》佚文將會更少。這樣就出現一個疑問，《新序》由三十卷變爲十卷，文獻散佚嚴重，應該能在引文中發現很多佚文。難道《新序》並不是殘本，而是又三十卷合爲十卷？但三十卷合爲十卷的可能性不大，就現存本來看，《新序》結構不完整，每篇的章數分佈不勻，並不像是一本完整的書。而且現存本《新序》比《說苑》篇章字數都要少，不是三十卷的規模。根據前面對《新序》的文獻分析，據筆者推測，《新序》佚文少的原因可能在於所散失的二十卷主要是《善謀上下》篇中的戰國至西漢的史實，前面的八章保存基本完整。從後代書籍所引《新序》文獻可以發現，幾乎都出自前面八章，基本沒有引用《善謀上下》中的篇章。原因在於這八章中的文獻短小、字數少，而且每條文獻都能表達一個有意義的話題，例如舉賢、納諫、遠讒、愛民、修德、刺奢、節操等，這些文獻都爲後代書籍引用較多。至於《善謀上下》篇中的文獻，《善謀》上篇記述多爲戰國史實，基本上與《戰國策》同，《善謀》下記述的是漢初直至孝武皇帝時期的史實，基本上與《史記》同，這些文獻多爲史實記錄，而且每條文獻篇幅都非常長，動輒上千字，宋代以前書籍傳播還不是很方便，這些記錄歷史、冗長的文獻就很容易散失。劉向實際上也是史學家，他見「《史記》所書年止漢武太初，已後闕而不錄」〔註147〕，曾續作《史記》，劉勰《文心雕龍》亦云：「二班兩劉，奕葉繼採，舊說以爲固文優彪，歆學精向，然《王命》清辯，《新序》該練，璿璧產於昆崗，亦難得而踰本矣云。」〔註148〕此文將劉向劉歆、班彪班固相提並論，其實側重於劉向史學才能。因此，《新序》散佚的文獻應該類似《善謀》中的歷史故事。

（二）《說苑》佚文輯錄與研究

本文以盧文弨《群書拾補》爲底本，並參照了嚴可均《全漢文》、向宗魯

〔註147〕劉知幾撰，張振佩箋注：《史通箋注》卷十二，貴陽：貴州人民出版社，1985年，第 428 頁。

〔註148〕劉勰撰，范文瀾注：《文心雕龍》卷十，北京：人民文學出版社，1958 年，第 699 頁。

《說苑校證》、趙善詒《新序疏證》、左松超《說苑集證》中的佚文緝補，共輯錄佚文 59 條，分別按性質將材料歸入不同的篇章：

《君道》

(1) 趙簡子獵於晉山之陽，撫轡而歎曰：「吾有食穀之馬數千，多力之士數百，欲以獵獸也，吾恐鄰國養賢以獵吾也。」智哉！簡子善反其身。（《淵鑒類函》二七七）

(2) 晉平公時，赤地千里。（《後漢書‧臧宮傳》注）

(3) 趙襄子問王離曰：「國之所以亡者，何也？」對曰：「君愞而能忍，是以亡尔」，襄子曰：「何以爲然也？」曰：「愞則不能賞賢，忍則不能罰罪。賢者不賞，罪者不罰，不亡何也。」（《太平御覽》六三三）

《臣術》

(4) 寧戚飯牛於康衢，擊車輻而歌碩鼠；傅說代胥靡刑人築於傅岩之野，高宗夢得之。（《後漢書‧馬融傳》注）

(5) 處女泣於室，農夫哭於野。（《北堂書鈔》三五，小注云：《說苑》云：「子產死」）

(6) 婦人舍簪珥，良人馳琴瑟。（《北堂書鈔》三五，小注云：「《說苑》云：「子產死」）

《建本》

(7) 閔子騫兄弟二人，母死其父更娶，復有二子，子騫爲其父御車，失轡，父持其手，衣甚單，父則歸呼其後母兒，持其手，衣甚厚溫，即謂其婦曰：「吾所以娶汝，乃爲吾子，今汝欺我，去無留。」子騫前曰：「母在一子單，母去四子寒，」其父默然。故曰：「孝哉閔子騫，一言其母還，再言三子溫。」（《藝文類聚》二〇）

(8) 或問爲學之道。孟子曰：「靜然後虛，使良心不汨於欲，領然後會，使良知不誘於物，則道之章微析妙，不解矣，此學之道也。（明陳士元《孟子雜記佚文篇》）

(9) 魏文侯師李悝，律書六篇。（《古今合璧事類備要外集》一七》）

《立節》

(10) 齊遣兵攻魯，見一婦人，將兩小兒走，抱小而挈大，顧見大軍且至，抱大而挈小，使者甚怪，問之婦人曰：「大者妾夫兄之子，小者妾之

子，夫兄子者，公義也，妾之子者，私義也，寧濟公而廢私耶，使者帳然賢其辭，即罷軍還，對齊王說之曰：「魯未可攻也，匹婦之義尚如此，何況朝廷之臣乎？」（《太平御覽》四二二，《列女傳・節義篇》同）

(11) 王國君，前母子伯奇，後母子伯封，兄弟相愛，後母欲其子爲太子，言王曰：「伯奇好妾。」王上臺視之，後母取蜂除其毒而置衣領之中，往過伯奇，奇往視袖中，殺蜂，王見讓伯奇，伯奇出。使袖中有死蜂，使者白王，王見蜂，追之，已自投河中。（《文選・陸士衡君子行》注引）

(12) 鮑焦衣木皮，食木實。（《後漢書・崔駰傳》注）

(13) 田英曰：「義死者不避鈇鉞之威，義窮者不受軒冕之賜，無義而生，不如有義而死。」（《記纂淵海》五四）

(14) 勇士孟賁，水行不避蛟龍，陸行不避虎狼，發怒吐氣，聲響動於天。（《太平御覽》八六）

(15) 王章爲諸生，學長安，獨與妻居。章病無被，臥牛衣中，與妻訣，涕泣，其妻呵怒之曰：「仲卿，京師尊貴在朝廷，人誰踰仲卿者，今病困，不自激卬，乃反涕泣，何鄙也！」（《淵鑒類函》二六七）

《貴德》

(16) 昔隨侯行，遇大蛇中斷，疑其靈，使人以藥封之，蛇乃能去，因號其處爲斷蛇丘，歲餘，蛇銜明珠徑寸絕白而有光，因號隨珠。（《史記・李斯傳》正義，按：在隨和之珠條下。）

《政理》

(17) 法重民惡，（《北堂書鈔》四三。小注云：《說苑》云「殷法棄灰於街者刑」）

(18) 秦法，棄灰於道者刑。（《史記・商君列傳》索隱）

(19) 子奇年十八，齊君使主東阿，東阿大化，（《後漢書・胡廣傳》注）（此文既見《說苑》，又見《新序》）

(20) 公孫僑相鄭，路不拾遺，桃李垂街，人不敢取。（《太平御覽》九六七）

《正諫》

(21) 晉靈公驕奢，造九層之臺，費用千億，謂左右曰：「敢諫者斬。」孫

息聞之，求見公曰：「子何能？」孫息曰：「臣能累十二博棋，加九雞子於其上。」公曰：「吾少學，未嘗見也，子爲寡人爲之。」孫息即正顏色，定志意，以棋子置於下，而加九雞子於上，左右懾息，靈公俯伏，氣息不續。」公曰：「危哉。」孫息曰：「臣謂是不危也，復有危此者。」公曰：「願見之。」孫息曰：「九層之臺，三年不成，男不得耕，女不得織，國用空虛，戶口減少。吏民叛亡，鄰國謀議，將興兵，社稷一滅，君何所望？」靈公曰：「寡人之過乃至於此。」即壞九層之臺。（《藝文類聚》二四，七四）

(22) 龍陽君釣十餘魚而棄，因泣下，王曰：「有所不安乎？」對曰：「無。」王曰：「然則何爲涕出。」對曰：「臣始得魚甚喜，後得益多而又欲棄前之所得也，今以臣兇惡而得拂枕席，今爵至人君，走人於庭，避人於途，四海之內，其美人甚多矣。聞臣之得幸於王，畢褰裳而趨王。臣亦曩之所得魚也，亦將棄矣，安得無涕出乎？」王乃布令，敢言美人者族。（《文選・詠懷詩》注）

(23) 武王問太公曰：「貧富豈有命乎？」太公曰：「爲之不密，密而不富者，盜在其室。」武王曰：「何爲盜也？」公曰：「計之不熟，一盜也；收種不時，二盜也；娶婦無能，三盜也；養女太多，四盜也；棄事就酒，五盜也；衣服過度，六盜也；封藏不謹，七盜也；井竈不利，八盜也；舉息就禮，九盜也；無事燃燈，十盜也。取之安得富哉。武王曰：「善。」（《天中記》三九）

《善說》

(24) 楚將伐齊，齊王使淳于髡求救於趙，齎金百斤，車馬十駟，髡曰：「臣之鄰人，以一鮒魚祀田，祝曰：『高得千束，下得萬斛。』臣笑其禮薄而望多也。」王乃益齎黃金、白璧，車馬百駟。（《事類賦》二三）

(25) 晉文公饗炙而髮繞之，宰曰：「佩刀砥礪，利猶干將也，切肉斷而髮不斷，臣罪一也；愛誅貫臠而不見髮，臣之罪二也；爐炭赤紅，而髮不絕，臣之罪三也。」公曰：「噫，此有所在。」乃召次宰詰之，果服也。」（《北堂書鈔》五五）

(26) 柳下惠死，人將誄之，妻曰：「將述夫子之德，二三子不若妾之知。」爲誄曰：「夫子之不伐，夫子之不竭，諡宜爲惠，弟子聞而從之。（《北

堂書鈔》一〇二）

(27) 高平王遣使者從魏文侯貸粟，文侯曰：「須吾租收邑粟至，乃得也。」
使者曰：「臣初來時，見濆中有魚，張口謂臣曰：『吾窮水魚，命
在呼吸，可得灌乎？』臣謂之曰：『待吾南見河伯之君，決江淮之
水灌汝口。』魚曰：『謂命在須臾，及須決江淮之水？比至君還，
必求吾於枯魚肆。』今高平貧窮，故遣臣詣君貸粟，乃須租收粟至
者，大王必求臣於死人之墓。」（《藝文類聚》八五，《太平御覽》八
四〇）

《奉使》

(28) 齊遣淳于髡到楚，髡爲人短小，楚王甚薄之，謂曰：「齊無人耶，而
使子來，子何長也。」對曰：「臣無長，腰中七尺之劍，欲斬無狀王。」
王曰：「止，吾但戲子耳。」即與髡共飲酒，謂髡曰：「吾有仇，在
吳國，子定能爲報之乎？」對曰：「來見道傍，鄙民持一頭魚上田，
祝曰：「高得萬束，下得千斛，臣竊笑之以爲禮薄而辭多，祭輕而望
重。王今與吾半日之樂，而委以吳王，非其計。」楚王嘿然。（《藝
文類聚》九六、《北堂書鈔》四〇、《太平御覽》二四三、三七八、
七三六，前數句又引作《新序》。）

《權謀》

(29) 晉文公伐楚，歸國行賞，狐偃爲首，或曰：「城濮之事，先軫之謀。」
文公曰：「城濮之事，偃說我無失信，不背三舍之約。先軫所謀軍事，
吾用之以勝，然此一時之說，偃言萬世之功，奈何以一時之利而加
萬世功乎，是以先之。」眾人悅服。（《太平御覽》二七九）

(30) 魯有賢女，次室之子，年適二十，明曉經書，常侍立而吟，涕泣如
雨，有識謂之曰：「汝欲嫁耶？何悲之甚？」對曰：「魯君年老，太
子尚小，憂其奸臣起矣。」（《太平御覽》四六九）

(31) 北塞上之人，其馬亡入胡中，人皆弔之，其父曰：「此何誰知不爲福，
居數月，其馬將胡駿馬而歸，人皆賀之，其父曰：「此何誰知不爲禍，
家富馬良，其子好騎，墮而折髀，人皆弔之，其父曰：「此何誰知不
爲福。」居一年，胡夷大出，丁壯者皆控弦而戰，塞上之人死者十
九。此子獨以跛故，父子相保。（《太平御覽》八九六）

(32) 蘇秦至齊，齊王厚待之，諸大夫嫉之，使人刺秦而不死，齊王出

珍寶，募求賊不得，蘇秦垂死謂齊王曰：「王誠能爲臣求賊者，臣死後，請車裂臣屍於市，詢之曰，蘇秦爲燕欲亂齊，今日其死，寡人甚喜，故裂之，若得其殺主，重封賞之，如此刺臣者必出矣，齊王從其言，裂屍而詢之，刺蘇秦者果出求賞。(《太平御覽》六三三)

(33) 隰斯彌見田成子，田成子與登臺四望，三面皆暢，南望，隰子家之樹蔽之，田成子亦不言，隰子歸使人伐之，斧離數創，隰子止之。其相室曰：「何變之數也？」隰子曰：「古者有諺曰：『知淵中之魚者，不祥，夫田子將有事，事大而我示之知微，我必危矣。不伐樹，未有罪也，知人之所不言，其罪大矣，乃不伐也。(《淵鑒類函》二六七)

(34) 樗里子且死。曰：「葬我必於渭南章臺東，後百年當有天子宮夾我墓，及漢興，長樂宮在其東，未央宮在其西，武庫直其上。」(《古今合璧事類備要》六六)

《至公》

(35) 晉平公問趙武曰：「中牟，三國之股肱，邯鄲之肩髀也，寡人欲其良令也，其令空，誰使而可，」趙武子曰：「刑子可。」公曰：「刑子非子之讎邪？」對曰：「私讎不入公門。」又問曰：「中府之令空，誰使而可。」趙武曰：「臣子可。」故外舉不避仇，內舉不避子。(《藝文類聚》五〇)

《說叢》

(36) 求利下交，曾無愧色，分銖之利，知而必爭。(《記纂淵海》五四)

(37) 以徵爲羽，非弦之罪也；以甘爲苦，非味之罪也。(《記纂淵海》五五)

(38) 兩貴不可同，兩勢不可雙。(楊愼《藝林伐山》〇七)

(39) 夫兩堯不能相王，兩桀不能相亡。木雖蠹，無疾風不折，牆雖隙，無大雨不壞。(《太平御覽》九) 按：此文未指明引《說苑》，疑非爲《說苑》佚文。

(40) 十步之澤必有芳草。(《後漢書‧王符傳》「十步之間」條下；《淵鑒類函》四百八)

(41) 無類之說，不戒之行，不贊之辭，君子愼之。(《荀子‧正名篇》楊

悰注）

(42) 饑馬盈廄，饑犬在宮，見芻與骨，動不可禁。（《事類賦》卷二三）

(43) 梁上鼠飽聞長者論。（《太平御覽》九一一，《淵鑒類函》四三二）

《辨物》

(44) 呂望年七十，釣於渭渚，三日三夜，魚無食者，望即憤脫其衣冠，上有農人者，古之異人（老賢人）也，謂望曰：「子姑復釣，必細其綸，芳其餌，徐徐而投之，無令魚駭。」望如其言，初下得鮒，次得鯉，剖腹得書，書文曰：「呂望封於齊。」望知其異（富貴）（《藝文類聚》六十六，《史記·齊太公世家》索隱）

(45) 龜千歲，能與人言。（《藝文類聚》九六）

(46) 鼓法天，鐘法地。（《北堂書鈔》一〇八）

(47) 雷陰陽激耀（《北堂書鈔》一五二）

《修文》

(48) 孫息學悲歌，引琴作鄭衛之音，靈公大感，故作衛公之曲，歌而和之。（《北堂書鈔》一〇六）

(49) 聲樂之象，瑟易瑟良，而合於樂也。（《北堂書鈔》一〇九）

(50) 聲樂易良，而合於歌，情盡舞意。（《文選注》一七）

(51) 晉靈公好悲歌鼓擒。（《淵鑒類函》一八八、《北堂書鈔》一〇九）

(52) 聲樂之象，椌楬象萬物。（《北堂書鈔》一一一）

《反質》

(53) 朱雲年七十餘終於家，病不呼醫飲藥，遺言以身服斂，棺周於身，土周於槨。（《淵鑒類函》二六七）

(54) 鬻子曰：「禹之化天下也，以五聲聽，門懸磬鍾鐸，以待四海之士。」（《初學記》九、《鬻子·禹政篇》同）

(55) 齊王起九重之臺，募國中有能畫臺者，賜之錢，狂卒敬君，居常飢寒，其妻端正（妙色），敬君工畫，貪賜，畫臺，去家日久，思憶（念）其妻，遂畫其像，向之喜（而）笑，旁人瞻（疑睍）見之，以白王，王召問之，對曰：「有妻如此，去家日久，心常念之，竊畫其像，以慰離心，不悟上聞，」王即設酒，與敬君相樂，謂敬君曰：「國中獻女無好者，以錢百萬請妻，可乎，不者，殺汝，敬君悼惶聽許。（《藝文類聚》三二，《太平御覽》三八一，又七五〇）

四句無法歸類

(56) 楚文侯曰:「邑中豪,好蔽善而揚惡,可親問之。」(《文選》注三)

(57) 文王好食昌本菹。本草:「即菖蒲也。」(《太平御覽》九九九)

(58) 黎侯失國,久寓於衛,衛不救其臣,勸之歸而作中露也。(《淵鑒類函》十)

(59) 桑君出懷中藥與扁鵲,飲以上池之水,未至地,承取竹木上露水。(《淵鑒類函》十)

從輯錄的佚文歸類中發現,《說苑》幾乎每篇都有佚文脫落,這可能與《說苑》中章節篇幅短小有關。再就是,佚文中沒有孔子及其弟子言行的文獻。《說苑》中與孔子有關的材料很多,但卻很少散佚,說明後人對孔氏文獻及其重視。

第二章 《新序》《說苑》與《孔子家語》文獻研究

第一節 《新序》《說苑》材料來源與編撰方式

從現存《新序》《說苑》看，二書如資料彙編。據趙仲邑《新序詳注》統計，《新序》中雜事一 19 章、雜事二 20 章、雜事三 7 章、雜事四 27 章、雜事五 30 章、刺奢 11 章、節士 28 章、義勇 14 章，善謀上 11 章、善謀下 14 章。全書共 181 章。《說苑》的章數劉向自己說明為「七百八十四章」，但有些章節已經散佚，今傳本並非完帙。據向宗魯《說苑校證》統計，《說苑》中君道 47 章、臣術 25 章、建本 30 章、立節 24 章、貴德 30 章、復恩 27 章、政理 49 章、尊賢 38 章、正諫 36 章、敬慎 36 章、善說 28 章、奉使 21 章、權謀 48 章、至公 23 章、指武 28 章、談叢 115 章、雜言 57 章、辨物 32 章、修文 44 章、反質 26 章，共七百五十四章。如此多材料從何處來？《漢書·楚元王傳》云：「（劉向）及採傳記行事，著《新序》、《說苑》。」〔註 1〕班固此語點明二書的材料採自他書。後代學者多認同此說。《崇文總目》言《新序》「成帝時典校秘書，因採載戰國秦漢間事為三十卷上之」。言《說苑》「成帝時典秘書，採傳記百家之言掇其正辭美義可為勸誡者，以類相從，為《說苑》二十篇」〔註 2〕。晁公武《郡齋讀書志》亦云：「向當成帝時典校書，因採傳

〔註 1〕班固：《漢書》卷三十六《楚元王傳》，北京：中華書局，1962 年，第 1957 頁。

〔註 2〕王堯臣等：《崇文總目》，《粵雅堂叢書》本。

記行事，百家之言，刪取正辭美義可爲勸誡者爲《新序》《說苑》共五十篇。」〔註3〕高似孫也認爲：「先秦古書，甫脫爐劫，一入向筆，採擷不遺。」〔註4〕既然二書材料取自他書，《新序》《說苑》與他書的關係便爲歷代學者所關注。前賢多集中於考辨材料的眞實性，近人則主要考證材料的來源。向宗魯《說苑校證》雖多對材料進行校訂與疏證，但同時也與其它書籍進行比較、審核，因此，《說苑》中的大多數材料，向宗魯都能指出其來源。左松超《說苑集證》在闡述自己的六條寫作目的時，第四條就是「源立文之所本。一章之文，前有所因，皆於章首詳考之矣，其片言隻句出處可靠者，亦必詳之，以明其淵源」。〔註5〕李華年《新序全譯》、王瑛、王天海《說苑全譯》在每一則材料後都加上按語，指明材料的出處。趙善詒《新序疏證》《說苑疏證》爲了方便學人研究，則以《新序》《說苑》爲綱，將「與諸書互見之材料備錄於後」〔註6〕。徐復觀《兩漢思想史》中也專設章節，將《新序》《說苑》與他書的材料進行比較研究。經過學者的共同研究，多認爲《新序》《說苑》中材料與《管子》、《莊子》、《荀子》、《晏子春秋》、《韓非子》、《呂氏春秋》、《淮南子》、《賈誼新書》、《外傳》、《大戴禮記》、《尚書大傳》、《左傳》、《國語》、《戰國策》、《史記》、《家語》等書籍相出入。在前人研究的基礎上，有論文進一步探討《新序》《說苑》的材料的編撰方式。梅軍《〈說苑〉研究》設「《說苑》引書考」一章，將《說苑》與相關書籍的材料作細緻考證，來探討劉向組織材料的方式。考證的結果進一步證實了「《說苑》乃劉向自撰」這一結論。山東師範大學張冰碩士論文《論〈說苑〉的文獻價值》一文的第二章也對《新序》《說苑》與他書相同的文獻材料進行了考辨，在具體而微的每一篇章的比較中，作者發現《說苑》並非「完全照搬原文，總是有或多或少的改動之處，而眞正的照引原文，反倒並不常見。」因此，他也認爲：「劉向在選材時，沒有簡單的摘抄徵引，而是有意識有目的的對之進行了再創造。」〔註7〕首都師範大學李秀慧《〈新序〉研究》也設立了「《新序》的內容、材料來源和加工方式」這

〔註3〕晁公武：《郡齋讀書志》，《續古逸叢書》本。

〔註4〕高似孫：《子略》，瀋陽：遼寧教育出版社，1998年，第63頁。

〔註5〕左松超：《說苑集證·自敘》，臺灣：國立編譯館，2001年，第32頁。

〔註6〕劉向撰，趙善詒疏證：《新序疏證·前言》，上海：華東師範大學出版社，1989年，第2頁。

〔註7〕張冰：《論〈說苑〉的文獻價值》（碩士學位論文），山東師範大學，2006年，第8頁。

一章節，得出的結論是「劉向這部書，是在前人諸多著作中選取故事，經過自己的種種加工改造而編輯在一起的。經過這種編輯，劉向就把原來分散於各書中的那些有教育意義的故事按類別集中起來，突出地表現了劉向的政治觀點，成爲他向君王進諫的一種有效的形式。」〔註 8〕。《試論劉向〈新序〉成書之體例》〔註 9〕、《劉向〈新序〉著作性質考辨》〔註 10〕、《劉向〈新序〉〈説苑〉〈列女傳〉材料來源及加工取捨方式探索》〔註 11〕、《論〈説苑〉〈新序〉同題材料的運用》〔註 12〕等論文也都對這一問題進行了探討，並得出與梅軍等一致的結論。

　　儘管前人對《新序》《説苑》材料來源與編撰方式進行了有益的探索，但研究工作遠未結束。出土文獻使我們開始重新認識《新序》《説苑》的著作體例，特別是阜陽雙古堆漢簡中一號木牘、二號木牘、《説類雜事》以及定縣八角廊漢簡《儒家者言》中所載大量《新序》《説苑》篇章的事實，更使人認識到，《説苑》中的與傳世文獻相同的篇章，並非僅僅抄錄這麼簡單。左松超在比較《儒家者言》與《説苑》之後，就得出另外一個結論，他說：「據《説苑雜事》成書之《説苑》，其中部分資料可能來源甚早，而自有所本，即使完全相同，也可能僅是同源而不是《説苑》抄錄某書的。」〔註 13〕因此，本文將在前人研究的基礎上，具體分析《新序》《説苑》與有關典籍（包括出土文獻）之間的文獻關係，以期對《新序》《説苑》材料來源與編撰方式有進一步認識。

〔註 8〕 李秀慧：《〈新序〉研究》（碩士學位論文），首都師範大學，2006 年，第 28 頁。

〔註 9〕 張白珩：《試論劉向〈新序〉成書之體例》，《四川師範大學學報（社會科學版）》，1980 年第 3 期。

〔註 10〕 王蘇鳳：《劉向〈新序〉著作性質考辨》，《河北師範大學學報（哲學社會科學版）》，2000 年 7 月第 3 期。

〔註 11〕 邢培順：《劉向〈新序〉〈説苑〉〈列女傳〉材料來源及加工取捨方式探索》，《濱州師專學報》，2004 年第 3 期。

〔註 12〕 楊波：《論〈説苑〉〈新序〉同題材料的運用》，《古籍整理研究學刊》，2007 年第 4 期。

〔註 13〕 左松超：《説苑集證·自敘》，臺灣：國立編譯館，2001 年，第 6 頁。

第二節 《新序》《説苑》與《孔子家語》互見文獻分析

一、《新序》與《孔子家語》互見文獻

互見文獻，就是在兩本或兩本以上書中互相出入的文獻。互見文獻又分為本事互見與文本互見，本事互見就是文獻的主題、故事類型甚至情節同時出現於兩書或兩書以上，文本互見是指二文文字相同（除流傳中出現的訛誤），屬於同一文本系統的文獻。由於本事互見文獻在周秦至漢古籍中普遍存在，由此難以瞭解二書之間的文獻關係，本文互見文獻分析主要以文本互見文獻為重點。

《新序》與《家語》的互見文獻很少，共計 7 章，其中有 6 章為本事互見文獻，1 章為文本互見文獻。6 章本事互見文獻分別是 1・1「昔者舜自耕稼陶漁而躬孝友」章、2・5「魯君使宓子賤為單父宰」章、4・16「鄭人遊於鄉校」章、4・19「哀公問孔子：寡人生乎深宮之中」章、5・13「孔子北之山戎氏」章、5・16「孔子侍坐於季孫」章。例如：

> 魯君使宓子賤為單父宰。子賤辭去，因請借善書者二人，使書憲書教品；魯君予之。至單父使書，子賤從旁引其肘。書醜，則怒之；欲好書，則又引之。書者患之，請辭而去，歸以告魯君。魯君曰：「子賤苦吾擾之，使不得施其善術也。」乃命有司，無得擅徵發單父。單父之化大治。故孔子曰：「君子哉，子賤！魯無君子者，斯安取斯？」美其德也。（《新序》2・5 章）

> 孔子弟子有宓子賤者，仕於魯，為單父宰，恐魯君聽讒言，使已不得行其政。於是辭行，故請君之近史二人，與之俱至官。宓子戒其邑吏，令二史書，方書，輒掣其肘，書不善，則從而怒之，二史患之，辭請歸魯。宓子曰：「子之書甚不善，子勉而歸矣。」二史歸報於君曰：「宓子使臣書而掣臣肘，書惡而又怒臣，邑吏皆笑之，此臣所以去之而來也。」魯君以問孔子，子曰：「宓不齊，君子也，其才任霸王之佐，屈節治單父，將以自試也，意者以此為諫乎？」公寤然太息而歎曰：「此寡人之不肖，寡人亂宓子之政而責其善者，數矣。微二史，寡人無以知其過；微夫子，寡人無以自寤。」遽發所愛之使，告宓子曰：「自今已往單父非吾有也，從子之制，有便於民者，

子決爲之，五年一言其要。」宓子敬奉詔，遂得行其政，於是單父
治〔註14〕。（《家語·屈節解》）

比較可知，兩章文獻均講述了宓子賤治單父事。宓子賤爲了能在單父施政時
不受魯君的牽制，故意找魯君借取兩名「善書者」，當他們書寫時，便「從旁
引其肘」，使之「書醜」以此警悟魯君。同樣的故事，《新序》《家語》卻採用
了不同的言說方式，《新序》簡略，《家語》詳細。《新序》敘述宓子賤捉弄善
書者、魯君反思、孔子評語，只是粗陳梗概，並無細枝末節。《家語》卻詳於
前因後果。開頭介紹了宓子賤借「善書者」的原因，中間大量增添了人物的
對話，使得事件進行得流暢合理，內容豐富充實。而且，《家語》並非在《新
序》的文句的基礎上進行增添，二書文字表達有著明顯的區別。因此，這應
該是兩章完全不同的文獻。

　　其它幾章也基本如此，有的文獻從文字就能判定與《家語》不同。有的
還可以找出載有同樣文字的書籍。如4·16章與《左傳·襄公三十一年》同，
4·19章與《荀子·哀公》同。5·16章與《外傳》卷五之三十四同。

　　一章文本互見文獻是5·11「哀公問於孔子」章。其文如下：

　　哀公問於孔子曰：「寡人聞之，東益宅不祥，信有之乎？」孔子曰：
　　「不祥有五，而東益宅不與焉。」夫損人而益己，身之不祥也；棄
　　老取幼，家之不祥也；釋賢用不肖，國之不祥也；老者不教，幼者
　　不學，俗之不祥也；聖人伏匿，天下之不祥也。故不祥有五，而東
　　益宅不與焉。詩曰：『各敬爾儀，天命不又。』未聞東益宅之與爲命
　　也。」（《新序》5·11章）

　　哀公問於孔子曰：「寡人聞東益宅不祥，信有之乎？」孔子曰：「不
　　祥有五，而東益不與焉。夫損人自益，身之不祥；棄老而取幼，家
　　之不祥；釋賢而任不肖，國之不祥；老者不教，幼者不學，俗之不
　　祥；聖人伏匿，愚者擅權，天下不祥。不祥有五，東益不與焉。」
　　《家語·正論解》

比較可知，二文僅有細微的文字差別，如「益己」與「自益」、「釋賢用不肖」
與「釋賢而任不肖」等，還有《新序》少「愚者擅權」多「詩曰：『各敬爾儀，
天命不又。』未聞東益之與爲命也」一句。很明顯，這些都是文字在流傳中

〔註14〕《家語》中的引文出自王肅注的《孔子家語》（上海：上海古籍出版社，1990
　　　年），以下皆同。

的變動與增刪，因此，二文都應屬於同一文本系統的文獻。

二、《說苑》與《孔子家語》互見文獻分析

《說苑》與《家語》的關係特殊，它們之間的互見文獻多達 107 章，正是因爲如此，後代學者在研究《家語》的文獻來源時，多認爲《家語》摘錄了《說苑》中的孔氏文獻。《說苑》中除了有見於《家語》的孔氏文獻，還有僅見於《說苑》的孔氏文獻，因此，《說苑》中的孔氏文獻不止 107 章。正如胡平生所說「如果把這麼多的孔子及其門弟子的言行集中在一起，不就是半部《家語》嗎」〔註 15〕。

可見，將《說苑》與《家語》的互見文獻進行比較，可以瞭解孔氏文獻的流傳，還可以對瞭解二書之間的關係、認識《家語》在學術史上的地位提供有益的幫助。《說苑》與《家語》的互見文獻中，除了 1·11、1·28、7·11、17·18 等 4 章屬於本事互見，文字完全不同，其餘 103 章文獻應該屬於文本互見文獻。下面首先分析四章本事互見文獻：

1·11 章與《家語·好生》中互見文獻講的都是虞、芮兩國爭奪疆界，要求周文王給與公正的評判。當二國使者進入文王轄境，卻爲國人互讓名利的行爲所感動，主動讓出相爭的土地。但二文的敘述方式卻完全不同，其文如下：

> 虞人與芮人質其成於文王。入文王之境。則見其人民之讓爲士大夫，入其國，則見其士大夫讓爲公卿，二國者相謂曰：「其人民讓爲士大夫，其士大夫讓爲公卿，然則此其君亦讓以天下而不居矣。」二國者，未見文王之身，而讓其所爭，以爲閒田，而反。孔子曰：「大哉文王之道乎！其不可加矣！不動而變，無爲而成，敬慎恭己而虞、芮自平。故《書》曰：『惟文王之敬忌。』此之謂也。」（《說苑》1·11 章）

> 虞芮二國爭田而訟，連年不決。乃相謂曰：「西伯仁人也，盍往質之？」入其境，則耕者讓畔，行者讓路。入其邑，男女異路，斑白不提挈。入其朝，士讓爲大夫，大夫讓爲卿。虞、芮之君曰：「嘻！吾儕小人也，不可以履君子之庭。」遂自相與而退，咸以所爭之田

〔註 15〕胡平生：《阜陽雙古堆漢簡與〈孔子家語〉》，《國學研究》第七卷，北京：北京大學出版社，2000 年，第 524 頁。

爲閒田矣。孔子曰：「以此觀之，文王之道，其不可加焉。不令而從，
不教而聽，至矣哉！」（《家語・好生》）

比較可知，二文乃一事二說，不屬於同一文本系統。如繼續查證，可發現二
文有著不同的傳播渠道。《說苑》與《尚書大傳》卷一的文字相同，《家語》
與《詩經・大雅・綿》毛傳相同。其餘三章文獻也基本如此，都是本事相同，
文字有別。1・28 章與《尚書大傳》卷一文字同，《家語》不見其他書籍；7・11
章與《外傳》相同，《家語》與《荀子・宥坐》同。由於本事互見文獻廣泛存
在於先秦典籍中，因此本文不作重點討論。

　　除去 4 章本事互見的文獻，《說苑》與《家語》還有 103 章文本互見文
獻。下面是文獻對照表：

《說苑》《孔子家語》文本互見文獻對照表

序號	《說苑》	《孔子家語》
1	1・5 魯哀公問於孔子曰：「吾聞君子不博」	《五儀解》：魯哀公問於孔子曰：「吾聞君子不博」
2	1・30 楚昭王有疾	《正論解》：楚昭王有疾
3	1・44 孔子曰：「文王似元年。」	《致思》：孔子曰：「王者有似於春秋。」
4	2・4 子貢問孔子曰	《賢君》：子貢問於孔子曰
5	2・20 子貢問孔子曰：「賜爲人下。」	《困誓》：子貢問孔子曰：「賜爲人下。」
6	2・25 子路爲蒲令，備水災	《致思》：子路爲蒲宰，爲水備
7	3・3 孔子曰：「行身有六本。」	《六本》：孔子曰：「行己有六本。」
8	3・5 子路曰：「負重道遠者。」	《致思》：子路見於孔子曰：「負重涉遠者。」
9	3・7 曾子芸瓜而誤斬其根	《六本》：曾子芸瓜而誤斬其根
10	3・14 孔子曰：「可以與人終日而不倦者，其惟學乎？」	《六本》：孔子謂伯魚曰：「鯉乎？吾聞可以與人終日而不倦者，其惟學乎」
11	3・15 孔子曰：「鯉，君子不可以不學？」	《致思》：故君子不可以不學
12	3・21 孔子謂子路曰：「汝何好？」	《子路初見》：子路初見孔子，子曰：「汝何樂？」
13	3・22 子路問於孔子曰：「請釋古之學而行由之意」	《六本》：子路問孔子曰：「請釋古之道而行由之意」
14	4・5 孔子見齊景公，景公致廩丘以爲養	《六本》：孔子見齊景公，公悅焉，景公致廩丘之邑以爲養

15	4‧6 曾子衣弊衣以耕魯	《在危》：曾子弊衣而耕以魯
16	5‧1 聖人之於天下百姓也	《好生》：孔子曰：「吾於甘棠見宗廟之敬甚也。」
17	5‧20 孔子之楚，有漁者獻魚甚強	《致思》：孔子之楚，有漁者而獻魚焉
18	5‧27 章子路持劍	《好生》：子路戎服見於孔子
19	7‧6 衛靈公謂孔子曰	《賢君》：衛靈公問於孔子曰
20	7‧7 子貢問治民於孔子	《致思》：子貢問治民於孔子
21	7‧12 魯哀公問政於孔子	《賢君》：「哀公問政於孔子」
22	7‧25 孔子謂宓子賤曰	《辨政》：孔子謂宓子賤曰
23	7‧28 孔子弟子有孔蔑者	《子路初見》：孔子兄子有孔蔑者
24	7‧30 子路治蒲	《致思》：子路治蒲
25	7‧31 子貢爲信陽令	《辨政》：子貢爲信陽令
26	7‧45 魯國之法	《致思》：魯國之法
27	7‧46 孔子見季康子	《子路初見》：孔子爲魯司寇，見季康子
28	8‧5 禹以夏王	《觀周》：明鏡所以察形也
29	8‧6 章齊景公問於孔子曰	《賢君》：齊景公來適齊
30	8‧11 哀公問於孔子曰「人何若而可取也。」	《五儀解》：哀公問於孔子曰：「請問取人之法？」
31	8‧19 魯哀公問於孔子曰：「當今之時君。」	《賢君》：哀公問於孔子曰：「當今之君。」
32	8‧20 介子推行年十五而相荊	《六本》：荊公子行年十五而攝荊相事
33	8‧21 孔子閒居，喟然而歎曰	《賢君》：孔子閒處，喟然而歎曰
34	8‧37 子路問於孔子曰：「治國何如？」	《賢君》：子路問於孔子曰：「賢君治國，所先者何？」
35	9‧1 易曰：「王臣蹇蹇，匪躬之故。」	《辨政》：孔子曰忠臣之諫君
36	9‧11 楚昭王欲之荊臺遊	《辨政》：楚王將遊荊臺
37	9‧25 孔子曰：「良藥苦於口利於病。」	《六本》：孔子曰：「良藥苦於口利於病。」
38	10‧3 孔子讀易至於損益	《六本》：孔子讀易至於損益
39	10‧4 孔子觀於周廟而有敧器焉	《三恕》：孔子觀於魯桓公之廟，有敧器焉
40	10‧11 孔子曰：「存亡禍福，皆在己而已。」	《五儀解》：哀公問於孔子曰：夫國家之存亡禍福
41	10‧24 魯哀公問孔子曰：「予聞忘之甚者。」	《賢君》：哀公問孔子曰：寡人聞忘之甚者

42	10・25 孔子之周，觀於太廟，右陛之前	《觀周》：孔子觀周，遂入太祖后稷之廟，堂右階之前
43	10・27 孔子行遊，中路，聞哭者聲	《致思》：孔子適齊，中路，聞哭者聲
44	10・28 孔子論詩，至於正月之六章	《賢君》：孔子讀詩，於正月之六章
45	10・29 孔子見羅者，其所得者皆黃口也	《六本》：孔子見羅雀者，其所得者皆黃口小雀
46	10・33 顏回將西遊	《賢君》：顏淵將西遊於宋
47	11・26 子路問於孔子曰：「管仲何如人也。」	《致思》：子路問於孔子曰：「管仲之爲人如何」
48	13・3 趙簡子曰：「晉有澤鳴、犢犨。」	《困誓》：孔子自衛將入晉
49	13・4 孔子與齊景公坐	《六本》：孔子在齊，舍於外館
50	13・9 魯公索氏將祭而亡其牲	《好生》：魯公索氏將祭而亡其牲
51	13・38 孔子問漆雕馬人	《好生》：孔子問漆雕憑
52	14・23 子羔爲衛政	《致思》：季羔爲衛之士師
53	15・13 孔子北遊，東上農山	《致思》：孔子北遊，東上於農山
54	15・14 魯哀公問於仲尼曰：「吾欲小則守。」	《五儀解》：魯哀公問於孔子曰：「寡人欲吾國小而能守。」
55	15・27 孔子爲魯司寇	《始誅》：孔子爲魯司寇
56	16・81 曾子曰狎甚則相簡也	《好生》：曾子曰：「狎甚則相簡也。」
57	16・82 曾子曰：「入是國也言信乎群臣，則留可也。」	《致思》：曾子曰：「入是國也言信乎群臣，則留可也，」
58	17・6 孔子曰：「自季孫之賜我千鍾而友益親。」	《致思》：孔子曰：「季孫之賜我千鍾而交益親。」
59	17・16 魯哀公問於孔子曰：「有智者壽乎。」	《五儀解》：魯哀公問於孔子曰：「有智者壽乎？仁者壽乎？」
60	17・17 孔子遭難陳蔡之境	《困誓》：孔子遭難陳蔡之境
61	17・18 孔子困於陳蔡之間	《在厄》：楚昭王聘孔子
62	17・19 孔子之宋	《困誓》：孔子之宋
63	17・20 孔子曰：「不觀於高岸。」	《困誓》：孔子曰：「不觀於高崖。」
64	17・22 子夏問仲尼曰：「顏淵之爲人也。」	《六本》：子夏問孔子曰：「顏回之爲人也。」
65	17・25 孔子觀於呂梁	《致思》：孔子自衛反魯
66	17・26 子路盛服而見孔子	《三恕》：子路盛見於孔子

67	17·28 孔子見榮啓期衣鹿皮裘	《六本》：子游於泰山
68	17·29 曾子曰：「吾聞夫子之三言。」	《六本》：曾子曰：「參聞夫子之三言。」
69	17·30 孔子曰：「回，若有君子之道四。」	《六本》：孔子曰：「回若有君子之道四。」
70	17·31 仲尼曰：「史鰌有君子之道三。」	《六本》：仲尼曰：「史鰌有男子之道三。」
71	17·32 孔子曰：「丘死之後。」	《六本》：孔子曰：「吾死之後。」
72	17·33 孔子將行無蓋	《致思》：孔子將行雨而無蓋
73	17·34 子路行辭於仲尼，曰：「敢問新交取親若何？」	《子路初見》：子路行辭於仲尼曰：「敢問新交取親若何？」
74	17·35 子路將行辭於仲尼	《子路初見》：子路將行辭於孔子
75	17·36 曾子從孔子於齊	《六本》：曾子從孔子之齊
76	17·37 孔子曰：「中人之情。」	《六本》：孔子曰：「中人之情。」
77	17·38 孔子曰：「巧而好度必工。」	《六本》：孔子曰：「巧而好度必攻。」
78	17·39 孔子曰：「鞭撲之子，不從父之教。」	《六本》：孔子曰：「鞭撲之子，不從父之教。」
79	17·40 孔子曰：「終日言不遺己之憂。」	《六本》：齊高庭問於孔子曰：「庭不曠山。」
80	17·41 孔子曰：「以富貴爲人下者。」	《六本》：孔子曰：「以富貴而下人。」
81	17·42 孔子曰：「夫富而能富人者。」	《六本》：孔子曰：「夫富而能富人者。」
82	17·43 章「仲尼曰：『非其地而樹之』」	《六本》：仲尼曰：「非其地而樹之。」
83	17·44 孔子曰：「船非水不可行，水入船中則其沒也。」	《六本》：孔子曰：「舟非水不行，水入舟則沒，君非民不治，民犯上則傾。」
84	17·45 孔子曰：「依賢固不困。」	《六本》：孔子曰：「依賢固不困。」
85	17·46 孔子曰：「不知其子，視其所友。」	《六本》：孔子曰：「不知其子，視其父。」
86	17·47 子貢問曰：「君子見大水必觀焉，何也。」	《三恕》：孔子觀於東流之水，問曰：「君子見大水必觀焉，何也？」
87	17·57 齊高廷問於孔子曰	《六本》：齊高廷問於孔子曰
88	18·1 顏淵問於仲尼曰	《辨物》：顏淵問於孔子曰
89	18·12 夫天地有德合	《本命解》：夫天地有德合
90	18·18 吳伐越，墮會稽	《辨物》：吳伐越，墮會稽
91	18·19 仲尼在陳，有隼集於陳侯之廷而死	《辨物》：仲尼在陳，陳惠公賓之於上
92	18·20 季桓子穿井得土缶	《辨物》：季桓子穿井，獲如土缶
93	18·21 楚昭王渡江，有物大如斗	《致思》：楚昭王渡江，江中有物大如斗

94	18‧29 孔子晨立堂上，聞哭者聲音甚悲	《顏回》：孔子在衛，昧旦晨興
95	18‧31 子貢問孔子：「死人有知，將無知也。」	《致思》：子貢問孔子：「死人有知乎？將無知乎？」
96	19‧11 成王將冠	《冠頌》：冠成王而朝於祖
97	19‧23 延陵季子適齊	《曲禮子貢問》：延陵季子聘於上國
98	19‧25 子夏三年之喪畢	《六本》：子夏三年之喪畢
99	19‧31 孔子曰：「無體之禮，敬也」	《六本》：孔子曰：「無體之禮，敬也。」
100	19‧44 子路鼓瑟，有北鄙之聲	《辯樂解》：子路鼓瑟
101	20‧1 孔子卦得賁，喟然仰而歎息	《好生》：孔子常自筮，其卦得賁，喟然仰而歎息
102	20‧21 魯有儉者	《致思》：魯有儉嗇者
103	20‧23 仲尼問老聃曰：「甚矣，道之於今難行也。」	《觀周》：孔子見老聃而問曰：「甚矣，道之於今難行也。」

下面分析《說苑》與《家語》文本互見文獻特點：

（一）文字或文字核心部分相同

《說苑》與《家語》的文本互見文獻分為兩類：一是文字相同，二是文字核心部分相同。第一種很好理解，因為文字相同是文本互見文獻的基本特點。但是，《說苑》與《家語》的文本互見文獻中，文字相同的文獻並不多，據不完全統計，在 103 章文本互見文獻中，文字相同的文獻僅有 42 章。文字相同是指文獻主題、情節、敘述方式完全相同，文字在流傳中的訛誤、增脫屬於正常現象，例如下面兩則文獻：

> 孔子曰：「自季孫之賜我千鍾而友益親，自南宮頃叔之乘我車也，而道加行。故道有時而後重，有勢而後行，微夫二子之賜，丘之道幾於廢也。」（《說苑》17‧6）

> 孔子曰：「自季孫之賜我千鍾而交益親，自南宮敬叔之乘我車也，而道加行。故道有時而後重，有勢而後行，微夫二子之賙財，丘之道幾於廢也。」（《家語‧致思》）

比較可知，兩則文獻除「友」與「交」、「賜」與「賙財」等字的細微差別，其他的文字基本相同。但是，文字相同的文獻在《說苑》《家語》二書互見文獻中僅占少部分。大部分文本互見文獻實際上是文字核心部分相同，也就是

說文字的主幹結構相同，中間的文字卻有並非典籍流傳所造成較大變化。這種文字變化的特徵：一則文獻以另一則文獻爲基礎，在不改變另一文獻文字結構的基礎上，進行了有目的的文字改動，例如：

> 孔子見羅者，其所得者皆黃口也。孔子曰：「黃口盡得，大爵獨不得，何也？」羅者對曰：「黃口從大爵者不得，大爵從黃口者可得。」孔子顧謂弟子曰：「君子慎所從，不得其人，則有羅網之患。」（《説苑》10‧29章）

> 孔子見羅<u>雀</u>者，所得皆黃口<u>小雀</u>。夫子<u>問之</u>曰：「大雀獨不得，何也？」羅者曰：「<u>大雀善驚而難得，黃口貪食而易得。</u>黃口從大雀則不得，大雀從黃口亦可得。」孔子顧謂弟子曰：「<u>善驚以遠害，利食而忘患，自其心矣，而獨以所從爲禍福。</u>故君子慎其所從。<u>以長者之慮，則有全身之階；隨小者之戇，而有危亡之敗也。</u>」〔註16〕（《家語‧六本》）

比較可知，後文以前文爲基礎，進行了有目的的文字修改。從劃線的文字可見，「雀」「小雀」的增加可使敘述具體，增添「大雀善驚而難得，黃口貪食而易得」句則是對「黃口從大雀則不得，大雀從黃口亦可得」的現象予以解釋，使文句變得相對完整。「善驚以遠害，利食而忘患，自其心矣，而獨以所從爲禍福」句的增加，既是總結前文，又爲下文做鋪墊，即正是因爲跟隨不同的人會帶來禍福兩種不同的結果，因此，君子要「慎其所從」。結尾句二書雖然敘述方式完全不同，但語意一致，只是《家語》更加詳細具體。總之，這兩則文獻應該屬於同一文本系統，文字的修改沒有改變原有的文字結構。如果不考慮《説苑》《家語》的成書年代，僅從文字變動情況來看，可以作這樣的判斷，《家語》在《説苑》的文字基礎上，作了有目的性的文字變動。

（二）敘述方式的差異性

上面已經提出，儘管《説苑》與《家語》中互見文獻基本屬於文本互見文獻，在敘述方式上，這些文獻實際上表現出較大的差異。下面，本文將具體分析這些文字差異性的幾個方面表現：

1.敘事相同，文字表達完全不同

在《説苑》與《家語》中，會出現文句順序一致，文句語意相同，明顯

〔註16〕劃線部分爲作者添加，以下皆同。

是文本互見文獻，但兩句敘述方式卻完全不同的情況。例如：

第一、《說苑》1‧44 章：孔子曰：「<u>文王似元年，武王似春王，周公似正月</u>。文王以王季爲父，以太任爲母，以太姒爲妃，以武王周公爲子，以泰顚閎夭爲臣，其本美矣。」

《致思》：「孔子曰：『<u>王者有似於春秋</u>。文王以王季爲父，以太任爲母，以太姒爲妃，以武王周公爲子，以泰顚閎夭爲臣，其本美矣。』」

第二、《說苑》3‧14 章：其身體不足觀也，其勇力不足憚也，其先祖不足稱也，其族姓不足道也，<u>然而可以開四方而昭於諸侯者，其惟學乎</u>！

《致思》：其容體不足觀也，其勇力不足憚也，其先祖不足稱也，其族姓不足道也，終而有大名，<u>以顯聞四方，流聲後裔者，豈非學之效也</u>。

第三、《說苑》4‧6 章：曾子衣弊衣以耕，魯君使人往致邑焉，曰：「請以此修衣。」曾子不受。反覆往，又不受。使者曰：「<u>先生非求於人，人則獻之，奚爲不受</u>？」

《在厄》：曾子弊衣而耕於魯，魯君聞之而致邑焉。曾子固辭不受。或曰：「<u>非子之求，君自致之，奚固辭也</u>？」

第四、《說苑》8‧19 章：對曰：「臣觀於朝廷，<u>未觀於堂陛之間也</u>。」

《賢君》：對曰：「臣語其朝廷行事，<u>不論其私家之際也</u>」

以上劃線的句子就是兩書中語意相同，但敘述方式完全不同的句子。第一點中《說苑》將周文王、周武王、周公分別比作第一年、第一春、第一月，以讚美他們創始的西周王業。《家語》此句表達的語意一致，但卻改用了高度概括的語句，將文、武、周公用王者概括，元年、春王、正月用春秋概括，句子就變爲「王者有似於春秋」。其他幾句也基本如此，第二點中「開四方而昭於諸侯者」與「顯聞四方，流聲後裔者」都是聞名四方之意，「其惟學乎」與「豈非學之效也」是用不同的句式表達學習的重要性；第三點中「先生非求於人，人則獻之，奚爲不受」與「非子之求，君自致之，奚固辭也」兩句都由三小句構成，這些句子表達的語意完全相同，但語言卻不相同。「先生」改爲「子」，「人」改爲「君」，「獻之」改爲「致之」，「不受」改爲「固辭」，完全是用不同的語言說一樣的話。第四點中「堂陛」是指宮殿和臺階，這裏

指後宮。《家語》中的「私家」與「朝廷」相對,「私家」亦爲「後宮」;《說苑》與《家語》中這樣的句子還有很多,儘管如此,這些文獻依然屬於同一文本系統,只是後者經過了有目的的修改。

2. 《孔子家語》在《說苑》基礎上增加過渡性文字,使文句更豐富、具體和優美

《說苑》與《家語》中文本互見文獻的文字差異還表現在後者在前者基礎上增加了過渡性語句,而使《家語》中的語句更加豐富、具體、優美。例如:

第一、《說苑》3‧7 章:曾子芸瓜而誤斬其根,曾晳怒,援大杖擊之,曾子仆地。有頃蘇,蹙然而起,進曰:「嚮者參得罪於大人,大人用力教參,得無疾乎?」

《六本》:曾子耘瓜,誤斬其根。曾晳怒,建大杖<u>以擊其背</u>,曾子仆地<u>而不知人</u>。<u>久之</u>,有頃,<u>乃</u>蘇,欣然而起,進<u>於曾晳</u>曰:「<u>向也</u>參得罪於大人,大人用力教參,得無疾乎?」

第二、《說苑》4‧5 章:孔子見齊景公,景公致廩丘以爲養。

《六本》:孔子見齊景公,<u>公悅焉,</u>景公致廩丘<u>之邑</u>以爲養。

第三、《說苑》7‧12:魯哀公問政於孔子,對曰:「政在使民富且壽。」哀公曰:「何謂也?」孔子曰:「薄賦斂,則民富,無事則遠罪,遠罪則民壽。」

《賢君》:哀公問政於孔子,孔子對曰:「<u>政之急者,莫大乎</u>使民富且壽<u>也</u>。」公曰:「<u>爲之奈何?</u>」孔子曰:「<u>省力役,</u>薄賦斂,則民富矣;<u>敦禮教</u>,遠罪疾,則民壽矣。」

第四、《說苑》8‧21 章:昔在周公旦制天下之政,而下士七十人,豈無道哉,欲得士之故也。夫有道而能下於天下之士,君子乎哉?

《賢君》:昔者周公<u>居冢宰之尊</u>,制天下之政而猶下<u>白屋之士</u>,日見百七十人,斯豈以無道也,欲得士之用也。惡有有道而無下天下君子哉?

第五、《說苑》17‧16 章:少以犯眾,弱以侮強,忿怒不量力者,兵共殺之。

《五儀解》:以少犯眾,以弱侮強,忿怒<u>不類</u>,<u>動</u>不量力者,兵共殺之。

　　劃線句是《家語》在《說苑》的基礎上增加的文字。第一點中《家語》在「援大杖」與「擊」中增加連詞「以」,將「之」改爲「其背」,文句便更加流暢與具體。《說苑》的「曾子仆地。有頃」之間,《家語》添加「而不知人。久之」,對曾子昏倒時的狀態以及時間進行描述,豐富了文句的內容。第二點也同樣如此。第三點《家語》在「政在使民富且壽」中間增加「之急者,莫大乎」這些文字,進一步強調了「使民富且壽」在治國理政中的核心地位。後一句「省力役、敦禮教」的增加,不僅豐富了文句的內容,而且文句變成字數相同的對偶句,具有修辭美。第四點、五項皆如此。總之,《說苑》的文字簡潔、樸素,《家語》在《說苑》語句的基礎上,增加了大量過渡性文字,使文句更豐富、具體和優美。

　　3. 《說苑》中的兩章或三章文獻,在《孔子家語》中合併為單章文獻

　　《說苑》中多數文獻篇章短小,有的甚至只是孔子的一句話,因此,許多單章文獻在《家語》中合併爲完整的篇幅較長的文獻。《說苑》中有 13 章文獻在《家語》中合併爲 8 章文獻。現列表如下:

《說苑》《孔子家語》中單章與合併文獻對照表

《說苑》	《孔子家語》
3．14 孔子曰:「可以與人終日而不倦者,其惟學乎!其身體不足觀也,其勇力不足憚也,其先祖不足稱也,其族姓不足道也,然而可以開四方而昭於諸侯者,其惟學乎!詩曰:『不愆不亡,率由舊章。』夫學之謂也。」 3．15 孔子曰:「鯉,君子不可以不學,見人不可以不飾,不飾則無根,無根則失理,失理則不忠,不忠則失禮,失禮則不立。夫遠而有光者飾也,近而逾明者學也。譬之如污池,水潦注焉,菅蒲生之。從上觀之知其非源也。」	《致思》:孔子謂伯魚曰:「鯉乎?吾聞可以與人終日而不倦者,其惟學乎?其容體不足觀也,其勇力不足憚也,其先祖不足稱也,其族姓不足道也,終而有大名,以顯聞四方,流聲後裔者,豈非學之效也?故君子不可以不學,其容不可以不飭,不飭無類,無類失親,失親不忠,不忠失禮,失禮不立。夫遠而有光者,飭也;近而逾明者,學也。譬之污池,水潦注焉,萑葦生之。雖或以觀之,孰知其源乎?」
17．29 曾子曰:「吾聞夫子之三言,未之能行也。夫子見人之一善,而忘其百非,是夫子之易事也。夫子見人有善,若已有之,是夫子之不爭也。聞善必躬親行之,然後道之,是夫子之能勞也。夫子之能勞也,夫子之不爭也,夫子之易事也,吾學夫子之三言而未能行。」 17．30 孔子曰:「回,若有君子之道四:強於己,弱於受諫,怵於待祿,愼於持身。」 17．31 仲尼曰:「史鰌有君子之道三:不仕而敬上,不祀而敬鬼,直能曲於人。」	《六本》:孔子曰:「回若有君子之道四焉,強於行義,弱於受諫,怵於待祿,愼於治身。史鰌有君子之道三焉,不仕而敬上,不祀而敬鬼,直己而曲於人。」曾子侍,曰:「參昔者常聞夫子三言,而未之能行也。夫子見人之一善而忘其百非,是夫子之易事也。見人之有善,若已有之,是夫子之不爭也。聞善必躬親行之,然後導之,是夫子之能勞也。學夫子之三言而未能行,以自知終不及夫子也。」

17‧32 孔子曰：「丘死之後，商也日益，賜也日損。商也好與賢己者處，賜也好說不如己者。」 17‧46 孔子曰：「不知其子，視其所友；不知其君，視其所使。」又曰：「與善人居，如入蘭芷之室，久而不聞其香，則與之化矣。與惡人居，如入鮑魚之肆，久而不聞其臭，亦與之化矣。故曰丹之所藏者赤，烏之所藏者黑。君子慎所藏。」	《六本》：孔子曰：「吾死之後，則商也日益，賜也日損。」曾子曰：「何謂也？」子曰：「商也好與賢己者處，賜也好說不若己者。不知其子，視其父；不知其人，視其友；不知其君，視其所使；不知其地，視其草木。故曰：與善人居，如入芝蘭之室，久而不聞其香，即與之化矣；與不善人居，如入鮑魚之肆，久而不聞其臭，亦與之化矣。丹之所藏者赤，漆之所藏者黑。是以君子必慎其所與處者焉。」
17‧34 子路行辭於仲尼曰：「敢問新交取親若何？言寡可行若何？長為善士而無犯若何？仲尼曰：「新交取親其忠乎？言寡可行其信乎？長為善士而無犯其禮乎？」 17‧35 子路將行，辭於仲尼曰：「贈汝以車乎？以言乎？」子路曰：「請以言。」仲尼曰：「不強不遠，不勞無功，不忠無親，不信無復，不恭無禮，慎此五者，可以長久矣。」	《子路初見》：子路將行，辭於孔子，曰：「贈汝以車乎？以言乎？」子路曰：「請以言。」仲尼曰：「不強不達，不勞無功，不忠無親，不信無復，不恭失禮，慎此五者，可以長久矣。」子路：「由請終身奉之。」仲尼曰：「敢問新交取親若何？言寡可行若何？長為善士而無犯若何？」仲尼曰：「新交取親其忠乎？言寡可行其信乎？長為善士而無犯其禮乎？」
17‧37 孔子曰：「中人之情，有餘則侈，不足則儉，無禁則淫，無度則失，縱欲則敗，飲食有量，衣服有節，宮室有度，畜聚有數，車器有限，以防亂之源也。」故夫度量不可不明也，善欲不可不聽也。 17‧39 孔子曰：「鞭撲之子，不從父之教；刑戮之民，不從君之政；言疾之難行，故君子不急斷，不意使以為亂源，	《六本》：孔子曰：「中人之情，有餘則侈，不足則儉，無禁則淫，無度則逸，縱欲則敗，是故鞭撲之子，不從父之教；刑戮之民，不從君之令，此言疾之難忍，急之難行也，是故君子不急斷、不急制，使飲食有量，衣服有節，宮室有度，畜聚有數，車器有限，所以防亂之原也。」夫度量不可不明，是中人所由之令。
17‧41 孔子曰：「以富貴為人下者，何人不與；以富貴敬愛人者，何人不親？眾言不逆，可謂知言矣，眾向之，可謂知時矣。 17‧42 孔子曰：「夫富而能富人者，欲貧而不可得也；貴而能貴人者，欲賤而不可得也；達而能達人者，欲窮而不可得也。	《六本》：孔子曰：「以富貴而下人，何人不尊？以富貴而愛人，何人不親？發言不逆，可謂知言矣，言而眾向之，可謂知時矣。是故以富而能富人者，欲貧而不可得也；以貴而能貴人者，欲賤而不可得也；以達而能達人者，欲窮而不可得也。
17‧38 孔子曰：「巧而好度必工，勇而好同必勝，知而好謀必成，愚者反是，夫處重擅寵，專事妬賢，愚者之情也，志驕傲而輕舊怨，是以尊位則必危，任重則必崩，擅寵則必辱。 17‧43 仲尼曰：「非其地而樹之，不生也；非其人而語之，弗聽也；得其人如聚沙而雨之，非其人如聚聾而鼓之。	《六本》：孔子曰：「巧而好度必工攻，勇而好同必勝，知而好謀必成，愚者反是，是以非其人，告之弗聽；非其地，樹之弗生；得其人，如聚砂而雨之，非其人，如會聾而鼓之，言立入也。夫處重擅寵，專事妬賢，愚者之情也，志驕傲而輕舊怨，是以尊位則必危，任重則必崩，擅寵則必辱。
17‧36 曾子從孔子於齊，齊景公以下卿禮聘曾子，曾子固辭，將行，晏子送之曰：「吾聞君子贈人以財，不若以言。今夫蘭本三年，湛之以鹿醢，既成之，則易以匹馬。非蘭本美也，願	六本》：曾子從孔子於齊，齊景公以下卿禮聘曾子，曾子固辭，將行，晏子送之曰：「吾聞君子贈人以財，不若以言。今夫蘭本三年，湛之以鹿醢，既成啖之，則易以匹馬。非蘭

子詳其所湛，既得所湛，亦求所湛，吾聞君子居必擇處，遊必擇士，居必擇處所以求士也，遊必擇士所以修道也，吾聞反常移性者，欲也，故不可不慎也。 17‧45 孔子曰：「依賢固不困，依富固不窮，馬跊折而復行者何？以輔足眾也。」	《之本性也，所以湛者美矣，願子詳其所湛，夫君子居必擇處，遊必擇方，仕必擇君，擇君所以求仕，擇方所以修道，遷風移俗，嗜欲移性，可不慎乎」孔子聞之曰：「晏子之言，君子哉。依賢固不困，依富固不窮，馬斬而復行者何？以輔足眾也。」

　　從上表可見，《說苑》中的孔氏文獻基本上是孔子的名言或者孔子與弟子之間的簡短的對話，其意義表現在內涵的哲理性與語言的精闢性。但這些文獻就像閃光的珍珠，散落在地。《家語》重組《說苑》中材料就像是製作珍珠項鏈的過程。這些零散瑣碎的材料在《家語》中形成完整連貫的意義整體。例如《說苑》中 17‧32、17‧46 兩章，本為兩條獨立的材料，前者是孔子對弟子卜商與端木賜的評論，他認為自己死後，卜商會不斷進步，因為他喜歡與比自己賢能的人相處。端木賜會不斷退步，因為他喜歡不如自己的人。後者記錄的是孔子對人該怎樣結交朋友的深刻認識。由於兩條材料的中心都是講朋友以及周圍環境對人的影響，《家語》將其重組在一起，顯得非常自然。《家語》多組合內容大致相同的材料，使得新文獻語氣流暢、意義連貫，毫無雕琢的痕迹。由於注重文獻的完整，《家語》重組文獻時作了許多細節上的調整。有的文獻是簡單地合併，有的文獻卻是一條放在另一條的中間，例如 17‧29 與 17‧30 與 17‧31 章、17‧37 與 17‧39 章、17‧38 與 17‧43 章等；還有的在兩條文獻中添加過渡語，如 17‧29 與 17‧30 與 17‧31 章，在 17‧31 與 17‧29 中間增加「曾子侍」；有的刪掉部分語句，使銜接毫無障礙，如 3‧14 與 3‧14 章，前者刪去結尾句「詩曰：『不愆不亡，率由舊章。』夫學之謂也」，後者刪去首句「孔子曰：鯉」。總之，《家語》對《說苑》文獻進行了細緻的重組與加工，其目的是讓孔子精彩的語言碎片變成完整而有意義的文段，這就形成了二書互見文獻的語言上的差異性。

第三節　《說苑》與《孔子家語》關係研究

一、前人對《說苑》與《孔子家語》關係的探討

　　前人對《說苑》與《家語》關係的討論，主要伴隨《家語》「偽書說」的爭論展開。《家語》最早著錄於《漢志》，是重要的儒家典籍，原注為二十七卷。其書性質與《論語》相似，記錄了孔子及其弟子言語行事諸多方面的內

容。對於《家語》的成書及性質，漢孔安國《家語後序》云：「《家語》者皆當時公卿士大夫及七十二弟子之所咨訪交相對問言語者，既而諸弟子各自記其所問焉，與《論語》、《孝經》並時，弟子取其正實而切事者別出為《論語》，其餘則都集錄名之曰《家語》。凡所論辨流判較歸實自夫子本旨也。屬文下辭往往頗有浮說煩而不要者，亦猶七十二子各共敘述首尾加之潤色，其材或有優劣故使之然也。」從此序可知，《家語》與《論語》相同，皆為孔子及其弟子言語行事的真實記錄，區別僅在於《論語》「正實而切事」，《家語》卻「頗有浮說煩而不要。」但「所論辨流判較歸實自夫子本旨也。」

儘管此書著錄於《漢志》，卻長期被判為偽書。原因在於此書流傳式微，少有典籍記載和引用。直到三國時魏王肅為《家語》作注，才廣為流傳，現在所見都是王注本《家語》。對於此本是否為《漢志》所著錄的《家語》，一直有人表示懷疑。同時代的馬昭就說「《家語》，王肅所增加」〔註17〕。唐代顏師古注《漢書》時更直接指出《漢志》著錄《家語》「非今所有《家語》」〔註18〕。王注本《家語》為人懷疑的直接原因在於王肅曾將其當作學術論爭的工具。《三國志‧魏書》：「初，肅善賈、馬之學，而不好鄭氏，採會同異，為《尚書》、《詩》、《論語》、《三禮》、《左氏》解、及撰定父朗所作《易傳》，皆列於學官。其所論駁朝廷典制、郊祀、宗廟、喪紀、輕重，凡百餘篇。時樂安孫叔然，受學鄭玄之門，人稱東州大儒。徵為秘書監，不就。肅集《聖證論》以譏短玄，叔然駁而釋之。」〔註19〕王肅與鄭玄學派的學術爭論非常激烈，內容範圍涉及到「朝廷典制、郊祀、宗廟、喪紀、輕重」等。正在此時，王肅弟子孔猛（孔子二十二世孫）有家傳古籍《家語》，與王肅所論「有若重規疊矩」〔註20〕，於是成為王肅駁難鄭學的重要依據。由於《家語》的出現帶有功利性，王肅又被認為是作偽專家，《家語》被蒙上偽書的陰影。

當然，此書體例也很特殊，書中絕大多數文獻廣見於先秦典籍，據范家相考證，這些文獻多來自《外傳》、《尚書》、《儀禮》、《禮記》、《大戴禮記》、

〔註17〕鄭氏注、孔穎達疏：《禮記注疏》卷三十八《樂記》，北京：中華書局，1980年，第1534頁。

〔註18〕班固：《漢書》卷三十《藝文志》，北京：中華書局，1962年，第1717頁。

〔註19〕陳壽：《三國志‧魏志》卷十三《王肅傳》，北京：中華書局，1959年，第419頁。

〔註20〕王肅注：《孔子家語序》，上海：上海古籍出版社，1990年，第1頁。

《春秋》三傳、《世本》、《國語》、《戰國策》、《荀子》、《韓非子》、《呂氏春秋》、《史記》、《淮南子》、《列子》、《尸子》、《晏子春秋》、《文子》、《說苑》、《新書》、《新序》、《孔叢子》等書，其中尤以《說苑》、《外傳》、《禮記》等書爲節取最多者。宋代王柏言之鑿鑿，認定「四十四篇之《家語》，乃王肅自取《左傳》、《國語》、《荀》、《孟》、二戴記，割裂織成之」〔註21〕。「僞書說」在清代幾乎成定論。如范家相、孫志祖、四庫館臣、皮錫瑞、姚際恒、崔述、戴震等人紛紛贊成此說，范家相專撰《家語證僞》來力證其僞，《四庫全書總目》亦云：「蓋王肅襲取《公冠篇》爲《冠頌》，已誤合孝昭冠辭於成王冠辭，故刪去先帝陛下字，《家語》襲《大戴》，非《大戴》襲《家語》，就此一條，亦其明證。其割裂他書，亦往往類此，反覆考證，其出於肅手無疑。」〔註22〕

儘管《家語》僞書說深入人心，但認爲此書不僞者也代有其人。宋代朱熹就提出「《家語》只是「王肅編古錄雜記，其書雖多癖，然非肅所作」〔註23〕。明代的黃魯曾也同意孔安國序所言，認爲《家語》是孔氏家學的產物。他說：「孔氏獨多述作，自《魯論》、《齊論》言之又有《家語》，疑多鯉、伋所記並門人先後集附之者，要之咸孔子之意也。」〔註24〕到了清代，持非僞書說的學者主要爲陳士坷，他認爲《家語》與他書互見文獻並不能成爲判斷其爲僞書的證據，他說：「予觀周末漢初諸子，其稱述孔子之言類多彼此互見，損益成文，甚至有問答之詞，主名各別，如南華重言之比，而溢美溢惡，時時有之，然其書並行，至於今不廢，何獨於是編而疑之也。」〔註25〕爲了證明此書非僞，陳士坷以《家語》「爲綱，而互見與他書者，仍用大字書之，以附其後」〔註26〕，以此來標明先秦互見文獻存在的普遍狀況。

至 20 世紀 70 年代，河北定縣八角廊漢墓和安徽阜陽漢簡出土了一些和今本《家語》內容相同的材料，《家語》非僞書說的觀點開始深入人心。龐樸、

〔註21〕王柏《魯齋集》卷九《家語考》，影印文淵閣《四庫全書》本。

〔註22〕永瑢等：《四庫全書總目》卷九十一，北京：中華書局，1965 年，第 772 頁。

〔註23〕黎靖德：《朱子語錄》，北京：中華書局，1986 年，第 3252 頁。

〔註24〕黃魯曾：《孔子家語後序》，載王肅注《孔子家語》，上海：上海古籍出版社，1990 年，第 123 頁。

〔註25〕陳士坷：《孔子家語疏證序》，影印商務印書館 1940 年版，上海：上海書店，1987 年，第 1 頁。

〔註26〕同上。

李學勤、胡平生在對傳世文獻與出土文獻進行比較研究後，都相信《家語》乃先秦舊籍。當然，面對新的出土文獻，一些學者依然持有異議，何直剛認爲《家語》的文字差別也比其它各書都大，其真僞還可以探討〔註 27〕。李傳軍認爲「今本《家語》的確爲王肅所撰輯的一部著作……從資料的來源來看，現存《家語》的材料基本上來自於以《說苑》、《禮記》、《外傳》爲主的已有文獻」〔註 28〕。

　　《家語》「僞書說」的討論還未結束，細緻比較《說苑》與《家語》互見文獻中的文字差異，促進對二書關係的進一步認識還有必要，特別是同時載有《說苑》與《家語》文字的出土文獻的整理出版，更可以給認識二書的關係提供新的視角。

二、《說苑》中孔氏文獻引自古本《孔子家語》

　　現存本《家語》是王肅注本《家語》，其真僞未定，很難深入研究此書與它書的文獻關係。因此，在探討《說苑》與《家語》的文獻關係時，需要重新關注《漢志》著錄《家語》。此書在《漢志》著錄，應經過劉向整理，真實性無可置疑。但直至王肅爲之作注之前，此書較少有文獻記載，多數學者認爲已經亡佚。毫無置疑，不管王肅注《家語》是僞造此書還是真僞參半或者是真正的《家語》。其與《漢志》著錄《家語》都應該有著很深的淵源，因此，研究《說苑》與《家語》的關係，應該從《漢志》著錄《家語》開始，爲了研究的方便，本文將前者稱爲古本《家語》，後者稱爲今本《家語》。

　　如果假定今本《家語》爲僞書，集中記載孔氏文獻的書除了《論語》、古本《家語》外，就應該算是《說苑》了。《論語》的記載有限，古本《家語》無從可見，《說苑》的孔氏文獻應該有著極高的研究價值。但是《說苑》中的孔氏文獻從何而來？

　　首先要肯定的是，《說苑》的孔氏文獻不是來自今本《家語》。上一節二書互見文獻比較中已經得出結論，即二書互見文獻雖然屬於同一文本系統，但敘述方式有差異。主要表現爲《家語》在《說苑》文字上添加過渡句、散句變爲對仗句、重組文獻等，這一些充分證明今本《家語》的成書時間晚於《說苑》。如果從傳世文獻來看《說苑》中孔氏文獻的來源。應該說，《說苑》

〔註 27〕何直剛：《〈儒家者言〉略說》，《文物》，1981 年第 8 期。
〔註 28〕李傳軍：《〈孔子家語〉辨疑》，《孔子研究》，2004 年第 2 期。

沒有抄錄周秦至漢文獻典籍中零散的孔氏文獻，因為此書中文獻大多與之不同，有的甚至僅見於《說苑》。因此最有可能來自集中記載孔氏文獻的某一典籍。《漢志‧六藝略》「論語類」收錄了此類書籍，其中分別有《論語》以及治《論語》的傳本、《議奏》十八篇、《家語》二十七卷、《孔子三朝》七篇、《孔子徒人圖法》二卷等，《議奏》與《論語》相關。《孔子三朝》內容是孔子見哀公，劉向《別錄》云：「孔子三見哀公，作《三朝記》七篇，今在《大戴記》。」〔註29〕《孔子徒人圖法》應該是孔子弟子的圖象。張舜徽云：「《武梁祠堂畫像》，所圖皆古帝王、忠臣、義士、孝子、賢婦之屬，合百六十有二人，有標題者八十七人。孔門雖有曾、閔、子路之事在其中，要不可謂為《孔子徒人圖法》之遺制也。」〔註30〕這些書籍與《說苑》中孔氏文獻明顯有別。因此，最有可能的來源是古本《家語》。

當然，古本《家語》已經亡佚，無法將它與《說苑》進行文字比較，但定縣八角廊漢簡《儒家者言》與阜陽雙古堆一號木牘等出土文獻卻讓我們從另一角度去看孔氏文獻的傳播。這兩類出土文獻記載了大量的孔子及其弟子的言行，文獻的篇幅短小，多為孔子的名言或者孔子與弟子、國君的簡短對話，形態與《說苑》相似。從文字上來看，出土文獻與《說苑》也最相近〔註31〕，這兩種出土文獻可能就是《說苑》的文獻來源。這兩種出土文獻是什麼書籍？從整理者的命名可以看出其態度。定縣八角廊漢簡命名為《儒家者言》，此名見於《漢志》中《諸子略》「儒家類」著錄《儒家言》十八篇，原注「不知作者」。除了《儒家言》，《漢志》還有《道家言》、《法家言》、《雜家言》等著作，張舜徽云：「皆古人讀諸子書時撮鈔群言之作也。」〔註32〕「儒家類」收錄作品很多，有《晏子》、《子思》、《曾子》等五十三家八百三十六篇，定縣漢簡的確記錄的是這些書中零散的材料，整理者命名顯然很審慎，接著，阜陽雙古堆一號木牘也被命名為《儒家者言》〔註33〕。當然，還

〔註29〕張舜徽：《漢書藝文志通釋》，武漢：華中師範大學出版社，2004年，第239頁。
〔註30〕同上，第240頁。
〔註31〕見出土文獻章節的分析。
〔註32〕張舜徽：《漢書藝文志通釋》，武漢：華中師範大學出版社，2004年，第277頁。
〔註33〕韓自強、劉海超、韓朝：《西漢汝陰侯一號木牘〈儒家者言〉章題釋文》，「百年來簡帛發現與研究暨長沙吳簡國際學術研討會」提交論文，2001年8月。

有不同的觀點，李學勤就認爲定縣漢簡即爲竹簡本《家語》（古本《家語》）
〔註34〕，這眞是遠見卓識。定縣八角廊漢簡中有二十七章，眞正記載孔子言
行的僅十四章，其餘的章節中有的記載齊桓公與管仲的故事，有的記載晏
子、曾子的言行，有的見於《論語》，還有兩條爲周文王的事迹，雜亂無章，
類似材料的薈萃，似乎定爲《儒家者言》比《家語》更合適。然而，阜陽雙
古堆一號木牘章題中記載的絕大多數與孔子及其弟子言行有關，而且其中還
有定縣漢簡《儒家者言》中的內容，二號木牘則記載的是諸國事，比起定縣
漢簡來，二者條理分明，毫不參雜。從這可以看出，孔安國云《家語》乃
「孔子之語及諸國事七十二弟子之言」之語的確言之有據。定縣八角廊漢簡
與阜陽雙古堆一號木牘應該是古本《家語》的原始形態。「《家語》最初本
不是一部獨立的書，而是和『諸國事、七十二弟子之言』混在一起的，所以
從性質上說應該屬於《說苑》一類的『說』類材料」〔註35〕。這些材料在流
傳中有時內容整齊，七十二弟子之言與諸國事分開記錄，如阜陽雙古堆一
號木牘、二號木牘、殘簡《說類雜事》。有時又「妄相雜錯」，如定縣漢簡。
《儒家言》不可能出現諸國事，且《論語》類已經有《論語》、《家語》、《孔
子三朝》等專門記載孔子及其弟子言行的書，又怎麼會將如此多的孔門文獻
放進《儒家者言》。因此，李學勤認爲定縣漢簡即爲竹簡本《家語》的觀點頗
爲有理。

三、今本《孔子家語》文獻並非引自《說苑》

　　《說苑》中的文獻來自古本《家語》，今本《家語》與《說苑》的互見文
獻又來自何處？如果說來自《說苑》，的確難以反駁。畢竟《家語》中有 103
條文獻見於《說苑》，而且有的文獻僅見於此書，不見於它書。而且，將《說
苑》與定縣八角廊漢簡《儒家者言》、阜陽雙古堆一號木牘、《家語》進行文
字比較，更可以發現《說苑》與《家語》之間深厚的文獻淵源。例如：

　　例1：

　　　《儒家者言》〔註36〕第二章：□其言爲人下者其猶土乎　　930

〔註34〕李學勤：《竹簡〈家語〉與漢魏孔氏家學》，《孔子研究》，1987 年第 2 期。
〔註35〕寧鎮疆：《八角廊漢簡〈儒家者言〉與〈孔子家語〉相關章次疏證》，《古籍整
　　　　理研究學刊》，2004 年第 5 期。
〔註36〕《儒家者言》文字參見定縣漢墓竹簡整理組編寫的《〈儒家者言〉釋文》（《文
　　　　物》，1981 年第 8 期，第 13 頁）。

《說苑》2・20 章：多其功而不言爲人下者其猶土乎

《家語・困誓》：多其功而不意，宏其志而無不容，爲人下者以此也

例 2：

《儒家者言》第六章：□漁者曰 天暑而得 弓 〔□之不□□〕 760

《說苑》5・20 章：獻魚者曰：「天暑市遠，賣之不售

《家語・致思》：魚者曰：「天暑市遠，無所鬻也

例 3：

《儒家者言》第十三章：君子道四強於行弱於辭□ 965

《說苑》17・30 章：孔子曰：「回，若有君子之道四：強於行己，弱於受諫。

《家語・六本》：孔子曰：「回有君子之道四焉，強於行義，弱於受諫。

例 4：

「一號木牘」〔註37〕第四章：孔子之匡

《說苑》17・19 章：孔子之宋，匡簡子將殺陽虎

《家語・困誓》：孔子之宋，匡人簡子以甲士圍之，

例 5：

「一號木牘」第十五章：孔子曰丘死商益

《說苑》17・32 章：孔子曰：「丘死之後，商也日益，賜也日損。」

《家語・六本》：孔子曰：「吾死之後，則商也日益，賜也日損。」

例 6：

「一號木牘」第二十四章：子曰自季宣子□我

《說苑》17・6 章：孔子曰：「自季孫之賜我千鍾而友益親。」

《家語・致思》：孔子曰：「季孫之賜我千鍾而交益親。」

　　從上面比較可知，《家語》與《說苑》的文字更相同。如例 1 中《說苑》將《儒家者言》中的「其言」擴展爲「多其功而不言」，《家語》也改爲「多其功而不意」。雖然「言」與「意」有別，但文字改動明顯參照了《說苑》。例 2、例 3 也同樣如此，例 2 中《儒家者言》的「天暑而得 弓 」在《說苑》《家語》中改爲「天暑市遠」，例 3 中《儒家者言》的「強於行弱於辭」在《說苑》

〔註37〕一號木牘文字參見胡平生撰《阜陽雙古堆漢簡與〈孔子家語〉》（《國學研究》第七卷，北京：北京大學出版社，2000 年）。

中改爲「強於行己，弱於受諫」，在《家語》中改爲「強於行義，弱於受諫」，改動基本一致。與一號木牘比較也同樣如此。如《一號木牘》第四章「孔子之匡」，《說苑》《家語》則改爲「孔子之宋」，第十五章「孔子曰丘死商益」分別改爲「丘死之後，商也日益」與「吾死之後，則商也日益」，第二十四章「子曰自季宣子□我」則改爲「季孫之賜我」。《家語》與《說苑》文獻關係如此深厚，《家語》引用《說苑》文獻的推測應該可以成立。

事實上，《家語》的某些文獻比《說苑》更爲古樸，例如：

例 1：

《儒家者言》第三章：者參得罪夫 ‖ 子 ‖ 得毋病乎<u>退而就</u>　　611～1853

《說苑》3・7 章：曩者參得罪於大人，大人用力教參，得無疾乎？<u>退屏</u>，鼓琴而歌

《家語・六本》：向也參得罪於大人，大人用力教參，得無疾乎？」<u>退而就</u>

例 2：

《儒家者言》第三章：□怒立壹不去殺身以□父□　　2487

《說苑》3・7 章：怒立體而不去殺身以陷父不義

《家語・六本》：怒，<u>殪</u>而不避既身死而陷父於不義

例 3：

《儒家者言》第七章：閒處　嘳然歡曰銅鞮柏□　　1123

《說苑》8・21 章：孔子閒居，嘳然而歡曰：「銅鞮伯華而無死。」

《家語・賢君》：孔子<u>閒處</u>，嘳然而歡曰：「向使銅鞮伯華無死。」

從上面比較可知，《家語》中的某些文字更接近《儒家者言》，比《說苑》更古樸。例 1《家語》中「退而就」與《儒家者言》相同，《說苑》卻改爲「退屏」，例 2《家語》中「殪」與《儒家者言》「壹」更爲接近，《說苑》中的「體」卻相差甚遠，例 3《家語》與《儒家者言》都爲「閒處」，《說苑》卻改爲「閒居」。因此，如果說《家語》引用《說苑》中的文獻，這些比《說苑》更古樸的文字就無法解釋。

四、今本《家語》文獻來自古本《孔子家語》，是魏晉孔氏家學的產物

上文已經分析，雖然今本《家語》與《說苑》互見文獻的文字基本相同，

而且跟出土文獻相比，《說苑》與《家語》的文字也更加接近。但《家語》中一些比《說苑》更原始的文字，使我們只能謹慎地作出《家語》與《說苑》中的互見文獻並非來自《說苑》的判斷。今本《家語》文獻來自何處？本文首先做一個假設，即今本《家語》文獻來自《儒家者言》和一號木牘。但又會出現矛盾。前面的文字比較已經顯示，《家語》的文字更接近《說苑》，其文字變動也是以《說苑》文字爲基礎。寧鎮疆就認爲《說苑》與八角廊漢簡《儒家者言》更接近，後者「最能證明的其實是《說苑》的價值，而非今本《家語》」〔註38〕。「在出土材料、《說苑》、《家語》三類文獻中，往往存在著出土文獻——《說苑》——《家語》這樣章句結構梯次演進的序列。」〔註39〕例如《儒家者言》第八章「〔之爲人也多〕言多過多事多患也」在《說苑》10‧24章中改爲「無多言，多言多敗；無多事，多事多患。安樂必戒，無行所悔」兩句，《儒家者言》中「多言多過多事多患」簡單的八個字，在《說苑》中擴展爲十七字的對仗句，文句變得朗朗上口，具有韻律美。《家語》則與《說苑》文字完全一樣。《儒家者言》第十二章「子止之曰何〔仁義之不意□□〕」之「不意□□」，在《說苑》中變成「不免俗也」，大意是「爲什麼仁義之人這樣不能免俗呢？」〔註40〕改動後的語句變得更加通順。《家語》則在《說苑》文字基礎上，改變句式爲「孔子止之曰：「惡有修仁義而不免世俗之惡者？」」「不免俗也」添加文字變爲「不免世俗之惡者」。

　　造成《說苑》與出土文獻文字上同中有異的原因何在？一種解釋是《說苑》在引用出土文獻時進行了文字增飾。這種可能性不大。如果《說苑》在引用時進行文字修改，這些進行文字修改後的孔氏文獻僅爲《說苑》所有，那麼《家語》的文獻一定出自《說苑》。這樣《家語》中的原始文字便無法解釋。還有一種解釋是出土文獻爲古本《家語》的原始形態。《說苑》引用的是經過劉向校對後的古本《家語》。此說有一定的道理，《儒家者言》與阜陽雙古堆一號二號木牘。前者爲漢宣帝時隨葬品，後者是漢初的隨葬品，劉向整理古書是在漢成帝時期，時間相差較遠。《說苑》是劉向在校書期間編撰的

〔註38〕 寧鎮疆：《八角廊漢簡〈儒家者言〉與〈孔子家語〉相關章次疏證》，《古籍整理研究學刊》，2004 年第 5 期。

〔註39〕 寧鎮疆：《〈家語〉的「層累」形成考論——阜陽雙古堆一號木牘所見章題與今本〈家語〉之比較》，《齊魯學刊》，2007 年第 3 期。

〔註40〕 王瑛、王天海譯注：《說苑全譯》，貴陽：貴州人民出版社，1992 年，第 731頁。

書籍，引用整理後的古本《家語》可能性更大。同時，今本《家語》與《說苑》的互見文獻也並非來自《說苑》，而是古本《家語》。今本《家語》在批判爲僞書後，能一直廣泛傳播，對後世產生重要影響，證明其並非空穴來風。今本《家語》正是從《儒家者言》與阜陽雙古堆一號二號木牘等記載的「諸國事及七十二子辭妄相錯雜」的文獻到劉向所校對的古本《家語》，再形成今本《家語》。因此，《說苑》與今本《家語》的互見文獻都來自古本《家語》。

但是，今本《家語》與古本《家語》在形態上已經完全不同。從其姊妹篇《論語》、出土文獻《儒家者言》與阜陽雙古堆一號二號木牘、《說苑》中孔氏文獻，我們可以推測古本《家語》也應該是篇幅短小的對話體。但今本《家語》敘述具體豐富，文字優美，句式多變，整個篇章結構完整系統。這些說明今本《家語》「已遠不是相對原始的初級文獻，它是後人大規模、系統整理之後的產物」〔註41〕。

此外，今本《家語》中的孔氏文獻同時見於《說苑》、《荀子》、《毛傳》、《左傳》等書時，往往與《荀子》、《左傳》、《毛傳》更加相同，而與《說苑》文字疏遠，表現出整理者尊崇儒家經典的心理。經過不完全統計，有 6 章文獻與 6 條文句。現列表如下：

《說苑》、《孔子家語》以及其它文獻對照表

《說苑》	《孔子家語》	其它文獻
1‧11 虞人與芮人質其成於文王。入文王之境，則見其人民之讓爲士大夫，入其國，則見其士大夫讓爲公卿。二國者相謂曰：「其人民讓爲士大夫，其士大夫讓爲公卿，然則此其君亦讓以天下而不居矣。」二國者未見文王之身而讓其所爭以爲閒田而反。孔子曰：「大哉文王之道乎，其不可加矣！不動而變，無爲而成，敬愼恭已而虞芮自平。」故書曰：「惟文王之敬忌。」此之謂也。	《好生》：虞芮二國爭田而訟，連年不決，乃相謂曰：「西伯仁人也，盍往質之。」入其境，則耕者讓畔，行者讓路；入其邑，男女異路，斑白不提挈；入其朝，士讓爲大夫，大夫讓爲卿。虞芮之君曰：「嘻，吾儕小人也，不可以履君子之庭。」遂自相與而退，咸以所爭之田爲閒田矣。」孔子曰：「以此觀之，文王之道其不可加焉，不令而從，不教而聽，至矣哉！」	《詩經‧大雅‧綿》毛傳：虞、芮之君，相與爭田，久而不平，乃相謂曰：「西伯仁人也，盍往質焉。」乃相與朝周。入其境，則耕者讓畔，行者讓路，入其邑，男女異路，斑白不提挈；入其朝，士讓爲大夫，大夫讓爲卿，二國之君，感而相謂曰：「我等小人，不可以履君子之庭。」乃相讓以其所爭田爲閒田而退，天下聞之而歸者四十餘國。

〔註41〕 寧鎮疆：《八角廊漢簡〈儒家者言〉與〈孔子家語〉相關章次疏證》，《古籍整理研究學刊》，2004 年第 5 期。

3‧30 楚昭王有疾，卜之曰：「河為祟，」大夫請用三牲焉，王曰：「止，古者先王，割地制土，祭不過望，江漢睢漳楚之望也，禍福之至，不是過也，不穀雖不德，河非所獲罪也。」遂不祭焉，仲尼聞之曰：「昭王可謂知天道矣，其不失國宜哉。」	《正論解》：楚昭王有疾，卜曰：「河神為祟，」王弗祭，大夫請祭諸郊，王曰：「三代命祀，祭不越望，江、漢、沮、漳楚之望也，禍福之至，不是過也，不穀雖不德，河非所獲罪也。」遂不祭，仲尼聞之曰：「楚昭王知大道矣，其不失國也宜哉。」	《左傳‧哀公六年》：初，昭王有疾，卜之曰：「河為祟，」王弗祭，大夫請祭諸郊，王曰：「三代命祀，祭不越望。江、漢、睢、漳，楚之望也，禍福之至，不是過也，不穀雖不德，河非所獲罪也。」遂弗祭，孔子聞之曰：「楚昭王知大道也，其不失國也，宜哉。」
2‧20 子貢問孔子曰：「賜為人下而未知所以為人下之道也？」孔子曰：「為人下者其猶土乎？種之則五穀生焉，掘之則甘泉出焉，草木植焉，禽獸育焉，生人立焉，死人入焉，多其功而不言，為人下者其猶土乎？」	《困誓》：子貢問於孔子曰：「賜既為人下矣，而未知為人下之道，敢問之？」孔子曰：「為人下者其猶土乎？種之則五穀生焉，汩之之深則出泉，樹其壞，則百穀滋焉，草木植焉，禽獸育焉，生則出焉，死則入焉，多其功而不意，宏其志而無不容，為人下者以此也。」	《荀子‧堯問》：子貢問於孔子曰：「賜為人下而未知也？」孔子曰：「為人下乎？其猶土乎？深抇之而得甘泉焉，樹之則五穀蕃焉，草木植焉，禽獸育焉，生則立焉，死則入焉，多其功而不德，為人下者其猶土也。」
7‧11 魯有父子訟者，康子曰殺之。孔子曰未可殺也，夫民不知子父訟之不善者久矣，是則上過也，上有道，是人亡矣。康子曰：「夫治民以孝為本，今殺一人以戮不孝，不亦可乎？」孔子曰：「不孝而誅之，是虐殺不辜也。三軍大敗，不可誅也；獄訟不治，不可刑也。上陳之教而先服之，則百姓從風矣。躬行不從，而後俟之以刑，則民知罪矣。夫一仞之牆民不能踰；百仞之山，童子升而遊焉，陵遲故也。今是仁義之陵遲久矣，能謂民弗踰乎？詩曰：『俾民不迷。』昔者君子導其百姓不使迷，是以威屬而不至，刑錯而不用也。」於是訟者聞之，乃請無訟。	《始誅》：孔子為魯大司寇，有父子訟者，夫子同狴執之，三月不別，其父請止，夫子赦之焉。季孫聞之不悅曰：「司寇欺余，曩告余曰：『國家必先以孝，余今戮一不孝以教民孝，不亦可乎？而又赦，何哉？』」冉有以告孔子，子喟然歎曰：「嗚呼，上失其道而殺其下，非理也。不教以孝而聽其獄，是殺不辜。三軍大敗，不可斬也；獄犴不治，不可刑也。何者？上教之不行，罪不在民故也。夫慢令謹誅，賊也，征斂無時，暴也；不試責成，虐也。政無此三者，然後刑可即也。書云：「義刑義殺，勿庸以即汝心，惟曰未有慎事。」言必教而後刑也。既陳道德以先服之而猶不可，尚賢以勸之，又不可，即廢之，又不可而後以威憚之，若是三年而百姓正矣。其有邪民不從化者，然後待之以刑，則民咸知罪矣。詩云：『天子是毗，俾民不迷。』是以威屬而不試，刑錯而不用。今世則不然，亂其教，繁其刑，使	《荀子‧宥坐》：孔子為魯司寇，有父子訟者，孔子拘之，三月不別，其父請止，孔子舍之。季孫聞之不悅曰：「是老也欺予。語予曰：『為國家必以孝，今殺一人以戮不孝，又舍之。』」冉子以告，孔子慨然歎曰：「嗚呼，上失之下殺之，其可乎？不教其民而聽其獄，殺不辜也。三軍大敗不可斬也，獄犴不治不可刑也，罪不在民故也。嫚令謹誅，賊也；今有時，斂也；無時，暴也；不教而責成功，虐也；已此三者，然後刑可即也。書曰：『義刑義殺，勿庸以即，予維曰未有順事。』言先教也。故先王既陳之以道，上先服之。若不可，尚賢以綦之，若不可，廢不能以單之，綦三年而百姓往矣，邪民不從，然後俟之以刑，則民知罪矣。詩曰：『尹氏大師，維周之氐，秉國之均，四方是維，天子是庳，卑民不迷。』是以威屬而不試，刑錯而不用，此之謂也。今之世則不然，亂其教，繁其刑，其民迷惑而

	民迷惑而陷焉，又從而制之。故刑彌繁而盜不勝也。夫三尺之限，空車不能登者，何哉？峻故也；百仞之山，重載陟焉，何哉？陵遲故也。今世俗之陵遲久矣，雖有刑法民能勿踰乎。	墮焉，則從而制之。是以刑彌繁而邪不勝，三尺之岸，而虛車不能登也；百仞之山，任負車登焉，何則？陵遲故也。數仞之牆而民不踰也，百仞之山而豎子馮而遊焉，陵遲故也。今夫世之陵遲亦久矣，而能使民勿踰乎？詩曰：『周道如砥，其直如矢，君子所履，小人所視，眷焉顧之，潛然出涕。』豈不哀哉。」
10‧4 孔子觀於周廟而有欹器焉，孔子問守廟者曰：「此為何器？」對曰：「蓋為右坐之器。」孔子曰：「吾聞右坐之器，滿則覆，虛則欹，中則正，有之乎？對曰：「然。」孔子使子路取水而試之。滿則覆，中則正，虛則欹，孔子喟然歎曰：「嗚呼，惡有滿而不覆者哉？」子路曰：「敢問持滿有道乎？」孔子曰：「持滿之道，挹而損之。」子路曰：「損之有道乎？」孔子曰：「高而能下，滿而能虛，富而能儉，貴而能卑，智而能愚，勇而能怯，辯而能訥，博而能淺，明而能闇，是謂損而不極，能行此道唯至德者及之。易曰：「不損而益之，故損自損而終故益。」	《始誅》：孔子觀於魯桓公之廟，有欹器焉。夫子問於守廟者曰：「此謂何器？」對曰：「此蓋為宥坐之器。」孔子曰：「吾聞宥坐之器，虛則欹，中則正，滿則覆，明君以為至誡，故常置於坐側。」顧謂弟子曰：「試注水焉。」乃注之水。中則正，滿則覆，夫子喟然歎曰：「嗚呼，夫物惡有滿而不覆哉。」子路進曰：「敢問持滿有道乎？」子曰：「聰明睿知，守之以愚；功被天下，守之以讓；勇力振世，守之以怯；富有四海，守之以謙，此所謂損之又損之之道也。」	《荀子‧宥坐》：孔子觀於魯桓公之廟，有欹器焉。孔子問於守廟者曰：「此為何器？」守廟者曰：「此蓋為宥坐之器。」孔子曰：「吾聞宥坐之器者，虛則欹，中則正，滿則覆。」孔子顧謂弟子曰：「注水焉。」弟子挹水而注之，中而正，滿而覆，虛而欹。孔子喟然而歎曰：「吁，惡有滿而不覆者哉。」子路曰：「敢問持滿有道乎？」孔子曰：「聰明聖知，守之以愚；功被天下，守之以讓；勇力撫世，守之以怯；富有四海，守之以謙，此所謂挹而損之之道也。」
10‧47 子貢問曰：「君子見大水必觀焉，何也？」孔子曰：「夫水者君子比德焉，遍予而無私，似德；所及者生，似仁；其流卑下句倨，皆循其理，似義；淺者流行，深者不測，似智；其赴百仞之谷不疑，似勇；綿弱而微達，似察；受惡不讓，似包蒙；不清以入鮮潔以出，似善化；至量必平，似正，盈不求概，似度，其萬折必東，似意，是以君子見大水觀焉爾也。」	《三恕》：孔子觀於東流之水。子貢問曰：「君子所見大水必觀焉，何也？」孔子曰：「以其不息且遍與諸生而不為也。夫水似乎德，其流也則卑下，倨邑必循其理，此似義；浩浩乎無屈盡之期，此似道；流行赴百仞之嵠而不懼，此似勇；至量必平之，此似法；盛而不求概，此似正；綽約微達，此似察；發源必東，此似志；以出以入萬物就以化絜，此似善化也，水之德有若此，是故君子見必觀焉。	《荀子‧宥坐》：孔子觀於東流之水。子貢問於孔子曰：「君子之所以見大水必觀焉者，是何？」孔子曰：「夫水大徧與諸生而無為也，似德；其流也埤下，裾拘必循其理，似義；其洸洸乎不淈盡，似道；若有決行之，其應佚若聲；向其赴百仞之谷不懼，似勇；主量必平，似法；盈不求概，似正；淖約微達，似察；以出以入以就鮮絜，似善化；其萬折也必東，似志，是故君子見大水必觀焉。

《說苑》、《孔子家語》以及其它文獻中文句對照表

《說苑》	《孔子家語》	其它文獻1	其它文獻2
2·20 孔子曰:「為人下者其猶土乎?種之則五穀生焉,掘之則甘泉出焉	《困誓》:汨之深則出泉,樹其壤,則百穀滋焉	《荀子·堯問》:深汨之而得甘泉焉,樹之則五穀蕃焉	《外傳》卷七:夫土者掘之得甘泉焉樹之得五穀焉
2·20 禽獸育焉生人立焉死人入焉多	《困誓》:禽獸育焉,生則出焉,死則入焉。多	《荀子·堯問》:禽獸育焉,生則立焉,死則入焉。多	《外傳》卷七:生則立焉,死則入焉。
8·11 孔子曰:「拑者大給利,不可盡用;健者必欲兼人,不可以為法也;口銳者多誕而寡信後恐不驗也夫弓矢和調而後求其中焉馬愨願順然後求其良材焉人必忠信重厚然後求其知能焉今人有不忠信厚重而多知能如此人者譬猶豺狼與不可以身近也。	《五儀解》:孔子對曰:「事任於官,無取捷捷,無取鉗鉗,無取啍啍。捷捷,貪也;鉗鉗,亂也;啍啍,誕也。故弓調而後求勁焉,馬服而後求良焉,士必愨然後求智慧者,不愨而多能,譬之豺狼不可邇。	《荀子·哀公》:孔子對曰:「無取健,無取詌,無取口啍。健,貪也;詌,亂也;口啍,誕也。故弓調而後求勁焉,馬服後求良焉,士信愨而後求知能焉,士不信愨而有多知能,譬之其豺狼也不可以身爾。	《外傳》卷四:孔子曰:「無取健,無取佞,無取口讒。健,驕也;佞諂也;讒誕也;故弓調然後求勁焉,馬服然後求良焉,士信愨而後求知焉,士不信焉又多知,譬之豺狼,其難以身近也。
10·4 孔子曰:「高而能下,滿而能虛,富而能儉,貴而能卑,智而能愚,勇而能怯,辯而能訥,博而能淺,明而能闇,是謂損而不極,能行此道唯至德者及之。	《三恕》:子曰:「聰明睿知守之以愚,功被天下守之以讓,勇力振世守之以法,富有四海守之以謙,此所謂損之又損之之道也。」	《荀子·宥坐》:孔子曰:「聰明聖知守之以愚,功被天下守之以讓,勇力撫世守之以怯,富有四海守之以謙,此所謂挹而損之之道也。」	
13·3 君子重傷其類者也	《困誓》:君子重違傷其類者也	《史記·孔子世家》:君子重諱傷其類者也	
15·27 昔者湯誅蠋沐,太公誅潘址,管仲誅史附裏,子產誅鄧析,此四子未有不誅也,	《始誅》:夫殷湯誅尹諧,文王誅潘正,周公誅管蔡,太公誅華士,管仲誅付乙,子產誅史何,凡此七子,皆異世而同誅者,	《荀子·宥坐》:是以湯誅尹諧,文王誅潘止,周公誅管叔,太公誅華仕,管仲誅付里乙,子產誅鄧析、史付,此七子者,皆異世同心不可不誅也。	

　　從上表比較可知,今本《家語》中文獻在與《說苑》、《荀子》、《毛傳》、《左傳》等書籍互見時,其文字多與《荀子》、《毛傳》、《左傳》等儒家經典同。如《好生》中「虞芮二國爭田而訟」章與《詩綿毛傳》同,《正論解》「楚昭王有疾」章與《左傳·哀公六年》同,《困誓》「子貢問於孔子曰」章與《荀

子·堯問》同等等。其中,《家語》相同章數最多的是《荀子》,12 章文獻中,有 9 章與《荀子》相同,這充分證明了《荀子》的儒家經典地位。《家語》的這種尊崇儒家經典的傾向,體現了整理者希望提升《家語》的地位的內心願望。這表明《家語》的重組、加工是以孔安國爲代表的孔氏後人所爲。而「《家語》一書的出現應該是漢世儒家經學興盛的必然產物。孔安國對《家語》的整理原則和重組的標準,都代表了經學特別是孔子地位隆升時代的價值取向」〔註 42〕。以上的分析表明,今本《家語》不是僞書,而是以古本《家語》爲基礎,經過了孔氏後人長期的、系統性的文字加工與重組,是魏晉孔氏家學的產物。

〔註 42〕寧鎮疆:《〈家語〉的「層累」形成考論——阜陽雙古堆一號木牘所見章題與今本〈家語〉之比較》,《齊魯學刊》,2007 年第 3 期。

第三章 《新序》《說苑》與《韓詩外傳》文獻研究

第一節 《新序》《說苑》引詩考

　　《外傳》是幫助理解《詩經》的傳詩著作。《詩經》是一部重要的儒家典籍，傳播廣泛，社會影響深遠。到漢代，更被奉爲儒家經典，影響著漢代的政治、社會的方方面面。此時，《詩經》的授受以及運用成爲當務之急。而《詩經》也由於傳播的地域的不同，以至於《詩經》傳本、對詩句的理解以及傳詩方法互異。《詩經》在漢前期主要分爲魯、齊、韓三家。「言《詩》於魯則申培公，於齊則轅固生，於燕則韓太傅。」〔註1〕這三家詩皆爲今文經學，均立於學官。魯、齊、韓三家詩的說詩方法有別，「魯申公爲《詩》訓故，而齊轅固、燕韓生皆爲之傳。或取《春秋》，采雜說，咸非其本義。與不得已，魯最爲近之。」〔註2〕「齊詩魏代已亡，魯詩亡於西晉。韓詩雖存，無傳之者。」〔註3〕至兩宋時期，韓詩也散佚了，三家詩至今保存較爲完整的僅有《外傳》。遺憾的是，《外傳》也並非《漢志》記錄原貌。據《漢志》著錄，韓嬰有《韓內傳》四卷、《韓外傳》六卷，但至《隋志》開始，《外傳》就由六卷增至十卷。以後的目錄著作的記錄都是十卷，書籍流傳過程中，現

〔註1〕 司馬遷：《史記》卷一百二十一《儒林列傳》，北京：中華書局，1982年，第3118頁。
〔註2〕 班固：《漢書》卷三十《藝文志》，北京：中華書局，1962年，第1708頁。
〔註3〕 魏徵等：《隋書》卷三十二《經籍志》，北京：中華書局，1973年，第918頁。

存十卷本《外傳》是在《漢志》六卷本的基礎上，經過增加卷書、重新編纂等整理工作而形成。

《外傳》與《新序》《說苑》兩本書關係非常緊密，它們之間有著大量互見文獻。據筆者統計，《新序》中《外傳》文本互見文獻有 25 條，《說苑》中有 44 條，在與二書有關的書籍中，除《家語》外，《外傳》就是相同文獻數量最多的書籍。而且《家語》主要與《說苑》有關，其文獻極少見於《新序》，因此，對於《新序》《說苑》二書來說，《外傳》應該是最重要的書籍。徐復觀先生也說：「若《新序》之三十卷未殘，則《韓傳》即全為兩書所吸收。」〔註4〕那麼，《新序》《說苑》與《外傳》的文獻比較應該是比較有意義的事。在進行文獻比較之前，首先統計《新序》《說苑》的引詩數量：

《新序》引詩表

序號	《新序》章數	《詩經》
1	1‧5	《小雅‧裳裳者華》：唯其有之，是以似之
2	1‧13	《大雅‧文王》：濟濟多士，文王以寧
3	2‧13	《召南‧鵲巢》：維鵲有巢，維鳩居之
4	3‧1	《大雅‧緜》：古公亶父，來朝走馬，率西水滸，至于岐下，爰及姜女，聿來相宇
5	3‧1	《大雅‧皇矣》：王赫斯怒，爰整其旅，以按徂旅，以篤周祐，以對于天下
6	3‧2	《商頌‧長發》：武王載斾，有□秉鉞，如火烈烈，則莫我敢曷
7	3‧3	《大雅‧緜》：辭之集矣，民之洽矣，辭之懌矣，民之莫矣
8	4‧1	《大雅‧文王》：濟濟多士，文王以寧
9	4‧2	《大雅‧文王》：濟濟多士，文王以寧
10	4‧9	《大雅‧常武》：王猶允塞，徐方既來
11	4‧10	《大雅‧烝民》：柔亦不茹，剛亦不吐，不侮鰥寡，不畏強禦
12	4‧11	《大雅‧民勞》：柔遠能邇，以定我王
13	4‧19	《小雅‧小旻》：如履薄冰。
14	4‧23	《大雅‧抑》：其惟哲人，告之話言，順德之行。

〔註 4〕徐復觀：《兩漢思想史》卷三，上海：華東師範大學出版社，2001 年，第 47 頁。

15	4・25	《大雅・常武》：王猶允塞，徐方既來。
16	4・26	《大雅・大明》：惟此文王，小心翼翼；昭事上帝，聿懷多福，厥德不回，以受方國
17	4・26	（佚詩）：我無所監，夏后及商，用亂之故，民卒流亡
18	5・1	《大雅・假樂》：不愆不忘，率由舊章
19	5・7	《大雅・抑》：有覺德行，四國順之
20	5・7	《大雅・文王有聲》：自西自東，自南自北，無思不服
21	5・11	《小雅・小宛》：各敬爾儀，天命不又
22	5・12	《鄭風・大叔于田》：執轡如組，兩驂如舞
23	5・13	《小雅・雨無正》：降喪飢饉，斬伐四國
24	5・16	《大雅・抑》：無易由言，無曰苟矣
25	5・19	《大雅・文王》：濟濟多士，文王以寧
26	5・24	《小雅・谷風》：將安將樂，棄我如遺
27	5・25	《小雅・節南山》：駕彼四牡，四牡項領
28	5・26	《魏風・碩鼠》：逝將去汝，適彼樂土，適彼樂土，爰得我所
29	5・27	《小雅・隰桑》：中心藏之，何日忘之
30	5・28	《大雅・板》：老夫灌灌，小子蹻蹻
31	5・28	《魯頌・閟宮》：壽胥與試
32	5・29	《小雅・雨無正》：聽言則對，譖言則退
33	6・7	《衛風・相鼠》：人而無禮，胡不遄死
34	7・3	《小雅・巧言》：昊天太憮，予慎無辜
35	7・8	《邶風・二子乘舟》：二子乘舟，泛泛其景，願言思子，中心養養
36	7・8	《王風・黍離》：行邁靡靡，中心搖搖，知我者謂我心憂，不知我者謂我何求，悠悠蒼天，此何人哉
37	7・16	《邶風・柏舟》：我心匪石，不可轉也；我心匪席，不可卷也
38	7・20	《鄭風・羔裘》：彼己之子，邦之司直
39	7・22	《魏風・碩鼠》：逝將去汝，適彼樂郊，適彼樂郊，誰之永號
40	7・23	《邶風・北門》：天實為之，謂之何哉
41	7・26	《邶風・北門》：已焉哉，天實為之，謂之何哉
42	7・29	《邶風・柏舟》：我心匪石，不可轉也，我心匪席，不可卷也

　　《新序》引詩42次，涉及的詩篇有30首，他們分別是《召南‧鵲巢》、《鄭風‧大叔於田》、《魏風‧碩鼠》、《衛風‧相鼠》、《邶風‧二子乘舟》、《王風‧黍離》、《邶風‧柏舟》、《鄭風‧羔裘》、《邶風‧北門》、《小雅‧裳裳者華》、《小雅‧巧言》、《大雅‧文王》、《大雅‧綿》、《大雅‧皇矣》、《大雅‧常武》、《大雅‧烝民》、《大雅‧民勞》、《小雅‧小旻》、《大雅‧抑》、《大雅‧大明》、《大雅‧假樂》、《大雅‧文王有聲》、《小雅‧小宛》、《小雅‧雨無正》、《小雅‧谷風》、《小雅‧節南山》、《小雅‧隰桑》、《大雅‧板》、《魯頌‧閟宮》、《商頌‧長發》等。

《說苑》引詩表

序號	《說苑》	《詩經》
1	1‧2	《周頌‧天作》：歧有夷之行，子孫保之
2	1‧4	《大雅‧抑》：慎爾出話，敬爾威儀，無不柔嘉
3	1‧5	《召南‧草蟲》：未見君子，憂心惙惙，亦既見止，亦既覯止，我心則悅
4	1‧8	《大雅‧民勞》：柔遠能邇，以定我王
5	1‧21	《大雅‧文王》：濟濟多士，文王以寧
6	1‧26	《大雅‧雲漢》：上下奠瘞。靡神不宗
7	1‧27	《周頌‧敬之》：弗時仔肩，示我顯德行
8	2‧17	《大雅‧蕩》：曾是莫聽，大命以傾
9	3‧1	《小雅‧黍苗》：原隰既平，泉流既清
10	3‧10	《衛風‧淇澳》：如切如磋，如琢如磨
11	3‧11	《小雅‧巷伯》：投畀豺虎，豺虎不食；投畀有北，有北不受；投畀有昊
12	3‧14	《大雅‧假樂》：不愆不忘，率由舊章
13	3‧23	《王風‧中谷有蓷》：啜其泣矣，何嗟及矣
14	3‧25	《小雅‧角弓》：人而無良，相怨一方
15	4‧2	《唐風‧椒聊》：彼其之子，碩大且篤
16	4‧3	《邶風‧柏舟》：我心匪石，不可轉也，我心匪席，不可卷也
17	4‧9	《小雅‧巷伯》：萋兮斐兮，成是貝錦。彼譖人兮，亦以太甚
18	4‧20	《大雅‧烝民》：夙夜匪懈，以事一人
19	5‧1	《召南‧甘棠》：蔽芾甘棠，勿剪勿伐，召伯所茇

20	5·2	《小雅·皇皇者華》：載馳載驅，周爰咨謀
21	5·4	《周頌·豐年》：豐年多黍多稌，亦有高廩，萬億及秭，爲酒爲醴，烝畀祖妣，以洽百禮，降福孔偕
22	5·9	《小雅·小明》：敬恭爾位，好是正直，神之聽之，介爾景福
23	5·26	《大雅·蕩》：式號式呼，俾晝作夜
24	6·4	《商頌·長發》：率禮不越
25	6·11	《周南·兔罝》：赳赳武夫，公侯干城
26	6·11	《大雅·文王》：濟濟多士，文王以寧
27	7·4	《邶風·旄邱》：何其處也？必有與也。何其久也，必有以也
28	7·11	《小雅·節南山》：俾民不迷
29	7·12	《大雅·泂酌》：愷悌君子，民之父母
30	7·19	《小雅·四月》：亂離斯瘼，爰其適歸
31	7·19	《小雅·巧言》：匪其止共，惟王之卭
32	7·19	《大雅·板》：相亂蔑資，曾莫惠我師
33	7·40	《小雅·十月之交》：彼日而蝕，於何不臧
34	8·3	佚詩：綿綿之葛，在於曠野，良弓得之，以爲絺綌。良弓不得，枯死于野
35	8·13	《大雅·板》：先民有言，詢于芻蕘
36	8·13	《周頌·絲衣》：自堂徂基，自羊及牛
37	8·26	《鄭風·野有蔓草》：野有蔓草，零露溥兮，有美一人，青揚婉兮，邂逅相遇，適我願兮
38	10·1	《小雅·小旻》：戰戰兢兢，如臨深淵，如履薄冰
39	10·2	《商頌·長發》：湯降不遲，聖敬日躋
40	10·9	《大雅·蕩》：靡不有初，鮮克有終
41	10·26	《小雅·小旻》：戰戰兢兢，如臨深淵，如履薄冰
42	10·29	《小雅·正月》：謂天蓋高，不敢不跼；謂地蓋厚，不敢不蹐
43	11·1	《大雅·抑》：無易由言，無曰苟矣
44	11·1	《大雅·板》：辭之繹矣，民之莫矣
45	11·15	《檜風·匪風》：誰能烹魚，溉之釜鬵，孰將西歸，懷之好音
46	12·2	《小雅·皇皇者華》：莘莘征夫，每懷靡及。
47	12·6	《唐風·晨風》：鴥彼晨風，郁彼北林，未見君子，憂心欽欽，如何如何，忘我實多

48	12・6	《王風・黍離》：彼黍離離，彼稷之苗，行邁靡靡，中心搖搖，知我者謂我心憂，不知我者謂我何求。悠悠蒼天，此何人哉
49	12・6	《齊風・東方未明》：東方未明，顛倒衣裳，顛之倒之，自公召之
50	12・11	《大雅・卷阿》：維君子使，媚于天子
51	13・4	佚詩：皇皇上帝，其命不忒。天之與人，必報有德
52	13・37	《大雅・文王》：自求多福
53	14・1	《大雅・大東》：周道如砥，其直如矢
54	14・1	《大雅・蕩》：疾威上帝，其命多僻
55	14・12	《邶風・谷風》：凡民有喪，匍匐救之
56	15・27	《邶風・柏舟》：憂心悄悄，慍于群小
57	16・46	《小雅・車舝》：高山仰止，景行行止
58	16・83	《大雅・抑》：白珪之玷，尚可磨也；斯言之玷，不可為也
59	17・1	《小雅・小旻》：人知其一，莫知其它
60	17・14	《邶風・雄雞》：不忮不求，何用不臧
61	17・16	《墉風・相鼠》：人而無儀，不死何為
62	17・23	《小雅・小弁》：菀彼柳斯，鳴蜩嘒嘒。有漼者淵，莞葦淠淠
63	17・24	《小雅・車舝》：高山仰止，景行行止
64	17・26	《商頌・長發》：湯降不遲，聖敬日躋
65	17・48	《魯頌・泮水》：思樂泮水，薄採其茆，魯侯戾止，在泮飲酒
66	17・48	《魯頌・閟宮》：泰山巖巖，魯侯是瞻
67	18・2	《小雅・魚麗》：物其有矣，維其時矣
68	18・12	《墉風・蝃蝀》：乃如之人，懷婚姻也，大無信也，不知命也
69	18・12	《邶風・靜女》：靜女其姝，俟我于城隅，愛而不見，搔首踟躕
70	18・12	《邶風・雄雞》：瞻彼日月，遙遙我思，道之云遠，曷云能來
71	18・14	《大雅・卷阿》：鳳皇鳴矣，于彼高岡。梧桐生矣，于彼朝陽。萋萋萋萋，雝雝喈喈
72	18・28	《大雅・板》：多將熇熇，不可救藥
73	19・1	《大雅・文王有聲》：鎬京辟廱，自西自東，自南自北，無思不服
74	19・3	《大雅・棫樸》：雕琢其章，金玉其相
75	19・5	《小雅・裳裳者華》：左之左之，君子宜之。右之右之，君子有之

76	19 · 7	《大雅 · 抑》詩曰：溫溫恭人，惟德之基
77	19 · 8	《邶風 · 旄邱》：何其處也，必有與也。何其久也，必有以也
78	19 · 9	《衛風 · 芄蘭》：芄蘭之枝，童子佩觿
79	19 · 15	《大雅 · 文王》：濟濟多士，文王以寧
80	19 · 16	《大雅 · 抑》：告爾民人，謹爾侯度，用戒不虞
81	19 · 20	《小雅 · 賓之初筵》：大侯既抗，弓矢斯張，射夫既同，獻爾發功
82	19 · 20	《魏風 · 伐檀》：不素餐兮
83	19 · 30	《大雅 · 旱麓》：莫莫葛藟，施於條枝，愷悌君子，求福不回
84	19 · 42	《大雅 · 既醉》：既醉以酒，既飽以德
85	19 · 43	《大雅 · 假樂》：威儀抑抑，德音秩秩
86	20 · 2	《曹風 · 鳲鳩》：鳲鳩在桑，其子七兮，淑人君子，其儀一兮
87	20 · 13	《小雅 · 節南山》：不恭不親，庶民不信
88	20 · 19	《小雅 · 賓之初筵》：側弁之俄，屢舞傞傞；既醉而出，並受其福；醉而不出，是謂伐德
89	20 · 19	《大雅 · 既醉》：既醉以酒，既飽以德

　　《說苑》引詩89次，涉及的詩篇有60首。它們分別是《召南 · 草蟲》、《召南 · 甘棠》、《王風 · 中谷有蓷》、《衛風 · 淇澳》、《唐風 · 椒聊》、《邶風 · 柏舟》、《邶風 · 旄邱》、《邶風 · 靜女》、《邶風 · 雄雞》、《鄭風 · 野有蔓草》、《檜風 · 匪風》、《唐風 · 晨風》、《王風 · 黍離》、《齊風 · 東方未明》、《衛風 · 芄蘭》、《曹風 · 鳲鳩》、《魏風 · 伐檀》、《大雅 · 抑》、《大雅 · 民勞》、《大雅 · 文王》、《大雅 · 雲漢》、《大雅 · 蕩》、《小雅 · 黍苗》、《小雅 · 巷伯》、《大雅 · 假樂》、《小雅 · 角弓》、《小雅 · 巷伯》、《大雅 · 烝民》、《小雅 · 皇皇者華》、《周頌 · 豐年》、《小雅 · 小明》、《小雅 · 節南山》、《小雅 · 四月》、《小雅 · 巧言》《大雅 · 板》、《小雅 · 十月之交》、《周頌 · 絲衣》、《小雅 · 小旻》、《小雅 · 正月》、《大雅 · 卷阿》、《大雅 · 大東》、《邶風 · 谷風》、《小雅 · 車舝》、《邶風 · 雄雞》、《鄘風 · 相鼠》、《小雅 · 小弁》、《魯頌 · 泮水》、《小雅 · 魚麗》、《鄘風 · 蝃蝀》、《大雅 · 卷阿》、《大雅 · 文王有聲》、《大雅 · 棫樸》、《小雅 · 裳裳者華》、《小雅 · 賓之初筵》、《大雅 · 旱麓》、《大雅 · 既醉》、《商頌 · 長發》、《周頌 · 天作》、《周頌 · 敬之》、《魯頌 · 閟宮》等。

第二節　《新序》《說苑》引詩特點分析

　　《新序》《說苑》兩書共引詩 131 次，涉及詩篇 90 首。在方法上，二書繼承了戰國以來「引詩證事」「引詩明理」的傳統，注重詩句在書本中的運用。二書這種用詩方法與漢代的詩句訓詁法有別，而與《外傳》相似。在《新序》《說苑》中，類似《外傳》先寫事或說理，最後以詩句總結的引詩占絕大多數。例如《新序》中除 3‧1 章梁惠王與孟子的對話中將寫古公亶父與周文王事迹的詩句作爲例證以及 7‧8 章展現《二子乘舟》詩背後的故事，其他的詩句都是放在文段後，作爲一件事或說理的結語，展現或深化文段的內涵。《說苑》也是一樣，89 次引詩中，只有 7 次與《外傳》略有差別。

　　第一種是當名句運用。如 5‧4 章引用《周頌‧豐年》曰：「豐年多黍多稌，亦有高廩，萬億及秭，爲酒爲醴，烝畀祖妣，以洽百禮，降福孔皆。」是爲了表達祭祀中祭品的豐盛；8‧26 章引用《鄭風‧野有蔓草》中的詩句「野有蔓草，零露漙兮，有美一人，清揚婉兮，邂逅相遇，適我願兮」，是孔子偶遇程子相贈禮品給他遭到子路批評時的辯解，其意是「大德毋踰閒，小德出入可也」。還有 12‧6 章，在魏文侯與其太子感情破裂又試圖彌補的尷尬中，詩句便成爲最好的語言。太子使者趙倉唐分別引用「鴥彼晨風，郁彼北林，未見君子，憂心欽欽，如何如何，忘我實多」、「彼黍離離，彼稷之苗，行邁靡靡，中心搖搖，知我者謂我心憂，不知我者謂我何求。悠悠蒼天，此何人哉！」兩句詩，表達太子心中的愁怨與思念。魏文侯感動之餘，賜給太子一套顛倒的衣服，並命令倉唐在雞鳴時趕到。此舉與「東方未明，顛倒衣裳，顛之倒之，自公召之」暗合，並以此來巧妙召太子回朝。這種用詩方法明顯繼承春秋戰國時用詩的風格。

　　第二種是解說詩句。7‧40 章晉侯問士文伯「彼日而蝕，於何不臧」之意，士文伯對曰：「不善政之謂也，國無政不用善，則自取謫於日月之災。」此解釋與毛詩相合，只不過這並非專門的傳詩活動。還有一種解詩是先舉詩句，然後用「傳曰」來釋意。如 5‧1 章、19‧5 章、20‧2 章等。例如：

　　　　《詩》曰：「左之左之，君子宜之。右之右之，君子有之。」傳曰：
　　　　「君子者，無所不宜也。」是故韠冕厲戒，立於廟堂之上，有司執
　　　　事，無不敬者；斬衰裳苴絰杖，立於喪次，賓客弔唁，無不哀者；
　　　　被甲纓胄，立於桴鼓之間，士卒莫不勇者。故仁足以懷百姓，勇足
　　　　以安危國，信足以結諸侯，強足以拒患難，威足以率三軍。故曰：

> 「為左亦宜，為右亦宜，為君子無不宜者。」此之謂也。（《說苑》
> 19·5 章）

其實，這幾章跟《外傳》相比，只是詩句放到了前面，它們依然是典型的傳
詩之作。因此，就《新序》《說苑》引詩方式而言，更多來自先秦引詩遺風。
在漢代傳詩著作中，二書引詩方式與《外傳》最接近，因此，《新序》《說苑》
與《外傳》的關係緊密。

第三節 《新序》《說苑》與《韓詩外傳》互見文獻 分析

一、《新序》與《韓詩外傳》互見文獻

《新序》與《外傳》中的互見文獻共計 41 章，其中有 18 章文獻僅本事
相同，文字出入較大，屬於本事互見。23 章文獻與之基本相同，屬於同一文
本系統的文本互見。現將《新序》與《外傳》文本互見文獻列表如下：

《新序》《外傳》文本互見文獻對照表

序號	《新序》	《韓詩外傳》
1	4·9 昔者趙之中牟叛	卷六：昔者趙簡子薨而未葬，而中牟叛之〔註5〕
2	4·10 楚莊王伐鄭克之	卷六：楚莊王伐鄭克之
3	4·18 桓公田	卷十：齊桓公逐白鹿
4	4·25 勇士一呼，三軍皆辟	卷六：勇士一呼，三軍皆辟
5	5·1 魯哀公問子夏日	卷五：哀公問子夏日
6	5·12 顏淵侍魯定公於臺	卷二：顏淵侍坐魯定公於臺
7	5·16 孔子侍坐於季孫	卷五：孔子侍坐於季孫
8	5·17 君子日：天子居闈闕之中	卷五：傳日：天子居廣廈之下
9	5·19 楚人有善相人	卷九：楚人有善相人
10	5·21 宋昭王出亡	卷六：昔者宋昭公出亡
11	5·24 宋玉因其友以見於楚襄王	卷七：宋玉因其友見楚襄王

〔註 5〕《外傳》中的引文出自韓嬰撰、許維遹校釋的《韓詩外傳集釋》（北京：中華
書局，1980 年版），以下皆同。

12	5・26 田饒事魯哀公而不見察	卷二：田饒事魯哀公而不見察
13	6・1 桀作瑤臺，罷民力	卷二：桀爲酒池糟堤，縱靡靡之樂
14	7・1 桀爲酒池，足以運舟	卷四：桀爲酒池，可以運舟
15	7・3 紂作炮烙之刑	卷四：紂作炮烙之刑
16	7・16 原憲居魯，環堵之室	卷一：原憲居魯，環堵之室
17	7・20 楚昭王有士曰石奢	卷二：楚昭王有士曰石奢
18	7・23 申徒狄非其世	卷一：申徒狄非其世
19	7・26 鮑焦衣弊膚見	卷一：鮑焦衣弊膚見
20	8・4 崔杼弒莊公	卷二：崔杼弒莊公
21	8・9 白公之難	卷一：楚白公之難
22	8・10 齊崔杼弒莊公也	「佚文」：崔杼弒莊公也
23	8・14 卞莊子好勇	卷十：卞莊子好勇

在這 23 章互見文獻中，又分爲二種情況：

第一、完全一致

整個文獻從內容情節到文字基本一致，沒有人爲添加或刪減的內容。僅包括文字少量的改動及句子少量的顛倒等在流傳中失眞的現象。這類互見文獻共計有 9 章：它們分別是卷四第 10 章、第 25 章；卷五第 12 章、第 24 章；卷七第 16 章、第 20 章、第 23 章、第 26 章；卷八第 4 章

第二、不完全一致

除了完全相同的文獻外，部分文獻的文字有少量改動，可以明顯看出，這些改動爲劉向人爲的增加或刪減，目的是讓文獻材料爲自己創作主旨服務。這類互見文獻共計有 14 章：它們分別是卷四第 9 章、第 18 章；卷五第 1 章、第 16 章、第 17 章、第 19 章、第 21 章、第 26 章；卷六第 1 章、卷七第 2 章、第 3 章；卷八第 9 章、第 10 章、第 14 章

二、《說苑》與《韓詩外傳》互見文獻

《說苑》與《外傳》中的互見文獻共計 73 章，其中有 29 章文獻僅本事相同，文字出入較大，屬於本事互見文獻。44 章文獻與之基本相同，屬於同一文本系統的文本互見文獻。

《說苑》與《韓詩外傳》互見文獻對照表

序號	《說苑》	《韓詩外傳》
1	1‧7 當舜之時	卷三：當舜之時
2	1‧23 明主者有三懼	卷七：孔子曰明王有三懼
3	1‧29 宋大水	卷三：傳曰宋大水
4	1‧47 司城子罕相宋	卷七：司城子罕相宋
5	2‧5 魏文侯且置相	卷三：魏文侯欲置相
6	2‧20 子貢問孔子曰	卷七：孔子閒居
7	3‧14 孔子曰：可以與言終日而不倦者	卷七：孔子曰：可與言終日而不倦者
8	3‧23 高牆豐上礎下	卷二：高牆豐上激下
9	3‧25 齊桓公問管仲曰	卷四：齊桓公問管仲曰
10	4‧2 子路曰：「不能勤苦。」	卷二：子路曰：「不能勤苦。」
11	4‧3 王子比干殺身以成其忠	卷一：王子比干殺身以成其忠
12	4‧4 楚伐陳，陳西門燔	卷一：荊伐陳，陳西門壞
13	4‧14 楚有士申鳴者	卷十：楚有士曰申鳴
14	4‧20 齊崔杼弒莊公	卷八：齊崔杼弒莊公
15	5‧9 齊桓公北伐山戎氏	卷四：齊桓公伐山戎
16	6‧3 晉文公亡時	卷三：傳曰晉文公亡時
17	7‧4 水濁則魚困	卷一：傳曰水濁則魚困
18	7‧11 魯有父子訟者	卷三：傳曰魯有父子訟者
19	7‧24 宓子賤治單父	卷二：宓子賤治單父
20	8‧9 伯牙子鼓琴	卷九：伯牙子鼓琴
21	8‧11 哀公問於孔子曰人何若而可取也	卷四：哀公取人
22	8‧12 周公攝天子位七年	卷三：周公踐天子之位七年
23	8‧13 齊桓公設庭燎	卷三：齊桓公設庭燎
24	8‧18 宗衛相齊	卷七：宋燕相齊
25	8‧26 孔子之郯	卷二：傳曰孔子遭齊程本子於郯之間
26	10‧2 昔成王封周公	卷三：成王封伯禽於魯

27	10・4 孔子觀於周廟而有欹器焉	卷三：孔子觀於周廟，有欹器焉
28	10・31 修身正行不可以不慎	卷九：修身不可不慎也
29	11・1 孫卿曰：夫談說之術	卷九：孔子曰：夫談說之術
30	13・2 趙王遣使者之楚	卷七：趙王使人於楚
31	17・14 聰者耳聞	卷一：傳曰聰者耳聞
32	17・16 魯哀公問於孔子曰：有智者壽乎	卷一：哀公問於孔子曰：有智者壽乎
33	17・18 孔子困於陳蔡之間	卷七：孔子困於陳蔡之間
34	17・19 孔子之宋，匡簡子將殺陽虎	卷七：孔子行，簡子將殺陽虎
35	17・24 昔者南瑕子過程本子	卷七：傳曰，南假子過程本子
36	17・26 子路盛服而見孔子	卷三：傳曰子路盛服以見孔子
37	17・48 夫智者何以樂水也	卷三：夫智者何以樂於水也
38	18・12 夫天地有合	卷一：傳曰夫天地有合
39	18・14 凡六經帝王之所著	卷八：齊凡六經帝王之所著
40	18・15 成王時有三苗貫桑而生	卷八：成王之時，有三苗貫桑而生
41	18・28 扁鵲過趙	卷十：扁鵲過虢侯
42	19・8 衣服容貌者所以悅目也	卷一：衣服容貌者所以悅目也
43	19・16 古者必有命民	卷六：古之帝王必有命民
44	19・26 齊宣王謂田過曰	卷七：齊宣王謂田過曰

在這 44 章互見文獻中，又分為二種情況：

第一、完全一致

　　整個文獻從內容情節到文字基本一致，沒有人為添加或刪減的內容。僅包括文字少量的改動及句子少量的顛倒等在流傳中失真的現象。這類互見文獻共計有 14 章：它們分別是《君道》第 29 章、《建本》第 14 章、第 25 章、《立節》第 2 章、《貴德》第 9 章、《尊賢》第 13 章、卷九第 26 章、《敬慎》第 31 章、《雜言》第 14 章、第 16 章、第 26 章、《修文》第 8 章、第 16 章、第 26 章。

第二、不完全一致

　　除了完全相同的文獻外，部分文獻的文字有少量改動，可以明顯看出，

這些改動為劉向人為的增加或刪減，目的是讓文獻材料為自己創作主旨服務。這類互見文獻共計有 30 條：它們分別是《君道》第 7 章、第 23 章、第 47 章；《臣術》第 5 章、第 20 章；《建本》第 23 章；《立節》第 3 章、第 4 章、第 14 章、第 20 章；《復恩》第 3 章；《政理》第 4 章、第 11 章、第 24 章；《尊賢》第 9 章、第 11 章、第 12 章、第 18 章、第 26 章；《敬慎》第 2 章、第 4 章；《善說》第 1 章；《奉使》第 2 章；《雜言》第 18 章、第 19 章、第 24 章、第 48 章；《辨物》第 12 章、第 14 章、第 15 章、第 28 章；卷七第 2 章、第 3 章；卷八第 9 章、第 10 章、第 14 章

三、《新序》《說苑》引用《韓詩外傳》文獻的方法

　　通過上面的文獻比較，可以發現，《外傳》是《新序》《說苑》重要的文獻來源。也就是說，《新序》《說苑》兩本書的成書都受到了《外傳》的影響。首先，《新序》《說苑》受到《外傳》的體裁影響。徐復觀說：「由先秦以及西漢，思想家表達自己的思想，概略言之，有兩種方式。一種方式，或者可以說是屬於《論語》《老子》系統。把自己的思想，主要用自己的語言表達出來，賦予概念性的說明。這是最常見的百家所用的方式。另一種方式，或者可以說屬於《春秋》的系統。把自己的思想，主要用古人的言行表達出來；通過古人的言行，作自己思想得以成立的根據。這是諸子百家用作表達的一種特殊的方式。」〔註 6〕《外傳》與《新序》《說苑》就是屬於第二種方式。這是一種以故事為主的故事體裁，「西漢著作，除了揚雄的《太玄》、《法言》外，幾無一不受此種體裁的影響，其中最突出的則是韓嬰的《外傳》。而劉向的《新序》《說苑》《列女傳》，則又是承《外傳》之風而興起的」〔註 7〕。除了與《外傳》一樣，都採取以事明義的著作方法。《新序》《說苑》也「將所述之事與《詩》結合起來，而成為事與詩的結合，實即史與詩互相證成的特殊形式」〔註 8〕。在思想內容上，《新序》《說苑》也與《外傳》多有相同，主要闡發的是君道臣術、仁民愛才、知人納諫的儒家政治思想。《新序》《說苑》大量借鑒《外傳》內容與形式的同時，也通過對結尾詩句、議論句的增刪、改動來表達不同的思想傾向。具體有以下幾種方法：

〔註 6〕徐復觀：《兩漢思想史》卷三，上海：華東師範大學出版社，2000 年，第 1 頁。
〔註 7〕同上，第 4 頁。
〔註 8〕同上，第 5 頁。

（一）引用《外傳》增加結尾句

《新序》引《外傳》增加結尾句表

《韓詩外傳》	《新序》	劉向意圖
卷六：中牟聞其義乃請降，曰：「善哉襄子之謂也。」詩曰：「王猶允塞，徐方既來。」	4．9中牟聞其義乃請降，詩曰：「王猶允塞，徐方既來。」此之謂也。襄子遂滅知氏，並代爲天下強，本由伐中牟也。	突出強調人君仁德、守信的優秀品德不僅是戰爭勝利的關鍵，而且是其成就霸業的基礎。
卷五：詩曰：「不愆不忘，率由舊章。」	5．1詩曰：「不愆不忘，率由舊章。」此之謂也。夫不學不明古道而能安國家者，未之有也。	雙重否定句，再次從安國保民的高度來論述學習的重要意義。
卷二：詩曰：「逝將去汝，適彼樂國，適彼樂國，爰得我直。」	5．26詩曰：「逝將去汝，適彼樂土，適彼樂土，爰得我所。」春秋曰：「少長於君，則君輕之，此之謂也。」	《外傳》突出田饒離開魯哀公的決心及來到合適地方的快樂心情；《新序》強調長期與君主相處，就會被君主看輕。

《說苑》引《外傳》增加結尾句表

《韓詩外傳》	《說苑》	劉向意圖
卷二：詩曰：「啜其泣矣，嗟何及矣。」	3．23詩曰：「啜其泣矣，何嗟及矣。」言不先正本而成憂於末也。	強調建本的重要性。
卷一：詩云：我心匪石，不可轉也，我心匪席，不可卷也。」此之謂也。	4．3詩云：我心匪石，不可轉也，我心匪席，不可卷也。言不失己也，能不失己然後可與濟難矣，此士君子之所以越眾也。	不能確定爲劉向所增加。
卷三：誠使周公驕而且吝，則天下賢士至者寡矣。	8．12誠使周公驕而且恡，則天下賢士至者寡矣。苟有至者則必貪而尸祿者也，尸祿之臣不能存君矣。	指斥尸祿之臣。
卷七：詩云：「高山仰止，景行行止，吾豈自比君子哉，志慕之而已矣。」	17．24詩云：「高山仰止，景行行止，吾豈敢自以爲君子哉，志向之而已。」孔子曰：「見賢思齊焉，見不賢而內自省。」	名言深化文獻主旨。
卷一：詩曰：「靜女其姝，俟我於城隅，愛而不見，搔首踟躕。」「瞻彼日月，遙遙我思，道之云遠，曷云能來！」	18．12詩曰：「靜女其姝，俟我於城隅，愛而不見，搔首踟躕。」「瞻彼日月，遙遙我思，道之云遠，曷云能來！」急時之辭也，甚焉，故稱日月也，	不能確定爲劉向所增加。
卷一：詩曰：「何其處也，必有與也；何其久也，必有以也。」	19．8詩曰：「何其處也，必有與也；何其久也，必有以也。」惟有以者，爲能長生久視而無累於物也。	不能確定爲劉向所增加。

在引用《外傳》文獻時，《新序》有 3 章文獻增加結尾句，《說苑》有 5 章文獻增加結尾句。可見，劉向較少用增加結尾句的方法來處理《外傳》的文獻。從《新序》《說苑》的文獻材料來看，劉向增加結尾句有以下兩點作用：

1. 進一步強調所引文獻的主旨

劉向增加結尾句主要作用在於進一步強調所引文獻的主旨。如《新序》4‧9 章，趙國之中牟造反，趙襄子伐中牟，戰爭中中牟城池「自壞者十堵」，趙襄子沒有乘人以危，而是「擊金而退士」，「使之城而後攻。」趙襄子的仁德感動了中牟人，於是「中牟聞其義乃請降」，趙襄子不費一兵一卒大獲全勝。文獻的主旨是突出人君仁德在戰爭中的重要作用。最後用詩句「王猶允塞，徐方既來」結尾，詩句的意思是「善戰者不陣，以德服人」，恰好點明文獻主旨。《新序》在引用此章文獻時，添加「襄子遂滅知氏，並代爲天下強，本由伐中牟也」句，將中牟之戰與趙襄子稱霸天下相連，就更加突出君主仁德是興國安邦的基礎。《新序》5‧1 章也同樣如此，在《外傳》的基礎上，添加「夫不學不明古道而能安國家者，未之有也」一句。與首句「魯哀公問子夏曰：『必學而後可以安國保民乎？』」相呼應，再次從安國保民的高度來論述學習的重要意義。《說苑》3‧23 章開篇用「高牆豐上礎下，未必崩也，流行潦至，壞必先矣；樹本淺根垓不深，未必橛也，飄風起暴雨至，拔必先矣。」兩個生活中的事例作比喻，來說明「崇仁義，尊賢臣」是君子治國的根本。但是，《外傳》中，此文獻僅引詩「啜其泣矣，何嗟及矣」就結束全文。這句詩的意思是哭泣後悔已經來不及了。這只是簡單的哀歎，並沒有用總結式的語句點出文獻的主旨，劉向增添「言不先正本而成憂於末也」句，畫龍點睛般指出了文獻的中心，又照應了《建本》篇題。

2. 改變所引文獻的主旨

通過增加結尾句來改變所引文獻的主旨，在《新序》《說苑》中僅有一章，說明劉向較少用這種方法來改變所引文獻的主旨。這一章文獻是《新序》5‧26 章。此文主要是講田饒侍奉魯哀公，但一直不能得到重用。田饒在決意離開時對魯哀公說了一番話。他用雞與鴻鵠設喻，用雞有益人尤食之；鴻鵠有害而君猶貴之之事，批評魯哀公貴遠賤近的缺點。後來田饒離開魯國，到燕國爲相，三年後，燕國國泰民安，證明田饒果眞是人才。很明顯，此故事的主旨是批評人君在選賢時，往往容易貴遠賤近，這章文獻特別符合《新序》主

旨，《新序》雜事一至雜事五的重要主題之一便是如何選賢、任賢。但《外傳》僅用詩句「逝將去汝，適彼樂國，適彼樂國，爰得我直」，詩句的意思是找到一個能發揮自己才能的好地方，這句議論顯然是針對田饒到燕國而發的感慨，燕國便是田饒的樂國。這句議論偏離了《新序》的主旨，不適合於《新序》，劉向添上「《春秋》曰：『少長於君，則君輕之，此之謂也』」，文獻的重心又落在君主貴遠賤近，適合於《新序》的主旨。

在給所引《外傳》文獻增加結尾句上，《新序》與《説苑》二書又呈現出不同的特點：

1.《新序》的結尾句比《説苑》更明確表達了劉向的思想

《新序》中所添加的結尾句，或著重強調，或更改主旨，有力地表達了劉向希望借助文獻所傳達的思想。如《新序》4‧9、5‧1、5‧26 章，分別用添加的結尾句鮮明地表達了仁義爲霸業基礎、學習能安國保民、選賢不能貴遠賤近等主題，這些也是劉向想要借《新序》所表達的思想。《新序》前五章，其文獻材料都是圍繞著人君治國、賢臣輔政等內容來安排，比如仁治天下，任賢納諫，見災修德、勇於改過等等。那麼，劉向爲什麼要通過結尾句來表達文獻的主旨呢？這與《新序》的全書結構有關。《新序》的前五章主旨雖然集中，但卻沒有明確的標題，而是用雜事一至雜事五來標目，每一篇章缺少了明確的主旨。而《説苑》就不存在這一問題，《君道》《臣術》等主旨鮮明的小標題可以統攝其中的文獻。《新序》前五章的文獻雖名雜事，但當劉向將自己的創作意圖在結尾處明確表達之後，我們就能很清楚地瞭解每一章文獻表達的思想，並對雜事一至五章形成完整的印象，而使雜事不雜。

《説苑》中增添的結尾句，就表現出與《新序》不同的特點，除了3‧23章「言不先正本而成憂於末也」與《建本》標題相映成輝，其它的結尾都很難看到劉向的明確意圖，有的甚至不能判斷是劉向所增加。如 4‧3 章，本篇標題是《立節》，強調了君子節操的可貴。此章文獻中舉了比干、尾生、伯夷、叔齊等著名的節士，又引用了孔子語和「我心匪石，不可轉也，我心匪席，不可卷也」等表達堅貞的詩句。同時文獻中還有大量關於節義的議論，已經充分表達「立節」這一主題，所以結尾句「言不失己也，能不失己，然後可與濟難矣，此士君子之所以越眾也」沒有多大的意義。其它的幾章文獻都是如此，這裏就不再一一舉例。

　　《說苑》與《新序》的區別，也是在於《說苑》與《新序》的不同結構，《說苑》二十篇，每篇都有標題，所選文獻基本上以此標題為取捨標準，文中的結尾句就不再需要點明主旨，讀者也能清楚地瞭解篇章的主旨。

　　2.《新序》的結尾句有文獻歸類的作用

　　《雜事四》第 9 章「昔者趙之中牟叛」章增加的結尾句，可以準確地斷定為劉向有意增加。在這章文獻的前第七章「昔者齊桓公與魯莊公為柯之盟」與第八章「晉文公伐原與大夫期五日」兩章中，結尾都是同樣的句式。第七章的結尾句是：「三存亡國，一繼絕世，尊事周室，九合諸侯，一匡天下，功次三王，為五伯長，本信，起乎柯之盟也。」第八章的結尾句是：「後南破強楚，尊事周室遂成霸功，上次齊桓，本信由伐原也。」將這三章文獻歸類在一起，主要是突出強調人君仁德、守信的優秀品德不僅是戰爭勝利的關鍵，而且是其成就霸業的基礎。

　　但是，《新序》用此文的用意並不在於賢士明君的際遇，重點在於揭示賢士難以為人君所瞭解的原因。因此增加了「春秋曰：『少長於君，則君輕之，此之謂也。』」意思是從小與君主長大，就會被君主所看輕。此語與田饒所說大意相同，恰當地點明了故事的主旨。在這章文獻的前後，劉向同樣安排了幾章性質類似的文獻。24 章、25 章都是宋玉不被楚襄王看重的故事，27 章是魯哀公不禮子張的故事。文獻的共同點在於列舉了幾個不被人重用的賢士的故事，但這幾章文獻的主旨卻在於賢士不被重用的各種原因，宋玉不被重用既有舉薦不力、又有環境的原因，而魯哀公不禮子張在於哀公只是表面上而不是真心熱愛賢士，田饒不被察則是因為離君主太近。

　　從上面的分析可以得知，在《新序》中引用《外傳》中文獻，劉向經常增加結尾，其原因主要是為了文獻的歸類。《雜事四》第 9 章與前面 7、8 章都是強調人君仁德、守信的優秀品德對於軍事戰爭以及治國的決定作用，《雜事五》第 1 章與第 2 章談的是學習的重要性；第 21 章與其前 20 章後 22 章都在探討人君覺悟與國家存亡的關係；第 26 章與前 24 章、25 章後 27 章的主旨在於賢士不被重用的各種原因。劉向為什麼如此安排？原因在於《新序》的結構特點。《新序》前面有五章都沒有點明主旨的明確的小標題。只是由《雜事一》至《雜事五》標目，因此，這幾篇中的文獻安排就會凌亂、無順序。劉向採用這種小範圍內文獻統一的方法，既可以使雜事不雜，也可以使這些文獻不再只是材料的堆積，而是表達作者意圖的統一體。

推測作者採用這種方法的原因是：作者將手裏的文獻材料進行整理，屬同一主題或同一性質的文獻歸爲一類，「刺奢」、「節士」、「義勇」、「善謀」類的材料比較多，劉向就將其歸爲一整篇，而有關君主修爲與戰爭乃至治國的關係、學習、人君覺悟與國家存亡關係的文獻材料較少，就只有將其歸納在一起，放在雜事篇章，形成其中的一個個小的主題。

由此可見，《新序》《説苑》雖然都在《外傳》文獻的基礎上增加了結尾句，但由於二書篇章結構的區別，這種增添有著各自的特點。《新序》由於前五章都沒有內涵明確的標題，而是用《雜事一》至五標目，而使得大部分材料處於無組織的狀態。用文獻的結尾句點明主旨，歸類材料顯得十分重要，因此，《新序》增加結尾句有著明確的意圖，我們可以確定爲劉向所增加。但《説苑》二十章都有標題，而且從第一篇《君道》到最後一篇《反質》，都體現出了劉向縝密的思考與精心布置。因此，每一章文獻的結尾句的功能相對削弱，《説苑》也不再通過增加結尾句來附加自己的意圖。我們可以說，《新序》中增加的結尾句爲劉向所爲，《説苑》卻不能肯定，而且，它更有可能是在流傳中失真。

（二）引《外傳》刪減結尾句

《新序》引《外傳》刪減結尾句表

《外傳》	《新序》	劉向意圖
卷十：扶而載之，自御以歸，薦之於廟而斷政焉。桓公之所以九合諸侯，一匡天下，不以兵車者，非獨管仲也，亦遇之於是。詩曰：「濟濟多士，文王以寧。」	4・18 扶而載之，自御以歸禮之於朝，封之以麥丘而斷政焉。	改變主旨，《外傳》爲賢士安邦，《新序》強調人君聽要善於納諫。
卷五：故獨聽不如與眾聽之聰也。獨慮不如與眾慮之工也，故明王使賢臣，輻湊並進，所以通中正而致隱居之士。詩曰：「先民有言，詢於芻蕘，此之謂也。」	5・17 故獨視不如與眾視之明也，獨聽不如與眾聽之聰也。	主旨同爲人君要善於任賢納諫，沒有刪掉理由。
卷四：君子聞之曰：「天之命矣夫。」詩曰：「昊天太憮，予慎無辜。」	7・2 君子聞之曰：「天之命矣夫。」	《外傳》歎關龍逢的無辜，《新序》贊其氣節。
卷一：君子曰：「好義乎哉，必濟矣夫。」詩云：「深則厲，淺則揭，此之謂也。」	8・9 君子曰：「好義乎哉。」	文獻已表達了「義勇」的主題，「深則厲，淺則揭」多餘。
卷十：君子曰：「三北又塞責，滅世斷宗，士節小具矣，而於孝未終也。」詩曰：「靡不有初，鮮克有終。」	8・14 君子曰：「三北又塞責，滅世斷家，於孝不終也。」	詩句「靡不有初，鮮克有終」多餘。

《說苑》引《外傳》刪減結尾句表

《外傳》	《說苑》	劉向意圖
卷三：久諭教，而有苗氏請服。天下聞之，皆薄禹義而美舜之德。詩曰：載色載笑，匪怒伊教，舜之謂也。問曰：然則禹之德不及舜乎？曰：非然也，禹之所以請伐者，欲彰舜之德也，故善則稱君，過則稱己，臣下之義也。假使禹爲君舜爲臣亦如此而已矣，夫禹可謂達乎爲人臣之大體。」	1・7 究論教焉，而有苗氏請服，天下聞之，皆非禹義而歸舜之德。	以德服眾的主旨已經完整表達。刪去多餘，使主旨集中。
卷七：此聞天下之至言而恐不能行者也。由桓公、晉文、越王句踐觀之，三懼者明君之務也，詩曰：「溫溫恭人，如集於木；惴惴小心，如臨於谷；戰戰兢兢，如履薄冰。」此言大王居人上也。	1・23 此聞天下之至言而恐不能行者也。	刪去多餘，使主旨集中。
卷七：老子曰：「魚不可脫於淵，國之利器不可以示人」詩曰：「胡爲我作，不即我謀。」	1・47 老子曰：「魚不可脫於淵，國之利器不可以借人，此之謂也。」	《外傳》批評司城子罕專權，《說苑》強調國君不能將君權讓人。
卷三：於是翟黃逡巡再拜曰：「鄙人固陋，失對於夫子。」詩曰：「明昭有周，式序在位」	2・5 於是翟黃默然變色內慚不敢出三月也。	《外傳》中強調魏文侯爲明君，善於瞭解臣子的功過。《說苑》在於說明善於舉賢是眞正的爲臣之道。
卷一：陳修門者雖眾，不能行一於此，吾故弗式也。詩曰：「憂心悄悄，慍於群小，小人成群，何足禮哉。」	4・4 今陳修門者不行一於此，丘故不爲軾也。	《外傳》內容爲對小人成群的憂心與指責，《說苑》強調節操的可敬。
卷十：行不兩全，名不兩立，悲夫！若此而生，亦何以示天下之士哉！「遂自刎而死。詩曰：「進退惟谷。」	4・14 名不可兩立，行不可兩全也，如是而生，何面目立於天下遂自殺也。	《外傳》展現申鳴進退兩難的境遇，《說苑》彰顯士節。
卷一：詩云：「何其處也，必有與也，何其久也，必有以也。」故惟其無爲，能長生久視而無累於物矣。	7・4 詩云：「何其處也，必有與也，何其久也，必有以也。此之謂也。」	《外傳》認爲無爲而治是治理的最高境界。《說苑》此句強調仁則民附，心中存善則民樂。
卷二：巫馬期則不然，弊性事情，勞煩教詔，雖治猶未至也。詩曰：「子有衣裳，弗曳弗婁；子有車馬，弗馳弗驅。」	7・24 巫馬期則不然，弊性事情，勞煩教詔，雖治猶未至也。	《外傳》主要側重於無爲而治。《說苑》強調治理的最高境界是用賢。
卷七：宋燕面有慚色，逡巡避席，曰：「是燕之過也。」詩「或以其酒，不以其漿。」	8・18 於是宗衛面有慚色，逡巡避席而謝，曰：「此衛之過也。」	刪去多餘，使主旨集中。

卷七：故君子務學，修身端行而須其時者也，子無惑焉。」詩曰：「鶴鳴於九皋，聲聞於天」	17‧18 故君子積學，修身端行，以須其時也。	《外傳》讚美君子身隱名顯，《說苑》爲君子要善於等待時機。
卷六：歌，予和若，子路歌，孔子和之，三終而罷圍。詩曰：「來遊來歌。」以陳盛德之和而無爲也」	17‧19 由歌，予和汝，子路歌，孔子和之，三終而甲罷。	主旨已表達。
卷五：周公乃敬求其所以來。詩曰：「於萬斯年，不遐有佐。」	18‧15 然後周公敬受其所以來矣。	《外傳》是君子盛德，招致遠方輔佐。《說苑》知天道，懂物理。
卷七：宣王邑悒然無以應之。詩曰：「王事靡盬，不遑將父。」	19‧26 宣王邑邑而無以應。	《外傳》強調勤於王事乃爲養父母，《說苑》爲介紹喪禮。側重的角度不同。

　　《新序》共有 5 章文獻刪減了結尾句，《說苑》共有 13 章文獻刪減結尾句。《說苑》比《新序》多。《新序》主要是刪掉《外傳》的詩句，《說苑》也以刪掉《外傳》的詩句爲主，但有時也刪掉文後的文句，《新序》《說苑》刪掉引用文獻後的結尾句，主要有以下兩個目的：

1.改變主旨

　　《新序》《說苑》是與《外傳》作者不同、成書時間不同、成書目的不同的兩類書。儘管二書成書的材料都摭拾於前人，但卻有著明確的成書目的，即成爲以儒家思想爲主導的治國修身之書。因此，《新序》《說苑》引用《外傳》中故事時，總要改變文獻主旨，使之與《新序》《說苑》的主旨相符，因此，《新序》《說苑》刪減引用文獻結尾句的目的多爲改變文獻主旨。例如：

> 水濁則魚困，令苛則民亂，城峭則必崩，岸竦則必阤，故夫治國譬若張琴，大弦急則小弦絕矣。故曰：「急轡銜者，非千里御也。」有聲之聲，不過百里；無聲之聲，延及四海。故祿過其功者損，名過其實者削，情行合而民副之，禍福不虛至矣。《詩》云：「何其處也，必有與也，何其久也，必有以也。」此之謂也。（《說苑》7‧4章）

> 傳曰：水濁則魚噞，令苛見民亂，城峭則崩，岸峭則陂，故吳起峭刑而車裂，商鞅峻法而支解。治國者譬若乎張琴然，大絃急則小絃絕矣。故急轡銜者，非千里之御也。有聲之聲，不過百里；無聲之聲，延及四海。故祿過其功者削，名過其實者損，情行合而名副

之，禍福不虛至矣。《詩》云：「何其處也，必有與也，何其久也，
必有以也。」故惟其無爲，能長生久視，而無累於物矣。（《外傳》
卷一）

比較可知，二文文字相同，唯一不同處在於：在文獻結尾處，《外傳》比《新序》多「故惟其無爲，能長生久視而無累於物矣」。因此，《外傳》中文獻重點在於強調無爲而治是治理的最高境界，賦予此章文獻以道家思想。《說苑》刪掉此句，文獻的重點就在詩句「何其處也，必有與也，何其久也，必有以也」，此詩句強調國君施苛政則民亂，施仁政則民附，二者之間緊密相聯，因此，此章文獻在《說苑》中表達的是國君要施行仁政的道理，與篇題《政理》相符。也抹掉了文獻的道家色彩，賦予其儒家內涵。

2. 刪除衍義，使主旨集中

由於《外傳》是傳詩作品，主要是採用故事類文獻來幫助對詩句的理解，因此，往往故事主旨顯豁時，對於《新序》《說苑》來說，文後詩句就成爲多餘，詩句往往被刪減。不過，這一類文獻數量較少。例如：

宗衛相齊，遇逐，罷歸舍，召門尉田饒等二十有七人而問焉，曰：
「士大夫誰能與我赴諸侯者乎？」田饒等皆伏而不對，宗衛曰：「何
士大夫之易得而難用也？」饒對曰：「非士大夫之難用也，是君不能
用也。」宗衛曰：「不能用士大夫何若？」田饒對曰：「廚中有臭
肉，則門無死士。今夫三升之稷不足於士，而君雁鶩有餘粟；紈素
綺繡，靡麗堂楯，從風而弊，而士曾不得以緣衣；果園梨栗，後宮
婦人擿以相摘，而士曾不得一嘗。且夫財者，君之所輕也；死者，
士之所重也。君不能用所輕之財，而欲使士致所重之死，豈不難乎
哉？」於是宗衛面有慚色，逡巡避席而謝，曰：「此衛之過也。」
（《說苑》8・18章）

宋燕相齊見逐，罷歸之舍，召門尉陳饒等二十六人曰：「諸大夫有能
與我赴諸侯者乎？」陳饒等皆伏而不對，宋燕曰：「悲乎哉！何士
大夫易得而難用也。」陳饒對曰：「非士大夫易得而難用也，君弗
能用也。君不能用，則有不平之心，是失之己而責諸人也。」宋
燕曰：「夫失諸己而責諸人者何？」陳饒曰：「三斗之稷不足於士，
而君雁鶩有餘粟，是君之一過也；果園梨栗後宮婦人以相提擲，士
曾不得一嘗，是君之二過也；綾紈綺穀，靡麗於堂，從風而弊，

而士曾不得以爲緣,是君之三過也。且夫財者,君之所輕也;死者,士之所重也。君不能行君之所輕,而欲使士致其所重,猶譬鉛刀畜之,而干將用之,不亦難乎?」宋燕面有慚色,逡巡避席曰:「是燕之過也。」《詩》曰:「或以其酒,不以其漿。」(《外傳》卷七)

上面兩則文獻中,《外傳》多詩句「或以其酒,不以其漿」。此詩句內涵淺,不能像「我心匪石,不可轉也;我心匪席,不可卷也」之類的詩句,在流傳中被賦予深刻的含義,能進一步深化文獻主旨,並與前面的文獻相映成輝。所以,劉向便刪去此詩句,從而使主旨更加集中。

在刪減引《外傳》文獻結尾句這一點上,《新序》《說苑》又呈現出不同的特點:

1. 刪減詩句後,《新序》文獻的主旨較少改變

《新序》刪減《外傳》文獻中詩句時,文獻的主旨較少改變。從《新序》刪減結尾句表格中可見,五章文獻中,當文獻後的詩句被刪除時,文獻的主旨基本上沒有改變。8‧9「白公之難」、8‧14「卞莊子好勇」兩章,文後的詩句顯然多餘。

8‧9章所刪詩句爲「深則厲,淺則揭」。這是《邶風‧匏有苦葉》中的詩句,意思是在渡河時,水深時就把衣服脫下,水淺時就把衣服提起。用在這裏是一種比喻,指人人都可以立節行義,膽大如晏子,對於崔杼以死相威脅,毫不退縮,被稱讚爲「彼己之子,捨命不渝」;還有中牟之田卑,面對依附佛肸則得到封地,反對佛肸則被烹死的兩難選擇,毫不猶豫地「褰衣將就鼎」,並大義凜然地說「無義而生,不仁而富,不如烹」。他們當然是當之無愧的義士,其行爲令人欽服。但膽小如莊善者,依然可以行義。雖然在赴死之前,嚇得三次跌倒在車中,卻能不以懼害公,最終自刎而死,贏得後人的尊敬。《新序》去掉此詩句,是因爲此章文獻已表達了「義勇」的主題。

8‧14章中所刪「靡不有初,鮮克有終」。詩句大意是指每一件事都能善始,但未必能夠善終。這裏是批評卞莊子雖然能力戰敵軍,挽回自己的名節,但最終卻不聽勸告,固執送死,落了個不孝之名。由於文獻已經充分表達了義勇的內涵,作爲並非傳詩著作的《新序》,就可以將之刪除。《外傳》是傳詩著作,此段故事爲的是豐富詩句的內涵,詩句是全文的落腳點,因此詩句不可缺少。其它三章文獻刪掉詩句後,主旨也沒有大的變化。

2. 刪減結尾句後，《說苑》表現出與《外傳》截然不同的態度與觀點

（1）將《外傳》文獻中道家思想轉化為儒家思想

《外傳》雖是儒家詩傳，由於是漢初作品，道家思想不免滲透書中。例如7‧4「水濁則魚困」章。《外傳》後有「故惟其無爲，能長生久視而無累於物矣」句，強調無爲而治是治理的最高境界。《說苑》刪掉此句，主題則成爲君主要以仁德來治理國家；7‧24「子賤治單父」章，主要寫宓子賤與巫馬期二人治單父之事。由於子賤善於「任人」而治，「彈鳴琴，身不下堂而單父治」，巫馬期則「以身親之」，任力而治。雖然單父也得到了較好的治理，但卻十分勞累。因此，宓子賤的任人而治的方法應該是最好的方法。《外傳》針對宓子賤「佚四肢，全耳目，平心氣」的輕鬆狀態，引出詩句「子有衣裳，弗曳弗婁；子有車馬，弗馳弗驅」來比喻其無爲的態度，並進一步提升到道家無爲而治的內涵。《說苑》刪掉此詩，就成爲任賢治國，這正是儒家的話題範圍。

（2）展現了與《外傳》不同的節操觀

《新序》《說苑》中都有關於士節的內容，其文獻多取自《外傳》。《新序》繼承了《外傳》的節操觀，但《說苑》卻通過刪改文後的議論句或詩句，表達與之不同的節操觀。

例如4‧14「楚有士申鳴者」章，文中寫了節士申鳴在忠與孝的矛盾中的兩難選擇中，最終只能以犧牲父親和自己的生命來達到忠孝兩全悲劇結局。《外傳》在文中表現的是感傷和無可奈何。最後引「進退惟谷」來做結。顯然，韓嬰也無法解決儒家忠孝兩全的要求與現實社會的矛盾。但《說苑》將此文歸入《節士》篇，刪掉了詩句「進退惟谷」，申鳴就變爲能理性思考的節士。他清楚地瞭解盡忠與盡孝的界線，當食君之祿，爲君之臣時，就必須爲國盡忠而不能顧及父親的性命。由於自己而危及父親生命時，作爲孝子又要以死相殉，這是保持忠孝兩全的正確選擇。申鳴之死，不是無奈與感傷，而是大義凜然，是重於泰山之死。

《新序》卻與之不同。在《新序》的《節士》篇中，整篇都充滿了一種感傷的情緒。對於關龍逢、王子比干以死諫君的行爲，《新序》的評語爲「君子聞之曰：『天之命矣夫』」、「詩曰：『昊天太憮，予慎無辜』」等，表達了對節士的憐惜與同情。對於申徒狄「非其世，將自投於河」的行爲，給於了更嚴厲的批評，「廉矣乎。如仁與智，吾未見也。」並再次感慨曰：「天實爲之，

謂之何哉，此之謂也。」《新序》矛盾感傷的節操觀即來自《外傳》。

（三）引《外傳》改變結尾句

《新序》引《外傳》改變結尾句表

《外傳》	《新序》	劉向意圖
卷五：論語曰：「必也正名乎。」詩曰：「君子無易由言，」言正名也。	5‧16 論語曰：「必也正名。」詩曰：「無易由言，無曰苟矣。」可不慎乎。	《外傳》強調正君臣之名，《新序》主旨為言語謹慎。
卷九：王曰：「善。」其所以任賢使能而霸天下者，殆遇之於是也。詩曰：「彼其之子，邦之彥兮。」	5‧19 莊王曰：「善，於是乃招聘四方之士，夙夜不懈，遂得孫叔敖、將軍子重之屬，以備卿相，遂成霸功。詩曰：「濟濟多士，文王以寧，此之謂也。」	《外傳》讚美善相人。《新序》讚美賢士安邦。
卷六：於是改操易行，安義行道，不出二年而美聞於宋。宋人迎而復之，謚為昭，此其後生者也。	5‧21 由宋君觀之，人主之所以離國家失社稷者，諂諛者眾也，故宋昭亡而能悟，蓋得反國云。	主旨側重於人君覺悟。
卷二：於是伊尹接履而趨，遂適與湯，湯立為相，可謂適彼樂土，爰得其所矣，詩曰：「逝將去汝，適彼樂土，樂土樂土，爰得我所。」	6‧1 於是伊尹接履而趣，遂適湯，湯立為相，故伊尹去官入殷，殷王而夏亡。	《外傳》讚歎伊尹到了適合自己的地方，《新序》點出其奢侈的後果。

《說苑》引《外傳》改變結尾句表

《韓詩外傳》	《說苑》	劉向意圖
卷四：周書曰：「為虎傅翼也，不亦殆乎？」詩曰：「匪其止共，惟王之邛。」言其不恭其職事而病其主也。」	8‧11 是故先其仁信之誠者，然後親之。於是有知能者，然後任之。故曰親仁而使能，夫取人之術也。觀其言而察其行，夫言者所以抒其胸而發其情者也。能行之士，必能言之。是故先觀其言而揆其行，夫以言揆其行，雖有姦軌之人，無以逃其情矣，哀公曰善。	《外傳》指出任用不肖之人的後果；《說苑》點明何為賢才以及選賢的方法。
卷八：君子聞之曰：「荊蒯芮可謂守節死義矣，僕夫則無為死也，猶飲食而遇毒也。詩曰：「夙夜匪懈，以事一人。」荊先生之謂也。易曰：「不恒其德，或承之羞。」僕夫之謂也。	4‧20 君子聞之曰：「邢蒯瞶可謂守節死義矣，死者人之所難也。僕夫之死也，雖未能合義，然亦有志士之意矣。」詩云：「夙夜匪懈，以事一人。」邢生之謂也。孟子曰：「勇士不忘喪其元，僕夫之謂也。」	韓嬰貶低僕夫之死，劉向肯定僕夫的行為，認為雖未能合義，然亦有志士之意。
卷九：苟非其時，則賢者將奚由得遂其功哉？	8‧9 驥不自至千里者，待伯樂而後至也。	《外傳》時機對賢士的重要性；《說苑》伯樂對賢士的重要性。

　　《新序》共有 4 章文獻改變了結尾，《説苑》共有 3 章文獻改變了結尾。《新序》《説苑》二書改變文後的結尾句，主要出於兩個原因：

　　1. 凸顯儒家的政治理想

　　《新序》《説苑》改變結尾句是爲了凸現儒家的政治思想。《外傳》文獻中的儒家政治思想略顯淡薄。例如《新序》中的 5．19「楚人有善相人」章，《外傳》用詩句「彼其之子，邦之彦兮」作結，讚美善相人的精闢語言，《新序》改爲詩句「濟濟多士，文王以寧，此之謂也」，便由善相人變爲廣泛地讚美賢士。5．21「宋昭王出亡」章講的是宋昭王對自己出亡原因的分析以及感慨，此爲二書的相同部分。《外傳》文後用「於是改操易行，安義行道，不出二年而美聞於宋。宋人迎而復之，諡爲昭，此其後生者」總結出普遍的哲理；而《説苑》增加議論「由宋君觀之，人主之所以離國家失社稷者，諂諛者眾也，故宋昭亡而能悟，蓋得反國云」，將人君覺悟與國家存亡相聯繫，表達了君主是治國根本的儒家治國理念；6．1「於是伊尹接履而趨」章，《外傳》用詩句「逝將去汝，適彼樂土，樂土樂土，爰得我所」作結，就只單純地表達出伊尹的快樂，《新序》刪掉此詩，用「故伊尹去官入殷，殷王而夏亡」結尾，指出奢侈帶來的嚴重後果，增加了材料的政治意義。

　　《説苑》的另兩章也同樣如此。8．9 章「伯牙子鼓琴鍾子期聽之」章，《外傳》用「苟非其時，則賢者奚由得遂其功哉」作結，強調時機對賢士的重要性。《説苑》用「驥不自至千里者，待伯樂而後至也」作結，就側重於識賢舉賢。8．11「哀公問於孔子」章，《説苑》與《外傳》結尾截然不同，前者點明何爲賢才以及選賢的方法，後者指出任用不肖之人的後果。可見，君明臣賢，識賢、任賢始終是儒家政治思想的中心。

　　2. 改變《外傳》文獻主旨

　　《説苑》4．20「齊崔杼弑莊公」章出自《外傳》，文字基本相同。但是，劉向對《外傳》的結尾做了有意的改動。《外傳》的結尾是：「君子聞之曰：『荊蒯芮可謂守節死義矣，僕夫則無爲死也，猶飲食而遇毒也。詩曰：夙夜匪懈，以事一人，荊先生之謂也。易曰：不恒其德，或承之羞，僕夫之謂也。』《説苑》則改爲「君子聞之曰：「邢蒯瞶可謂守節死義矣，死者人之所難也。僕夫之死也，雖未能合義，然亦有志士之意矣。」詩云：「夙夜匪懈，以事一人。」邢生之謂也。孟子曰：「勇士不忘喪其元，僕夫之謂也。」從「君子聞之曰」可知，這兩則文獻都是對前面荊蒯芮、僕夫事例的評價，文章的主旨亦在此。對

於荆蒯芮的死，韓嬰與劉向的態度是一致的，他們都肯定其行為是「守節死義」。而對於僕夫的死，韓嬰與劉向表現出不同的態度。韓嬰認為僕夫的死毫無意義，就好像「飲食而遇毒」沒有任何價值，因此，韓嬰對僕夫之死的評價帶貶義；劉向卻總體上肯定了僕夫的行為，他認為僕夫的行為「雖未能合義」但「死者人之所難」，它能勇於赴死，就已經是有志之士了。

不同的評價反映了韓嬰與劉向不同的節義觀。既然韓嬰認為僕夫是無意義的死，那麼，在其心目中，什麼才是有價值的死呢？這裏，韓嬰、劉向都肯定了荆蒯芮的死合乎節義。我們來看荆蒯芮是在什麼情況下赴死。荆蒯芮是死於齊莊公之難。歷史上齊莊公並非好君主，他荒淫奢侈，最終死於臣子崔杼之手。荆蒯芮死於昏君而符合義的原因在於，儒家思想中衡量忠臣的標準有一章是「食其祿者死其事」，也就是說，不管是明君還是昏君，你一旦接受了他的俸祿，就必須為其而死。因此，在《新序·節士》章，劉向刻畫了石他人、子淵棲、仇牧、晏子、屈盧、莊善、陳不占、長兒子魚、弘演等一系列死於君難的勇士，其中昏君不在少數，他們認為，「人臣者時生則生，時死則死，是謂人臣之禮」，不論君主是昏還是明，既然食其俸祿，就需盡臣子之節。尤其是長兒子魚，由於知伯瑤無道，已經離開他三年，一旦得知其死訊，立刻返回死之，其理由是：「余祿之加於我者，至今尚存。」因此，荆蒯芮的死是符合道義的。至於僕夫，他的不符合道義，就在於他與荆蒯芮並非君臣關係，因此，並不需要按人臣之節來要求自己，即便是死了，也是不符合道義，因而不會為君子稱道。還有一點就是嚴格的等級區分，節義操守是對士階層的道德約束，同時也是身份的標誌。僕夫不屬於士階層，他就沒有資格比照士的行為，即便做了，也只會為人非議。即使是劉向，雖然評價與韓嬰有別，但他同樣認為僕夫行為不符合義，只是出於同情與對其勇敢的歎服，才作出部分肯定。

《新序》中5·16「孔子侍坐於季孫」章與《外傳》結尾亦不同，《新序》為「詩曰：『無易由言，無曰苟矣，可不慎乎！』」詩句出自《詩經·大雅·抑》，意思是不要隨隨便便下命令，不要認為自己已經做到措辭謹慎了。強調言語要謹慎。《外傳》為「詩曰：『無易由言，』言正名也。」詩句出自《詩經·小雅·小弁》，意思是勸周王無輕用讒人之言，這樣會「王心不正」，並由此引申到正名。《新序》看似只多了一句話，其實所引為完全不同的詩句，主旨就由「正名」變為「慎言」。

改變文獻主旨與劉向所處的社會環境有關。孔子非常注重正名，即「使天子仍爲天子，諸侯仍爲諸侯，大夫仍爲大夫，陪臣仍爲陪臣，庶人仍爲庶人」〔註9〕，這只是其處於禮崩樂壞的春秋時期，爲維護逐漸爲時代所廢棄的周朝制度所做的努力。他「並不是掌握著新內容以否定舊形式，而是相反，固執著舊形式以訂正舊內容，所謂循名以求實，即是此義。」〔註10〕因此，孔子糾正季孫的「君主使人借馬」之語，認爲「（君）取於臣謂之取，不曰假。」孔子表面上是「正假馬之名」，實際上是正「君臣之義」，正名是孔子在特殊時期力挽狂瀾的一種行爲。對於生活在西漢王朝的劉向來說，禮儀制度已建立，君臣、父子名分有著嚴格的界定，正名思想已不合時宜。言語謹慎卻是劉向所重視，從劉向的實際經歷來說，他就領略過言語不謹慎的嚴重後果，漢元帝初年，劉向被擢爲散騎宗正給事中，與蕭望之、周堪、金敞四人同心輔政，由於擔憂中書宦官弘恭、石顯弄權專政，便提出弘恭、石顯乃宦官，而「用宦者，非國舊制，又違古不近刑人之義」，因此「白欲更置士人」〔註11〕。可惜，此計劃「未白而語泄，遂爲許史及恭顯所譖愬，堪、更生下獄及望之皆免官」〔註12〕。此次打擊使劉向在仕途上一蹶不振，沉寂十幾年，因此，劉向對言語謹慎深有感觸。其次，謹愼言行亦是人君修養的重要方面。人君只有畏天、畏民，才不會妄生是非，以致擾民生息。在《說苑・君道》篇，劉向即反覆強調「人君之動不可不愼也。」並提出「人君不直其行，不敬其言。」就不能「保帝王之號。」並多次引用詩句「戰戰兢兢，如臨深淵，如履薄冰」，來提醒人君須謹愼行事。

第四節　《新序》《說苑》與《韓詩外傳》思想方法之異同

一、二書比《外傳》的儒家政治思想更濃厚

《新序》《說苑》不管是增添、刪減、改變結尾句，其主要目的就是改變《外傳》文獻主旨，凸顯文獻的儒家政治理想。

〔註9〕馮友蘭：《中國哲學史》，上海：華東師範大學出版社，2000年，第53頁。
〔註10〕侯外廬、趙紀彬、杜國庠：《中國思想通史》卷一，北京：人民出版社，1957年，第142頁。
〔註11〕班固：《漢書》卷七十八《蕭望之傳》，北京：中華書局，1962年，第3285頁。
〔註12〕班固：《漢書》卷三十六《楚元王傳》，北京：中華書局，1962年，第1930頁。

　　《外傳》中的文獻，有的包含了儒家思想，例如卷六「昔者趙簡子薨而未葬」章強調人君仁德、守信的優秀品德是戰爭勝利的關鍵；卷三「周公踐天子之位七年」章要求人君尊重賢士，反映的都是儒家的治政內容。但《外傳》中，更多的是總結人生經驗所獲得的普遍哲理。因此，《新序》《説苑》就通過對其文獻的結尾句進行修改，來進行主旨轉換。例如《新序》5‧26章，《外傳》的結尾是詩句「逝將去汝，適彼樂國，適彼樂國，爰得我直」。表達了田饒離開魯哀公的決心及來到合適地方的快樂心情；《新序》在詩句後增添了《春秋》中的語句「少長於君，則君輕之，此之謂也」，主旨便轉向了對儒家君臣關係的探討。再例如《説苑》8‧9章，《外傳》的結尾是「苟非其時，則賢者將奚由得遂其功哉」，《説苑》的結尾是「驥不自至千里者，待伯樂而後至也」。雖然時機與賢士命運也是儒者的中心話題，但《説苑》改為伯樂與千里馬，將識賢、任賢作為中心議題，就更突出了文獻的政治主題。

　　在《外傳》中，道家的黃老思想也占一定的份量。如《卷一》「傳曰：水濁則魚喁」章，《外傳》以「故惟其無為，能長生久視而無累於物矣」結尾，強調無為而治是治理的最高境界。《説苑》刪掉此句，文獻的重點就在文句「水濁則魚困，令苛則民亂，城峭則必崩，岸竦則必陁，故夫治國譬若張琴，大弦急則小弦絕矣」上，變成對治國中苛政酷刑的批判，對仁政的呼籲。《説苑》對結尾句稍作修改，道儒兩種不同的治國方法便判然分明。

二、二書重用詩，《外傳》重傳詩，但都源於先秦斷章取義的説詩方式

　　《新序》《説苑》不僅大量引用《外傳》文獻，還引用《外傳》沒有的引詩文獻，其中《新序》中有23章、《説苑》中有32章引詩文獻不是來自《外傳》。這些引詩文獻中，除了《新序》3‧1「梁惠王與孟子的對話」章、《説苑》12‧6「魏文侯封太子擊於中山」章，詩句作為語言用於對話中，《説苑》7‧8「衛宣公之子伋也壽也朔也」章展現《二子乘舟》詩背後的歷史故事之外，其他的引詩多數與《外傳》的體例相同，即先講述一則歷史故事或者一段道理，文後用詩句作結，所以說，《新序》《説苑》就類似兩部《外傳》。但二書畢竟不是詩外傳，比較起來，二書傾向於用詩，《外傳》偏重於傳詩。

　　《新序》《説苑》雖然引詩很多，但刪詩也很大膽。《新序》引《外傳》23章文獻，有9章刪去了文後的詩句。《説苑》引《外傳》44章文獻，有24

章刪去了文後的詩句。刪詩的原因有多種，有的是文獻已經充分地表達了作者的意圖，詩句顯得多餘。如《新序》8‧9「白公之難」章，講述的是楚人莊善雖膽小卻勇於赴死，不以私害公的義勇精神。結尾句「君子曰：『好義乎哉』」已經充分揭示了文章的主旨，詩句「深則厲，淺則揭」是指過河的兩種不同方式，雖有一定的聯繫，但用處不大，所以刪去；有的是為了改變文章的主旨，如《說苑》4‧4「楚伐陳陳西門燔」章，寫的是孔子不給陳國降民行禮的例子，《外傳》用詩句「憂心悄悄，慍於群小，小人成群，何足禮哉」結尾，表達對這些亡國降民的憂慮與鄙視。《說苑》刪去詩句，並將它放在《立節》篇題下，主旨就發生了變化，這些亡國之民的投降行為，成為一種反襯，襯托了劉向對高尚節操的追求。

從劉向的刪詩可以看出，《新序》《說苑》引詩是為用詩，當詩句無用甚至妨礙義理的表達時，劉向就會刪掉這些詩句。從這個角度再來看《外傳》時，就會發現此書確實是一本傳詩作品，像前面所舉「深則厲，淺則揭」的例子，在先秦諸子引詩證事或明理的用詩，幾乎很少涉及，畢竟它不像「濟濟多士，文王以寧」詩句義理顯豁，能準確地點名文獻的主旨。而《外傳》的重點就在解讀這一詩句，前面楚人莊善的故事實際上是為了擴展詩句的意境，使之不僅限於具體寫事，而且是在道德倫理層面生成象徵性詩義，從而使這一詩句具有普遍性與概括性。不過，二書用詩與《外傳》傳詩在形式上並沒有實質性的區別，因為他們都延續著先秦斷章取義的說詩方式，只是《外傳》更是將之「有意識地轉化為一種生成《詩經》意義的闡釋方式。」〔註13〕

〔註13〕羅立軍：《〈韓詩外傳〉無關詩義辨》，《華南師範大學學報（哲學社會科學版）》，2005 年第 3 期。

第四章　《新說》《說苑》與《呂氏春秋》文獻研究

第一節　《新序》《說苑》與《呂氏春秋》互見文獻分析

　　《呂氏春秋》是秦國著名政治家呂不韋（前284？～前235）編寫的重要著作。成書時間為秦八年，即公元前241年〔註1〕。此書非呂不韋自著。《史記・呂不韋列傳》云：「呂不韋乃使其客人人著所聞，集論以為《八覽》、《六論》、《十二紀》，二十餘萬言，以為備天地萬物古今之事，號曰《呂氏春秋》，布秦陽市門，懸千金其上，延諸侯遊士賓客有能增損一字者予千金。」〔註2〕此書既成於眾手，則內容駁雜，諸子之說兼而有之。其中有勸學論樂、明堂陰陽、道家養生、兵家權謀、農桑樹藝等等。儘管包羅宏富，但此書有著明確的著書目的。《呂氏春秋・序意》云：「凡《十二紀》者，所以紀治亂存亡也，所以知壽夭吉凶也。上揆之天，下驗之地，中審之人，若此，則是非可不可，無所遁矣。」〔註3〕這一段話，闡明「其著《十二紀》的目的，乃以秦

〔註1〕《呂氏春秋・序意》云：「維秦八年，歲在涒灘，秋，甲子朔，朔之日，良人請問《十二紀》。」（見陳奇猷校釋：《呂氏春秋校釋・序意》，上海：學林出版社1984年，第648頁。）可見《十二紀》的成書於秦八年。清代學者孫星衍考證後認為，「秦八年」是公元前241年。

〔註2〕司馬遷：《史記》卷八十五《呂不韋列傳》，北京：中華書局，1982年，第2505頁。

〔註3〕陳奇猷校釋：《呂氏春秋校釋・序意》，上海：學林出版社，1984年，第648

將統一天下，而預爲其建立政治上之最高原則。其《十二紀》所不能盡，或尚須加以發明補充者，乃爲《八覽》、《六論》以儘其意」〔註4〕。

《呂氏春秋》雖是一部蘊含了豐富的哲學思想的理論著作。但在闡釋這些抽象的哲學思想時，此書卻不是「載之空言」而是「見之於行事」〔註5〕。將思想隱藏在歷史故事的敘述中。因此，《呂氏春秋》書中多歷史故事。在《十二紀》中，還是理論陳述與歷史故事參半，《八覽》《六論》則幾乎以歷史故事爲主。《新序》《說苑》與《呂氏春秋》的互見文獻，幾乎都是這些材料。此外，二書文獻的主旨基本相通。《呂氏春秋》著錄於《漢志》「雜家類」，「雜家者流，蓋出於議官。兼儒、墨，合名法，知國體之有此，見王治之無不貫，此其所長也。」〔註6〕「知國體」「見王治」指出《呂氏春秋》中的政治主題，這正與《新序》《說苑》的主旨相同。如《貴公》強調天下爲公，《當染》中提倡人君要任用賢臣，學會「勞於論人」，才能「佚於官事」。《功名》旨在論述爲君之道在於厚德惠民。《先己》強調的是人君修身養性的重要性。即人君「成其身而天下成，治其身而天下治」等都爲《新序》《說苑》所繼承。

《新序》與《呂氏春秋》互見文獻共有 30 章。其中有 12 章爲本事互見文獻，18 章爲文本互見文獻。《說苑》與《呂氏春秋》互見文獻共有 28 章，其中有 5 章爲本事互見文獻 23 章爲文本互見文獻。可見，除了《外傳》，互見文獻數量最多的書籍就是《呂氏春秋》。首先來看二書的本事互見文獻。《新序》與《呂氏春秋》的本事互見文獻共有 12 章，約占二書互見文獻的67%，而《說苑》與《呂氏春秋》的本事互見文獻僅占二書互見文獻的0.18%。顯然，《新序》與《呂氏春秋》文字相同文獻少於《說苑》與《呂氏春秋》。

《新序》與《呂氏春秋》的本事互見文獻分別爲1‧6與《長見》「荊文王曰」章、1‧7與《驕恣》「魏武侯謀事而當」章、1‧11與《自知》「魏文侯與士大夫坐」章、2‧5與《具備》「宓子賤治亶父」章、2‧18與《重言》「荊莊

頁。

〔註4〕徐復觀：《兩漢思想史》卷三，上海：華東師範大學出版社，2000 年，第 3頁。

〔註5〕司馬遷《史記‧自序》云：「子（孔子）曰，我欲載之空言，不如見之於行事之深切著明也。」（北京：中華書局，1982 年，第 3297 頁。）

〔註6〕班固：《漢書》卷三十《藝文志》，北京：中華書局，1962 年，第 1742 頁。

王立三年」章、5·12 與《適威》「東野稷以御見莊公」章、5·14 與《適威》
與「魏武侯之居中山也」章、5·20 與《審己》「齊愍王亡居於衛」章、7·20
與《高義》「荊昭王之時」章、7·22 與《介立》「晉文公反國」章、8·4 與《知
分》「晏子與崔杼謀」章、9·3 與《權勳》「昔者晉獻公使荀息假道於虞以伐
虢」章。《說苑》與《呂氏春秋》的本事互見文獻分別爲 1·35 與《長見》「荊
文王曰」章、4·23 與《重言》「柱厲叔事莒敖公」章、4·24 與《至忠》「荊
莊哀王獵於雲夢」章、6·9 與《愛士》「昔者秦穆公乘馬而車爲敗」章、7·6
與《先己》「孔子見魯哀公」章。

　　《新序》《說苑》與《呂氏春秋》文本互見文獻見下表：

《新序》與《呂氏春秋》文本互見文獻對照表

序號	《新序》	《呂氏春秋》
1	2·11 武王勝殷，得二虜而問焉	《愼大》：武王勝殷，得二虜而問焉〔註7〕
2	4·1 管仲言於齊桓公曰	《勿躬》：管仲言復於桓公曰
3	4·2 有司請事於齊桓公	《任數》：有司請事於齊桓公
4	4·4 魏文侯弟曰季成	《舉難》：魏文侯弟曰季成
5	4·5 孟嘗君問於白圭曰	《舉難》：孟嘗君問於白圭曰
6	4·12 晉文公將伐鄴	《不苟》：晉文公將伐鄴
7	4·17 桓公與管仲鮑叔寧戚飲酒	《直諫》：桓公與管仲鮑叔寧戚飲酒
8	4·24 鍾子期夜聞擊磬聲者而悲」	《精通》：鍾子期夜聞擊磬聲者而悲
9	4·27 宋景公時，熒惑在心	《制樂》：宋景公時，熒惑在心
10	5·19 楚有善相人者	《貴當》：荊有善相人者
11	6·4 衛靈公以天寒鑿池	《分職》：衛靈公以天寒鑿池
12	6·5 齊宣王爲大室	《驕恣》：齊宣王爲大室
13	7·1 堯治天下，伯成子高爲諸侯焉	《長利》：堯治天下，伯成子高爲諸侯焉
14	7·13 齊攻魯，求岑鼎	《審己》：齊攻魯，求岑鼎
15	7·14 宋人有得玉者，獻諸司城子罕	《異寶》：宋之野人耕而得玉，獻諸司城子罕

〔註 7〕《呂氏春秋》中的引文出自陳奇猷校釋的《呂氏春秋校釋》（上海：學林出版
　　　　社，1984 年版），以下皆同。

16	7・17 晏子之晉，見披裘負芻息於途者	《觀世》：晏子之晉，見披裘負芻息於途者
17	7・18 子列子窮，容貌有饑色	《觀世》：子列子窮，容貌有饑色
18	8・12 衛懿公有臣曰弘演	《忠廉》：衛懿公有臣曰弘演

《說苑》與《呂氏春秋》文本互見文獻對照表

序號	《說苑》	《呂氏春秋》
1	1・12 成王與唐叔虞燕居	《重言》：成王與唐叔虞燕居
2	1・36 趙簡子與欒激遊，將沉於河	《驕恣》：趙簡子沉於欒激河
3	2・18 簡子有臣尹綽、赦厥	《達鬱》：簡子有臣尹綽、赦厥
4	3・20 甯越，中牟鄙人也	《博志》：甯越，中牟鄙人也
5	4・5 孔子見齊景公	《高義》：孔子見齊景公
6	4・17 楚人將與吳人戰	《高義》：荊人將與吳人戰
7	6・7 魏文侯攻中山	《樂成》：魏攻中山
8	6・2 趙襄子見圍於晉陽，罷圍	《義賞》：趙襄子出圍
9	6・11 趙宣孟將上之絳	《報更》：趙宣孟將上之絳
10	7・24 宓子賤治單父，彈鳴琴	《察賢》：宓子賤治單父，彈鳴琴
11	8・1 人君之欲平治天下而垂榮名者	《知度》：絕江者託於船
12	8・9 伯牙子鼓琴	《本味》：伯牙鼓琴
13	8・25 魏文侯見段干木	《下賢》：魏文侯見段干木
14	9・12 荊文王得如黃之狗廩	《直諫》：荊文王得如黃之狗
15	9・21 齊簡公有臣曰諸御鞅	《慎勢》：齊簡公有臣曰諸御鞅
16	11・16 叔向之弟羊舌虎善樂達	《開春論》：叔向之弟羊舌虎善樂盈
17	12・20 趙簡子將襲衛	《召類》：趙簡子將襲衛
18	13・5 齊桓公與管仲謀伐莒	《重言》：齊桓公與管仲莒
19	13・6 晉太史屠余見晉國之亂	《先識》：晉太史屠黍見晉之亂也
20	13・11 白圭之中山	《先識》：白圭之中山
21	13・18 楚莊王欲伐陳	《似順》：楚莊王欲伐陳
22	13・33 越饑，句踐懼	《長攻》：越國大饑，王恐，召范蠡而謀
23	18・36 黃帝詔伶倫作為音律	《古樂》《音律》：黃帝詔伶倫作為音律

第二節　《新序》《說苑》引用《呂氏春秋》文獻的方法

一、《新序》通過評語改變文獻主旨

　　《新序》引用《呂氏春秋》中的文獻時，進行了有目的的加工。《呂氏春秋》中每一則歷史故事後，都會有作者的評語，《新序》僅摘錄前面的故事，而置換了文後評語。很顯然，改變評語是爲了突出本書的主旨。評語主要表達作者的觀點，通過二書文後評語的分析，可以瞭解作者編撰《新序》的意圖以及二書不同的思想傾向。在《新序》18 章引用文獻中，改變了文後評語的引用文獻共有 10 章，它們分別是 4・2、4・4、4・17、4・24、4・27、5・19、6・4、7・1、7・13、7・18 章。現具體分析如下：

　　《新序》4・2 與《任數》「有司請事於齊桓公」章故事部分完全相同。主要講辦事的官員三次請示，齊桓公都讓其向管仲彙報，當身邊的侍從質疑時，齊桓公回答是自己沒管仲輔助時處理國事很難，有了管仲後，就可以將事情交給他，做國君就很容易了。在文字上，除了「請吏」與「請事」、「一則告仲父」與「一則仲父」的細微差別，幾乎完全相同。但二書文後的評語卻完全不同。《新序》的評語是「故王者勞於求人，佚於得賢。舜舉眾賢在位，垂衣裳，恭己無爲而天下治。湯、文用伊、呂，成王用周、邵而刑措不用，兵偃而不動，用眾賢也。桓公用管仲則小也，故至於霸而不能以王。故孔子曰：『小哉，管仲之器。』蓋善其遇桓公，惜其不能以王也。至明主則不然，所用大矣。詩曰：『濟濟多士，文王以寧。』此之謂也」。其強調的是治國在於得賢。《呂氏春秋》的評語是「桓公得管子事猶大易，又況於得道術乎？習近習所親臣也」。相對於《新序》的重賢，此評語將君王的治國之術放在首要地位。這裏的治國之術指的是「因」，《呂氏春秋》云：「因者，君術也；爲者，臣道也。爲則擾矣，因則靜矣。因冬爲寒，因夏爲暑，君奚事哉？故曰君道無知無爲，而賢於有知有爲，則得之矣。」

　　《新序》4・4 與《舉難》「魏文侯弟曰季成」故事部分也完全相同。主要講魏文侯在季成與翟黃之間選相時舉棋不定，李克勸其通過二人舉薦的賢士樂商與王孫苟來決定。後因季成所推薦的樂商更賢能，於是任季成爲相。兩則文獻在文字上僅有「樂商」與「樂騰」之別。但文後評語則不同。《新序》的評語是「故知人則哲，進賢受上賞。季成以知賢故文侯以爲相。季成翟黃

皆近臣親屬也，以所進者賢別之，故李克之言是也。」《呂氏春秋》的評語是「凡聽於主言人不可不愼。季成弟也，翟璜友也，而猶不能知，何由知樂騰與王孫苟端哉？□賤者知親習者，親習者不知，理無自然，自然而斷相過季充之對，魏文侯也亦過。雖皆過，譬之若金之與木，金雖柔，猶堅於木。」前者強調知人進賢的重要性。後者批評李克進言的錯誤。因爲魏文侯對弟弟季成與朋友翟黃尚且不能瞭解，又怎能瞭解樂騰與王孫苟端呢？

　　《新序》4‧17 與《直諫》「齊桓公管仲鮑叔寧戚相與飲」章故事部分相同。文字稍有區別，如「飲酒」與「相與飲」，「姑爲寡人祝乎」與「何不起爲壽」等，但這屬於流傳中文字失眞，無關宏旨。二文主要講桓公、管仲、鮑叔、寧戚私人飲酒時，鮑叔借敬酒之機提醒三人不要忘記身處逆境的日子。對於這則故事，《新序》的評語是「此言常思困隘之時，必不驕矣」，意思是常常回想困境時，就不會得意忘形。《呂氏春秋》的評語是「當此時也，桓公可與言極言矣，可與言極言故可與爲霸」，突出齊桓公善於納諫。《新序》評語雖與《呂氏春秋》不同，但主旨卻一樣。4‧17 章前面 4‧16 章講的是鄭子產不毀鄉校，並採納其中善言之事，後面 4‧18 章至 4‧22 章也都是講人君納諫之事，根據《新序》以類相從歸納材料的方法，4‧17 章的主題也應該是人君納諫。

　　《新序》4‧24 與《精通》「鍾子期夜聞擊磬者而悲」章故事文字皆同。主要是講鍾子期與擊磬者一番對話。鍾子期問擊磬者敲擊的聲音爲什麼如此悲涼。擊磬者回答自己身世淒慘。父親殺人抵命，母親充作官奴，想爲母親贖身卻沒有錢，悲傷的心情影響了敲擊的聲音。《新序》的評語是「人君苟能至誠動於內，萬民必應而感移，堯舜之誠感於萬國，動於天地，故荒外從風，鳳麟翔舞，下及微物，咸得其所。易曰：「中孚豚魚吉。」此之謂也。」

　　《呂氏春秋》的評語是「故君子誠乎此而論乎彼，感乎已而發乎人，豈必強說乎哉。」《新序》人君以誠治國。《呂氏春秋》君子以誠感動他人。

　　《新序》4‧27 與《制樂》「宋景公之時，熒惑在心」章故事文字皆同。主要講宋景公遭遇熒惑星在心宿之事，此事被宋國司星子韋解釋爲將有災禍於宋景公，並勸其將災禍轉到宰相、百姓、年成等上。此建議被宋景公一一拒絕，甘願自己承擔此災。宋景公的仁德使自己轉禍爲安，並延壽二十一年。《呂氏春秋》沒有對故事作評語，根據理解，此文闡發的是修德政而妖禍可

免的思想。《新序》與其主旨相同，但多了「老子曰：『能受國之不祥，是謂天下之王也』」之語，能更清晰地揭示文章的主題。

　　《新序》5·19 與《貴當》「荊有善相人者」章故事相同，文字稍異。如在「莊王曰善」後，《新序》是「於是乃招聘四方之士，夙夜不懈，遂得孫叔敖將軍子重之屬以備卿相遂成霸功」，《呂氏春秋》是「於是疾收士，日夜不懈，遂霸天下」，但對整文文字無影響。此文主要講楚國一位「善相人」向楚莊王解釋自己相面的方法，即相面在於觀察其所結交。布衣者，要結交「孝悌、篤謹、畏令」之人；事君者，要結交「誠信、好善」之人；人主者，要有「分爭正諫」的賢臣，這些人皆可稱爲吉祥者。對這一則故事，《新序》的評語是「詩曰：『濟濟多士，文王以寧，此之謂也』」讚美賢士在治國安邦中的重要作用；《呂氏春秋》的評語是「故賢主之時見文藝之人也，非特具之而已也，所以就大務也。夫事無大小，固相與通。田獵馳騁弋射走狗，賢者非不爲也，爲之而智日得焉，不肖主爲之而智日惑焉」。強調的是「事無大小，固相與通」，只要君主賢明，就可以從小技藝中獲得大道理。

　　《新序》6·4 與《分職》「衛靈公天寒鑿池」故事文字相同。主要講衛靈公在寒冷季節中挖人工池，被大臣宛春勸阻。衛靈公左右親信以此事進讒，認爲「君鑿池不知天寒，以宛春知而罷役，是德歸宛春怨歸於君」。衛靈公以宛春有善，乃是自己任賢之功進行了反駁。此文《新序》沒有增添評語，而是歸入《刺奢》，批評衛靈公最開始不顧天寒、鑿池享樂的奢侈行爲。《呂氏春秋》的評語是「君者固無任而以職受任，工拙下也，賞罰法也，君奚事哉」，即「作君主的，本來就沒有具體的責任，而是根據臣下的職位委派他們的責任。事情做得好還是差，由臣下負責；是賞是罰，由法律決定。君主何必要親自去做呢」〔註 8〕。《呂氏春秋》強調的是君主與大臣有著不同的職責，特別是「通乎君道者」，要能夠「用非其有如己有之」。

　　《新序》7·1 與《長利》「堯治天下，伯成子高立爲諸侯」章故事文字相同。主要講伯成子高在堯時爲諸侯，至禹時便辭去此位，躬耕在野。當禹拜訪他並追問原因時，伯成子高的回答是，堯舜無欲至公而「不賞而民勸，不罰而民畏」，今君心懷私欲而貪「爭之端自此始矣，德自此衰，刑自此繁矣」，不忍見而辭位。《新序》以《尚書》語「旁施象刑維明，及禹不能」與春秋語

〔註 8〕廖名春、陳興安譯注：《呂氏春秋全譯》，四川：巴蜀書社，2004 年，第 351頁。

「五帝不告誓，信厚也」作結，並將材料歸入《節士》中，讚美伯成子高不為榮華所誘惑的節操。《呂氏春秋》的評語是「夫為諸侯，名顯榮，實佚樂，繼嗣皆得其澤。伯成子高不待問而知之，然而辭為諸侯者，以禁後世之亂也」，旨在通過伯成子高為了禁止後世人民爭奪名利的禍患，辭去諸侯高位之事，說明義士應為天下長利考慮的道理。

《新序》7‧13 與《審己》「齊攻魯，求岑鼎」章故事相同，人名稍異，《新序》為「柳下惠」，《呂氏春秋》為「柳下季」。此文主要講齊國進攻魯國求取寶物岑鼎，並要求柳下惠承諾此為真岑鼎才肯收下。魯君懇求柳下惠為假岑鼎作保證，遭到拒絕，不得不將真岑鼎送往齊國之事。《新序》的評語是「信之於人重矣，猶輿之輗軏也，故孔子曰：大車無輗，小車無軏，其何以行之哉，此之謂也」，強調誠信對人的重要性；《呂氏春秋》的評語是「且柳下季可謂此能說矣，非獨存己之國也，又能存魯君之國」，讚美柳下季善於言辭。

《新序》7‧18 與《觀世》「子列子窮，容貌有饑色」章故事相同，文句略有顛倒。此文主要講列子生活貧困時，鄭國相國子陽在門客的勸說下，讓手下官員運送許多糧食贈送給列子。列子予以拒絕，並對妻子說明這樣做是因為鄭子陽並非識賢之人，接受饋贈將會使自己陷入兩難的境地。《新序》的評語是「列子之見微除不義遠矣。且子列子內有饑寒之憂，猶不苟取，見得思義，見利思害，況其在富貴乎？故子列子通乎性命之情，可謂能守節矣」，強調列子為守節之士。《呂氏春秋》的評語是「子列子除不義去逆也，豈不遠哉。且方有饑寒之患矣而猶不苟取，先見其化也。先見其化而已動，遠乎性命之情也」，通過列子身陷饑寒卻仍不肯隨便接受饋贈的行為，讚美他能預見事物變化徵兆的遠見卓識。

從以上分析可見，《新序》引用《呂氏春秋》文獻時，通過改變文後評語來表達本書的主旨。二書中，除了 4‧17、4‧27 兩章文獻主旨相同，分別為進諫、仁德勝天災，其餘 8 章文獻都有差別。通過二書文獻主旨比較，發現《新序》側重於凸顯儒家政治教化思想。例如任賢、舉賢、納諫、人君以誠治國、以德勝災、去除奢侈、士要守節等；《呂氏春秋》注重對世界萬事萬物哲理性的思考，例如怎樣瞭解他人、以誠感動他人、君主賢明，就可以從小技藝中獲得大道理、考慮長遠利益、讚美柳下季的言辭、要有遠見卓識等。涉及到治國，也多富於道家色彩，如君道無為、君臣分職等等。因此，同樣

的歷史故事，通過改變文後評語，《新序》就比《呂氏春秋》顯現出更加醇正的儒家政治思想。

二、《説苑》僅引用故事，不改變或添加評語

　　《説苑》引用《呂氏春秋》文獻時，僅摘錄其中的故事部分，捨棄文後評語，也不添加評語。23 章文獻中，僅有 5 章文獻添加了議論句，其原因主要在於《新序》《説苑》的編纂體例上。《新序》與《説苑》相比，體例粗糙，《雜事一》至《雜事五》沒有標題，猶如材料的彙編，因此文後需要用評語點出主旨。《説苑》則完整的結構，二十篇章，每篇都以篇題來點出篇章主題。徐復觀云：「就《説苑》二十卷而言，其篇題由《君道》而至《反質》，反映出劉向的時代，並組成一個思想系統，此已可見其經營構造的苦心」〔註9〕。正因爲《説苑》中篇題體現出了劉向的思想傾向，引用文獻時就不需另加評語。例如：

> 成王與唐叔虞燕居，剪梧桐葉以爲圭而授唐叔虞，曰：「余以此封汝。」唐叔虞喜，以告周公。周公以請，曰：「天子封虞耶？」成王曰：「余一與虞戲也。」周公對曰：「臣聞之，天子無戲言，言則史書之，工誦之，士稱之。」於是遂封唐叔虞於晉。周公旦可謂善説矣，一稱而成王益重言，明愛弟之義，有輔王室之固。(《説苑》1・12 章)

> 成王與唐叔虞燕居，援梧葉以爲珪，而授唐叔虞曰：「余以此封女。」叔虞喜，以告周公。周公以請曰：「天子其封虞耶？」成王曰：「余一人與虞戲也。」周公對曰：「臣聞之，天子無戲言。天子言，則史書之，工誦之，士稱之。」於是遂封叔虞於晉。周公旦可謂善説矣，一稱而令成王益重言，明愛弟之義，有輔王室之固。(《呂氏春秋・重言》)

比較可知，二文主旨相同，都提出君王應言語謹慎。《呂氏春秋》用《重言》作篇題，直接指出文獻主旨。《説苑》引用此文，沒有增添評語，將其歸入《君道》。「君道」篇題，內涵豐富，無爲博愛、重視教化、知人善任、謹慎言行、改過納諫等都屬於君道範疇，因此，即便是不用評語，從《君道》這一角度，我們能準確地得知此文的中心。

〔註9〕徐復觀：《兩漢思想史》卷三，上海：華東師範大學出版社，2001 年，第 41 頁。

也有引用文獻主旨發生變化，但同樣不用添加評語，例如：

> 甯越，中牟鄙人也，苦耕之勞，謂其友曰：「何爲而可以免此苦也？」
> 友曰：「莫如學。學三十年，則可以達矣。」甯越曰：「請十五歲：
> 人將休，吾將不休；人將臥，吾不敢臥。」十五歲學，而周威公師
> 之。夫走者之速也，而過二里止，步者之遲也，而百里不止。今以
> 甯越之材，而久不止，其爲諸侯師，豈不宜哉。（《說苑》3・20）

> 甯越，中牟之鄙人也，苦耕稼之勞，謂其友曰：「何爲而可以免此苦
> 也？」其友曰：「莫如學，學三十歲則可以達矣。」甯越曰：「請以
> 十五歲。人將休，吾將不敢休；人將臥，吾將不敢臥。」十五歲而
> 周威公師之。矢之速也，而不過二里止也；步之遲也，而百舍不止
> 也。今以甯越之材而久不止，其爲諸侯師，豈不宜哉？（《呂氏春秋・
> 博志》）

在《呂氏春秋・博志》中，講的是甯越不眠不休，努力學習，終於在十五年後成爲周威王的師傅的故事。通過此例說明想獲得成功，就必須消除妨礙它的因素。例如甯越學習期間，休息與睡眠將佔用其學習時間，甯越就少休息與睡眠，消除這些妨礙學習的因素。《說苑》將此故事放入《建本》篇。所謂建本，即建立根本。在《建本》篇，收入了三十則文獻，其中以孝親與學習爲多，還有關於禮義、實踐、愼始、技能、民本、富國、重農等各方面內容。可見，作者認爲這些就是萬事的根本。因此，《說苑》主要從甯越學習而成諸侯師的角度來引用文獻。

《說苑》引用《呂氏春秋》文獻，主旨相同的有 18 章，主旨發生改變的有 5 章。可見，《說苑》與《新序》相比，較少改變所引文獻的主旨，即便評語有變的文獻，主旨也沒有多大的改變。現具體分析這 5 章文獻：

《說苑》2・18 與《達鬱》「趙簡子曰：『厥也愛我，鐸也不愛我』」章。二文主要講趙簡子的家臣尹綽、赦厥，二人勸諫趙簡子的方法不同。前者顧惜趙簡子的顏面，不當眾人面勸諫，後者總是當眾勸諫，不顧趙簡子難堪。對於這則故事，《新序》引用孔子語「君子哉，尹綽面訾不面譽也」作結，讚美尹綽敢於直諫。《呂氏春秋》的評語是「此簡子之賢也。人主賢則人臣之言刻。簡子不賢，鐸也卒不居趙地，有況乎在簡子之側哉」，指出人君賢則臣子敢於直言。二書雖各有側重，一爲進諫，一爲納諫，但主旨基本相同。

　　《說苑》8·9 與《本味》「伯牙鼓琴，鍾子期聽之」章。二文主要講伯牙與鍾子期的故事。伯牙是精通琴藝的演奏家，他彈琴時，時而意在高山，時而意在流水，鍾子期都能準確地賞鑒。鍾子期死後，伯牙毀琴斷弦，只因世無知音。《新序》對此故事的評語是「非獨鼓琴若此也，賢者亦然。雖有賢者而無以接之，賢者奚由盡忠哉！驥不自至千里者，待伯樂而後至也」，《呂氏春秋》的評語是「非獨琴若此也，賢者亦然。雖有賢者而無禮以接之，賢奚由盡忠？猶御之不善驥不自千里也」，二書評語基本相同，都是以如何對待人才中心。但二書又有區別在於：前者強調發現人才，後者強調以禮對待人才。

　　《說苑》9·12 與《直諫》「荊文王得茹黃之狗」章。二文主要講楚文王打獵三月不歸，淫樂一年不理朝政。保申指斥其過，並堅持以笞刑責罰了楚文王。楚文王自此醒悟，開始致力於治理楚國，使之逐漸強盛。《說苑》在引用此文時，增添了評語「蕭何王陵聞之曰：『聖主能奉先世之業而以成功名者，其惟荊文王乎！故天下譽之，至今明主忠臣孝子以爲法』，但並沒有改變此文的主題。此文《說苑》歸入《正諫》，《呂氏春秋》歸入《直諫》，主題完全一致。

　　《說苑》9·21 與《愼勢》「齊簡公有臣曰諸御鞅」章。二文主要講齊簡公的臣子諸御鞅勸他疏遠田常與宰予中的某一人，因爲這二人相互憎恨，會因此攻殺對方而危及國家。後果如其言，就連齊簡公也被殺害。對於此事，《新序》的評語是「故忠臣之言不可不察也」，強調忠臣進諫的重要性。《呂氏春秋》的評語是「失其數，無其勢，雖悔無聽鞅也與無悔，同是不知恃可恃而恃不恃也。周鼎著象，爲其理之通也。理通君道也」，主題是批評齊簡公失去了駕馭臣下的法則，沒有了君主應具備的權勢，因此釀成了今天的大禍，《呂氏春秋》沒有強調諸御鞅諫言的重要性，反而認爲君主失去權勢之後，後悔不後悔諸御鞅的建議，其結果都一樣。這是五章中唯一改變主旨的文獻。

　　《說苑》13·5 與《重言》「齊桓公與管仲謀伐莒」章。二文主要講的是齊桓公與管仲密謀伐莒之事還未公佈便傳遍都城。後找到傳佈消息的人東郭垂，問其原因，東郭垂說自己通過觀察管仲的臉色、嘴形、手勢推測其內心的想法，從而知道伐莒之事。對於這則故事，《說苑》的評語是「聖人之聽於無聲，視於無形，東郭垂有之矣。故桓公乃尊祿而禮之」，《呂氏春秋》的評

語是「故聖人聽於無聲，視於無形，詹何田子方老耽是也」。二文評語基本相同。《呂氏春秋》評語中「詹何、田子方、老耽是也」與前文無關，《說苑》改爲「東郭垂有之矣故桓公乃尊祿而禮之」與前文更一致、完整。二文主題也相同，都是強調對事情的預見能力。

從上表可見，除 9·21 章略有不同，其他文獻的主旨基本上沒有改變。9·12、13·5 兩章文獻主旨完全一樣，2·18、8·9 的主旨基本一樣，只是側重點不同，例如 2·18 章，《說苑》爲臣之道要敢於直諫；《呂氏春秋》人君賢則臣子敢於直言，都與進諫有關，只不過前者側重於人臣，後者側重於人君。第 8·9 章，《說苑》《呂氏春秋》主旨都在於尊重與任用賢人。區別在於：前者強調伯樂對發現人才的重要性，後者強調應該以禮待賢。

前面已經提到，由於二書體例有別，《新序》《說苑》引用文獻的方法不同。但並非僅僅如此，《新序》中《刺奢》、《節士》《義勇》篇，也如《說苑》加上篇題，但引用文獻時依然添加評語，改變文獻主旨，例如 7·1、7·13、7·18 三章。因此，導致二書引文獻方法有別的原因更在於《說苑》的篇題具有抽象性、概括性，因此具有超強的容納力。就以《君道》爲例，人君之道，方方面面，如修身正行、仁愛天下、無爲而治、任賢用賢、親善避惡、重言慎行、聞過則改、得意不驕、見災修德等等，凡是與人君有關的故事都可容納在內，根本不需評語點明主題。《新序》的篇題則就事論事，闡明一個具體的道理，而故事內容具體豐富，「本身涵蓋面較大，擇其中任何一點都能形成中心論題」〔註10〕。一則故事往往包含多個主旨，必須添加評語，才能使故事的成爲自己所需的例證。

〔註10〕楊波：《論〈說苑〉、〈新序〉同題材料的運用》，《古籍整理研究學刊》，2007年第 4 期。

第五章 《新序》《說苑》與《左傳》等四部史書文獻研究

第一節 《新序》《說苑》與《左傳》互見文獻分析

　　《新序》與《左傳》的互見文獻有 20 條，但其中多數是本事互見文獻，共有 16 章，它們分別是 1・5、1・8、2・3、4・8、5・5、7・4、7・5、7・7、7・8、7・11、7・12、7・14、8・8、8・12、9・1、9・6 章。《說苑》與《左傳》互見文獻有 38 章，其中多數也是本事互見文獻，共有 30 章。它們分別是 1・4、1・29、1・31、1・35、1・43、3・29、3・48、3・49、4・15、5・19、6・4、6・26、7・21、7・40、8・38、9・20、10・22、11・3、12・3、12・8、12・17、13・28、13・32、13・34、13・37、13・40、14・12、14・15、18・22、18・24、20・16 章。前面已經說明，本事互見文獻不能作為引用文獻的標準，因此這些文獻都不是引自《左傳》。《新序》《說苑》中多輯錄周秦至漢的歷史故事，許多故事自然見於《左傳》，但這些歷史故事為敘述方式為什麼與二書不同？下面，本文將分析《新序》《說苑》與《左傳》敘述方式的差異。

　　第一、《新序》《說苑》情節完整，《左傳》內容分散。

　　《新序》《說苑》中每章都是一個獨立完整的故事。在《左傳》中，一個故事的內容卻分散在不同的地方。例如：

> 晉襄公薨，嗣君少，趙宣子相，謂大夫曰：「立少君，懼多難。請立雍，雍長，出在秦，秦大，足以為援。」賈季曰：「不若公子樂。樂有寵於國，先君愛而仕之翟，翟足以為援。」穆嬴抱太子以呼於庭

曰：「先君奚罪？其嗣亦奚罪？舍嫡嗣不立，而外求君乎？」出朝，抱以見宣子，曰：「惡難也，故欲立長君，長君立而少君壯，難乃至矣。」宣子患之，遂立太子也。(《說苑》3‧29章)

八月乙亥，晉襄公卒。靈公少，晉人以難故，欲立長君。趙孟曰：「立公子雍。好善而長，先君愛之，且近於秦，秦，舊好也。置善則固，事長則順，立愛則孝，結舊則安。爲難故，故欲立長君，有此四德者，難必抒矣。」賈季曰：「不如立公子樂。辰嬴嬖於二君，立其子，民必安之。」〔註1〕(《左傳‧文公六年》)

穆嬴日抱大子以啼於朝，曰：「先君何罪？其嗣亦何罪？舍適嗣不立而外求君，將焉寘此？」出朝，則抱以適趙氏，頓首於宣子，曰：「先君奉此子也而屬諸子，曰：『此子也才，吾受子之賜；不才，吾唯子之怨。』今君雖終，言猶在耳，而棄之，若何？」宣子與諸大夫皆患穆嬴，且畏偪，乃背先蔑而立靈公，以禦秦師。(《左傳‧文公七年》)

第二、《新序》《說苑》注重情節集中，《左傳》多敘述時間、地點以及事件過程。

許悼公疾瘧，飲藥毒而死。太子止自責不嘗藥，不立其位，與其弟緯。專哭泣，啜飦粥，嗌不容粒，痛己之不嘗藥，未逾年而死。故《春秋》義之。(《新序》7‧7章)

夏，許悼公瘧，五月戊辰，飲大子止之藥，卒。大子奔晉。書曰：「弒其君。」君子曰：「盡心力以事君，舍藥物可也。」(《左傳‧昭公十九年》)

第三、《新序》《說苑》多有評語，賦予故事意義。《左傳》以敘述事件爲主，少有評語。

宋人有得玉者，獻諸司城子罕，子罕不受。獻玉者曰：「以示玉人，玉人以爲寶，故敢獻之。」子罕曰：「我以不貪爲寶，爾以玉爲寶，若與我者，皆喪寶也，不若人有其寶。」故宋國之長者曰：「子罕非無寶也，所寶者異也。今以百金與摶黍以示兒子，兒子必取摶黍矣；以和氏之璧與百金以示鄙人，鄙人必取百金矣；以和氏之璧與道德

〔註1〕《左傳》中的引文出自楊伯峻的《春秋左傳注》(北京：中華書局，1990年)，以下皆同。

之至言以示賢者，賢者必取至言矣。其知彌精，其取彌精；其知彌
牰，其取彌牰。子罕之所寶者至矣。」(《新序》7‧14章)

宋人或得玉，獻諸子罕，子罕弗受。獻玉者曰：「以示玉人，玉人以
爲寶也，故敢獻之。」子罕曰：「我以不貪爲寶，爾以玉爲寶，若以
與我，皆喪寶也。不若人有其寶。」稽首而告曰：「小人懷璧，不可
以越鄉，納此以請死也。」子罕置諸其裏，使玉人爲之，攻之富而
後使復其所。(《左傳‧襄公二十五年》)

第四、《新序》《說苑》的文字與《左傳》有一定聯繫。

晉侯問於士文伯曰：「三月朔，日有蝕之。寡人學惛焉，《詩》所謂
『彼日而蝕，于何不臧』者，何也？」對曰：「不善政之謂也，國無
政，不用善，則自取謫於日月之災，故不可不慎也。政有三而已。
一曰因民；二曰擇人；三曰從時。」(《說苑》7‧40章)

夏四月甲辰朔，日有食之。晉侯問於士文伯曰：「誰將當日食？」對
曰：「魯，衛惡之，衛大，魯小。」公曰：「何故？」對曰：「去衛地
如魯地，於是有災，魯實受之。其大咎其衛君乎？魯將上卿。」公
曰：「《詩》所謂『彼日而食，于何不臧』者，何也？」對曰：「不善
政之謂也。國無政，不用善，則自取謫於日月之災。故政不可不慎
也。務三而已。一曰擇人；二曰因民；三曰從時。(《左傳‧昭公七
年》)

《新序》《說苑》與《左傳》文本互見文獻分別爲4章與8章，前者分別爲4‧
16與《襄公三十一年》「鄭人遊於鄉校」章、9‧2與《僖公二十五年》「秦伯
師於河上」章、9‧4與《僖公三十年》「晉侯、秦伯圍鄭」章、9‧5與《昭公
四年》「使椒舉如晉求諸侯」；後者分別爲1‧32與《文公十三年》「邾文公卜
遷於繹」章、4‧11與《昭公二十年》「使城父司馬奮揚殺太子建」章、4‧12
與《宣公二年》「宣子驟諫」章、4‧26與《文公十八年》「齊懿公之爲公子也」
章、5‧21與《宣公二年》「將戰，華元殺羊食士」章、3‧26與《哀公元年》
「吳師在陳」章、14‧11與《文公十二年》「秦使人謂晉將軍」章、15‧20與
《僖公十九年》「宋圍曹不拔」章。

但這些文獻的文字也並非完全相同。不同處主要在開頭與結尾。例如
《新序》9‧2章，開頭多「晉文公之時，周襄王有弟太叔之難，出亡居於鄭，
不得入，使告難於魯、於晉、於秦。其明年春」句，結尾多「其後三年，文

公遂再會諸侯，以朝天子，天子錫之弓矢、秬鬯，以爲方伯，晉文公之命是也，卒成霸道，狐偃之謀也。夫秦、魯皆疑晉有狐偃之善謀，以成霸功，故謀得於帷幄，則功施於天下，狐偃之謂也」。這樣，《新序》前面有時間背景的介紹，後面有對狐偃之謀的肯定，故事就更爲完整，且符合篇題「善謀」之意。《說苑》14・11 章開頭爲「秦、晉戰，交敵，秦使人謂晉將軍曰」，而《左傳》的開頭是「秦行人夜戒晉師曰」。《說苑》的開頭顯然更爲完備。互見文獻在開頭結尾上的差別可能在於《新序》《說苑》中的文獻都是獨立的故事，需要完整的開頭結尾。而《左傳》只是長篇敘事中的片段，自然偏於簡單。

第二節 《新序》《說苑》與《國語》互見文獻分析

一、《新序》與《國語》互見文獻

　　《新序》中僅有 3 章文獻見於《國語》，它們分別是 1・5、4・8、9・2 章。但這些文獻屬於本事互見，文字並不相同。例如：

> 晉大夫祁奚老，晉君問曰：「孰可使嗣？」祁奚對曰：「解狐可。」君曰：「非子之讎邪？」對曰：「君問可，非問讎也。」晉遂舉解狐。後又問：「孰可以爲國尉？」祁奚對曰：「午也可。」君曰：「非子之子邪？」對曰：「君問可，非問子也。」君子謂祁奚能舉善矣，稱其讎不爲諂，立其子不爲比。《書》曰：「不偏不黨，王道蕩蕩」，祁奚之謂也。外舉不避仇讎，內舉不回親戚，可謂至公矣。唯善，故能舉其類，《詩》曰：「唯其有之，是以似之。」祁奚有焉。(《新序》1・5章）

> 祁奚辭於軍尉，公問焉，曰：「孰可？」對曰：「臣之子午可。人有言曰：『擇臣莫若君，擇子莫若父。』午之少也，婉以從令，遊有鄉，處有所，好學而不戲。其壯也，強志而用命，守業而不淫。其冠也，和安而好敬，柔惠小物，而鎮定大事，有直質而無流心，非義不變，非上不舉。若臨大事，其可以賢於臣。臣請薦所能擇而君比義焉。」公使祁午爲軍尉，歿平公，軍無秕政〔註2〕。(《國語・晉語七》)

〔註 2〕《國語》中的引文出自徐元誥撰，王樹民、沈長雲點校的《國語集解》（北京：中華書局，2002 年），以下皆同。

比較可知，《新序》通過晉大夫祁奚分別推舉自己的仇人解狐與自己的兒子祁午作官一事，讚美其「不偏不黨，王道蕩蕩」的品格，而《國語》卻主要記敘祁奚薦子的理由，二文文字完全不同。以推薦仇人與親戚作官為主題的故事，還見於《左傳》、《史記》、《韓非子》、《呂氏春秋》、《外傳》、《說苑》等書，但文字各不相同。《韓非子》還將人物變為晉平公與趙武。可見此故事在先秦廣泛傳播而形成各種文本形態。4‧8、9‧2章與1‧5章情況相同，因此，可以判斷《新序》極少甚至沒有引用《國語》中的文獻。

二、《說苑》與《國語》互見文獻

《說苑》與《國語》的互見文獻為17章，其中本事互見文獻為4章，它們分別為4‧9、4‧10、5‧17、5‧19章。4‧9、4‧10章都是有關晉太子申生的故事，前者是申生被害自殺，後者為申生自殺前委託師傅狐突輔佐父親。《說苑》詳於故事情節的展開，《國語》主要記錄申生的言辭。5‧17章講述的是中行獻子將要攻打鄭國，被范文子所勸阻的故事，5‧19講中行穆子圍攻鼓國，卻一直拒絕接受鼓國人的投降，直至鼓國人食物吃光、力量用盡，才允許其投降的故事。兩章與《國語》情節相似，但文字不同。

《說苑》與《國語》文本互見文獻為13章，它們分別是4‧12、5‧29、5‧30、8‧36、9‧22、18‧5、18‧16、18‧18、18‧19、18‧20、18‧22、18‧23、20‧14章。這些文獻文字基本相同，大多數集中在《辨物》篇中。現具體分析如下

《說苑》4‧12與《晉語五》「晉靈公虐，趙宣子驟諫」章。二文主要講暴虐的晉靈公使晉國大力士鉏之彌殺害忠臣趙盾，當他看見趙盾清晨就穿戴整齊準備上朝時，深為感動，既不能違背君令，又不願殺害忠臣的他選擇了自殺。二文文字略有差異，如「鉏之彌」與「鉏麑」，「民之主也」與「社稷之鎮也」，「棄君之命不信」與「受命而廢之不信」。「鉏之彌」與「鉏麑」為同名，後面兩句大意相同，應為同一文本系統。只是此文又見於《左傳》，後面兩句與之完全一樣，也應為相同文本。

《說苑》5‧29與《晉語九》「還自衛」章。二文主要講智伯在宴會上戲侮了韓虎與段規二人，智果勸智伯防備二人報復，智伯置之不理，終於被段規所殺的故事。此文僅見《國語》，除流傳中增衍訛誤，文字基本相同。

《說苑》5‧30與《晉語九》「智襄子為室美」章。二文主要講智伯對土

茁炫耀自己華美的宮室時，土茁預言宮室過於華美，將有害於人，三年後智伯滅亡的故事。此文亦僅見《國語》，文字完全一樣。

《說苑》8·36 與《晉語九》「趙簡子曰吾欲得范中行氏良臣」章。二文主要講趙簡子說自己想得到范氏、中行氏的良臣，表達自己求賢的願望。史屬卻認為范氏、中行氏的滅亡，正是因為沒有良臣。史屬的分析贏得了趙簡子的讚歎。此文僅見《國語》，文字有細微的差異，無關宏旨。

《說苑》9·22 與《魯語下》「襄公如楚，至漢」章。二文主要講魯襄公在朝見楚康王路途上，聽到其去世的消息，便想放棄此行。最後在叔仲昭伯與子服景伯的力勸下，魯襄公終於前往楚國的故事。此文與《國語》文字基本相同，但有訛誤以及文句的顛倒。此文又見《左傳》，文字完全不同。

《說苑》18·5 與《周語上》「幽王二年，西周三川皆震」章。二文主要講周幽王二年，西周涇水、渭水、汭水一帶發生地震。伯陽父認為天地之氣失序，陰陽錯亂，國家將要滅亡，後預言實現。二文文字完全相同。

《說苑》18·16 與《周語上》「十五年，有神降於莘」章。二文主要講周惠王十五年時，有神降臨於虢國莘地。對於這種情況，周惠王內史的解釋是，國家興盛與滅亡時神靈都會降臨。此次神降臨於虢國，是因為虢國漸趨滅亡。後晉國果然攻取了虢國。此文僅見於《國語》，二文文字相同。

《說苑》18·18 與《魯語下》「吳伐越，墮會稽，獲骨焉」章。二文主要講吳國攻打越國時，發現能裝滿一車的骨節。於是派使節問孔子最大的骨節。孔子回答為防風氏的骨節最大。接著使者又問了誰能成為神、防風氏主管什麼、人有多高幾個問題，孔子一一作答，以其淵博的知識征服了了使者。此文見於《國語》、《家語》、《史記》，文字都大致相同。仔細比較，《國語》與《家語》更同，《說苑》與《史記》更同。

《說苑》18·19 與《魯語下》「仲尼在陳，有隼集於陳侯之廷而死」章。二文主要講孔子在陳國時，有隼被箭射中，死於陳侯的宮廷。此箭是石製箭頭，楛木做的箭杆，箭杆長一尺八寸，陳侯為此箭向孔子請教。孔子告訴他是肅慎氏，並舉許多歷史事實予以證明，後果真從倉庫中找到此箭。此文亦見於《國語》、《家語》、《史記》，文字都大致相同。仔細比較，《國語》與《家語》更同，《說苑》與《史記》更同。

《說苑》18·20 與《魯語下》「季桓子穿井，獲如土缶」章。二文主要講季桓子打井得到土罐，裏面有羊形土怪，季桓子說成狗，孔子卻通過「木之

怪□、罔兩，水之怪龍、罔象，土之怪羵羊」推測爲狗。此文見於《國語》、《家語》、《史記》，文字都大同小異。

　　《說苑》18‧22 與《晉語八》「鄭簡公使公孫成子來聘於晉」章。二文主要講子產到晉國訪問時，正值晉平公病中夢見黃熊入宮。子產解釋黃熊是鯀的魂靈，需舉行夏朝的郊祭祭奠，晉平公按要求做後，病即痊愈。此文見於《國語》、《左傳》，與《國語》文字相同，《左傳》雖然情節相近，但文字完全不同。

　　《說苑》18‧23 與《晉語二》「虢公夢在廟」章。二文主要講虢公做了將被大國襲擊的夢，虢公不加反省，反叫國人祝賀此夢。舟之僑預見到虢國的滅亡，帶領族人離開，三年後，虢國果然被滅。此文僅見於《國語》，二文文字相同。

　　《說苑》20‧14 與《魯語上》「季文子相宣、成」章。二文主要講季文子作魯國臣相時，生活十分節儉，而且在面對仲孫它的勸諫時，用充足的理由反駁了他的觀點，使其羞慚而退。此文僅見於《國語》，但文字有較大差異。

　　以上分析可見，13 章文本互見文獻中，有 7 章文字完全相同。還有 6 章文字大同小異，不能確定所本。《說苑‧辨物》篇中引《國語》中的文獻最多，辨物「意即辨別事物」，也就是《辨物》第一章所言的「通乎物類之變，知幽明之故」。但「此章實際上是通過天地萬物來附會人事的禍福，國家的興亡盛衰，內容涉及天文地理、飛禽走獸、鬼神怪異、夢兆祀卜等方面」〔註3〕。而《國語》多記載了風俗典制、天文學、地理學等方面的知識，正與《辨物》的主旨相符。

第三節　《新序》《說苑》與《戰國策》互見文獻分析

一、《新序》與《戰國策》互見文獻

　　《新序》與《戰國策》互見文獻爲 15 章，其中 2 章爲本事互見，分別是 9‧10 與《戰國策‧趙策三》、9‧11 與《戰國策‧趙策三》。9‧10 的文字與《史記‧虞卿列傳》相同，只是在文後增加結尾句「虞卿之謀行而趙霸。此

〔註 3〕王瑛、王天海譯注：《說苑全譯》，貴陽：貴州人民出版社，1992 年，第 758 頁。

存亡之樞機，樞機之發，間不及旋踵，是故虞卿一言而秦之震懼，趨風馳指而請備。故善謀之臣其於國，豈不重哉！微虞卿趙以亡矣」。這是《善謀》中每一章的共同點，應爲劉向所增。與《戰國策》故事雖同，文字卻分爲兩部分，一部分是秦趙長平大戰時，趙國敗陣，趙孝成王不聽虞卿與楚魏結盟的勸諫，與秦講和，最終大敗之事；一部分是戰敗之後，虞卿與樓緩在是否再割讓土地的問題上進行爭論，後趙王聽取虞卿的正確意見，與齊國聯盟，最終轉敗爲勝的故事。可見，《新序》9・10 章與《戰國策》不屬於同一文本系統。9・11 章亦與《史記・虞卿列傳》文字相同，結尾多「使虞卿久用於趙，趙必霸。會虞卿以魏齊之事，棄侯捐相而歸，不用，趙旋亡」，爲劉向所增。9・11 章與《戰國策》所言雖爲一事，但文字不同。

　　《新序》與《戰國策》中的文本互見文獻爲 13 章。這 13 章文獻，文字基本相同，應該屬於同一文本系統。現具體分析如下：

　　《新序》2・2 與《戰國策・魏策二》「魏龐蔥與太子質於邯鄲」章。此文主要講魏國龐恭（《戰國策》作「龐蔥」）與太子到趙國邯鄲作人質前，用「三人成虎」的事例暗示魏王不要聽信讒言，魏王雖滿口承諾，最終還是因讒疏遠了龐恭。此例說明了讒言可畏。此文不僅見於《戰國策》，同時見於《韓非子・內儲說上》，文字也基本相同。只是《新序》「龐恭」在《戰國策》作「龐蔥」，結尾也稍有區別，《新序》爲「及龐恭自邯鄲反，讒口果至，遂不得見」，《韓非子》爲「龐恭從邯鄲反，竟不得見」，漏掉「讒口果至」句，《戰國策》爲「於是辭行，而讒言先至。後太子罷質，果不得見」，與二書比，差異稍大，但總體來看，三書基本爲同一文本系統。

　　《新序》2・3 與《戰國策・秦策二》「秦武王謂甘茂曰」章。此文主要講下蔡人甘茂在秦國任官，秦武王想派甘茂奪取韓國的宜陽。由於皆秦國公子樗里子及公孫子的外家都是韓國，甘茂擔心他們進讒，勸秦武王不要攻打韓國。後秦武王果然聽從樗里子及公孫子，準備放棄攻韓，經甘茂提醒，才繼續攻打。秦武王去世後，甘茂還是因此事被迫離開了秦國。此文見於《戰國策》《史記・甘茂傳》，文字基本相同。但《新序》比二書多開頭句「甘茂下蔡人也，西入秦，數有功。至武王以爲左丞相，樗里子爲右丞相。樗里子及公孫子皆秦諸公子也，其外家韓也，數攻韓」以及結尾句「及武王薨，昭王立樗里子，公孫子讒之，甘茂遇罪，卒奔齊。故非至明，其孰能毋用讒乎」。開頭句介紹故事主角甘茂，結尾句下評語，點出讒言可畏。

　　《新序》2‧4與《戰國策‧楚策二》「荊宣王問群臣曰」章。此文主要講楚王聽說北方各國都怕自己的臣相昭奚恤，因而提出疑問。江以「狐假虎威」的事例巧妙地說明「北方非畏昭奚恤也，其實畏王之甲兵也」。此文僅見戰國《戰國策》，文字上除「楚王」與「荊宣王」不同，其餘基本相同。《新序》文後多「故人臣而見畏者，是見君之威也，君不用則威亡矣」評語。將故事引入君臣關係的論述，是劉向的常用手法，此評語應爲劉向所加。

　　《新序》2‧8《戰國策‧齊策四》「管燕得罪齊王」章。此文主要講燕國宰相得罪君王準備出亡時，希望從門客中找到能跟隨自己出亡的人，然而無人應答。當燕相表示失望時，門客中一人進行了反駁。他認爲燕相自己奢華享樂，不顧門客生活困苦，因此不會有人爲之赴死，此言使燕相羞愧而逃。此文分別見於《外傳》、《戰國策》、《說苑》，文字大同小異。

　　《新序》2‧15與《戰國策‧楚策四》「莊辛諫楚襄王曰」章。此文主要記錄楚國貴族莊辛的諫言。莊辛最開始勸諫楚襄王不要與寵臣荒淫享樂時，被楚襄王責罵。之後不出十個月，楚國就喪失了大片土地，引起楚襄王的驚恐並從趙國請回莊辛，莊辛接著引各種事例告誡只顧淫樂的嚴重後果，使楚襄王覺悟。此文僅見於《戰國策》，文字相同。

　　《新序》2‧19與《戰國策‧楚策四》「靖郭君欲城薛」章。此文主要講靖郭君不聽眾人的勸諫，想在自己的封地薛這個地方修城牆。一齊國人聰明機智，用「海大魚」三字引起靖郭君的興趣，然後才以魚失去水就會死的道理，告訴靖郭君「且夫齊，亦君之水也，君已有齊，奚以薛爲？君若無齊，城薛猶且無益也」，使靖郭君改變了主意。此文見於《戰國策》、《韓非子》、《淮南子》，文字稍異，其中以《戰國策》、《韓非子》最同。

　　《新序》3‧3與《戰國策‧魏策四》「秦魏爲與國」章。此文主要講魏國遭到齊楚兩國的合攻，魏國派使者向盟友秦國求救，但秦國救兵始終不出。後九十歲老者唐且主動請纓，終於以巧妙的言辭說服秦國出兵。此文文字與《戰國策》同，僅在結尾增加「故唐且一說，定強秦之莢，解魏國之患，散齊、楚之兵，一舉而折衝消難，辭之功也。孔子曰：『言語，宰我、子貢。』故詩曰：『辭之集矣，民之洽矣，辭之懌矣，民之莫矣。』唐且有辭，魏國賴之，故不可以已」句，強調唐且之說的重要性。《新序》中許多故事都有這樣的評語，故此應爲劉向所增。此文又見《史記‧魏世家》，僅本事相同，文字多異。

　　《新序》3‧4與《戰國策‧魏策四》「燕昭王收破燕後即位」章。此文主要講燕昭王希望能得到賢士爲父復仇並使燕國強盛，郭隗以中涓用五百金買千里馬骨頭的故事，勸燕昭王若眞心延攬賢能之士，就「從隗始，隗且見事，況賢於隗者乎，豈遠千里哉」。於是燕昭王爲其修建府第，並尊他爲師，於是賢士從四面八方奔向燕國，燕國終於強盛。此文文字與《戰國策》基本相同，《新序》前面多「燕易王時，國大亂，齊閔王興師伐燕，屠燕國，載其寶器而歸，易王死，及燕國復，太子立爲燕王，是爲燕昭王」，交代故事的時間、背景；結尾多「樂毅之筴，得賢之功也」，指出故事的主題。此文又見《史記‧燕世家》，文字完全不同。

　　《新序》3‧5與《戰國策‧燕策三》「燕王以書且謝焉」章。此文主要講樂毅幫助燕昭王打敗齊國，報仇雪恨。但在燕國單獨圍莒與即墨時，燕昭王去世，燕惠王聽信讒言，撤除樂毅職位，使得齊國又反敗爲勝。燕惠王後悔之下，寫了一封長信給樂毅，但信中主要責怪樂毅不夠寬厚，很少反省自己的錯誤。此文文字與《戰國策》同，但《新序》在書信前有樂毅爲燕昭王計謀，戰勝齊國，接著被讒，逃亡趙國的情節，《戰國策》沒有。其他文字基本相同。此文又見《史記‧樂毅傳》，文字不同。

　　《新序》3‧6與《戰國策‧燕策二》「望諸君乃使人獻書報燕王曰」章。此文主要記錄樂毅給燕惠王的回信。主要內容是講自己遇明君時能建功立業，但「善作者不必善成，善始者不必善終」，自己遭到殺身之禍時，就馬上避開，保持自己的功業。此文與《戰國策》、《史記‧樂毅傳》文字相同，三書都應屬於同一文本系統。

　　《新序》4‧28與《戰國策‧宋策》「宋康王之時，有爵生鷝於城之陬」章。此文主要講宋康王時，一件雀生鷝的奇怪事被史官解釋爲「小而生巨，（宋康王）必霸天下」，導致宋康王做出種種囂張狂妄之事，最終被齊破國。此文與《戰國策》文字相同，同時也同於《賈誼新書》，但《新序》多劉向的評語，即「臣向愚以《鴻範傳》推之，宋史之占非也，此黑祥，傳所謂黑眚者也，猶魯之有鷝鴒爲異祥也，屬於不謀，其咎急也。鷝者，黑色，食爵，大於爵，害爵也，攫擊之物，貪叨之類，爵而生鷝者，是宋君且行急暴擊伐貪叨之行，距諫以生大禍以自害也。故爵生鷝於城陬者，以亡國也，明禍且害國也，康王不悟，遂以滅亡，此其效也」。

　　《新序》9‧8與《戰國策‧秦策一》「司馬錯與張儀爭論於惠王之前」

章。此文主要講秦惠王在攻蜀還是襲韓上猶豫不定。司馬錯和張儀紛紛出謀獻計，司馬錯認爲應攻韓，這樣才能獲取最大的利益；張儀認爲應該先攻蜀，這樣既可得到蜀國，又有平定禍亂的美名。此文與《戰國策》、《史記·張儀列傳》文字同。但開頭有一段介紹文字，即「秦惠王時蜀亂，國人相攻擊，告急於秦。惠王欲發兵伐蜀，以爲道險峽難至，而韓人來侵秦。秦惠王欲先伐韓，恐蜀亂；先伐蜀，恐韓襲秦之弊，猶與未決。」《戰國策》沒有，《史記》雖有，但與之不同。《新序》結尾多「司馬錯之謀也」，爲劉向所增。

《新序》9·9 與《戰國策·秦策四》「頃襄王二十年」章。此文主要講楚國使者黃歇得知秦國要聯合韓、魏兩國進攻楚國。於是上書秦王，希望使秦放棄攻楚。信中陳述的理由是：滅楚將使韓、魏強大，而韓、魏與秦世代結仇，不可能眞心向秦；楚國遙遠，沒有去路；韓魏會偷襲等等，書信說服秦放棄攻楚。此文與《戰國策》書信部分文同，與《史記·春申君列傳》文字基本相同。《新序》比二書多評語「黃歇受約歸楚，解弱楚之禍，全強秦之兵，黃歇之謀也」。

上面分析可知，《新序》比《戰國策》多開頭與結尾，前者主要介紹故事的背景與起因，後者重在對材料中所含的義理的揭示，這種添加可能是劉向所爲，目的是使內容完整，並與《善謀》篇題統一。互見文獻其他部分文字基本相同。

二、《說苑》與《戰國策》互見文獻

《說苑》與《戰國策》互見文獻有 19 章，它們分別是 1·21 與《燕策一》「燕昭王收破燕後即位」章、5·5 與《魏策一》「魏武侯與諸大夫浮於西河」章、5·28 與《中山》「樂羊爲魏將」章、6·7 與《秦策二》「魏文侯令樂羊將」章、6·13 與《趙策一》「晉畢陽之孫豫讓」章、8·16 與《齊策四》「先生王斗造門而欲見齊宣王」章、8·17 與《齊策四》「管燕得罪齊王」章、9·5 與《齊策三》「孟嘗君將入秦」章、10·18 與《秦策四》「秦昭王謂左右曰」章、8·19 與《趙策三》「平原君謂平陽君曰」章、11·2 與《趙策四》「虞卿謂趙王曰」章、9·5 與《齊策三》「孟嘗君將入秦」章、12·4 與《魏策四》「秦王使人謂安陵君曰」章、13·8 與《趙策一》「知伯從韓、魏兵以攻趙」章、13·24 與《魏策一》「知伯索地於魏桓子」章、13·39 與《楚策一》「江乙說於安

陵君曰」章、13‧41 與《衛策》「知伯欲伐衛」章、13‧42 與《衛策》「知伯欲襲衛」章、15‧8 與《齊策六》「田單將攻齊，往見魯仲子」章。

這些互見文獻文字大多不同，除了 10‧18、13‧8 兩章可以歸入文本互見文獻，其他 17 章文字都不同，屬於本事互見文獻。而且這兩章也有文字出入，10‧18 章前多「魏安釐王十一年」，後多「於是秦王恐」，《史記》《韓非子》的文獻卻與 10‧18 章完全相同，因此，此文應來自後者。13‧8 章則一些文字有異。從這些分析可以得出，《說苑》較少甚至沒有引用《戰國策》文。《戰國策》是一部記載戰國謀士遊說權謀、奇筴異智之事的書，《新序》與之互見的文獻皆此之類，這些記載謀士言行事迹的文字，使《新序》也有著濃厚的戰國縱橫習氣。

第四節　《新序》《說苑》與《史記》互見文獻分析

一、《新序》與《史記》互見文獻

《新序》與《史記》的互見文獻有 45 章，其中本事互見文獻有 24 章，它們分別是 1‧1 與《舜本紀》「舜父瞽瞍頑」章、1‧3 與《外戚世家》「禹之興也以塗山」章、1‧5 與《晉世家》「悼公問群臣可用者」章、1‧10 與《趙世家》「趙簡子有臣曰周舍」章、1‧14 與《扁鵲列傳》「扁鵲過秦」章、1‧18 與《滑稽列傳》「扁鵲過秦」章、3‧3 與與《魏世家》「齊、楚相約而攻魏」章、3‧4 與《燕世家》「燕昭王於破燕之後即位」章、3‧5 與《樂毅傳》「燕王以書且謝焉」章、4‧7 與《樂毅傳》「五年，伐魯，魯將師敗」章、5‧3 與《殷本紀》「湯出，見野張網四面」章、5‧5 與《齊世家》「初，襄公之罪殺魯桓公」章、5‧20 與《田敬仲完世家》「閔王出亡」章、5‧22 與《秦始皇本紀》「郎中令與樂俱入」章、7‧5 與《吳太伯世家》「二十五年，王壽夢卒」章、7‧6 與《吳太伯世家》「季札之初使」章、7‧8 與《衛康叔世家》「太子伋母死」章、7‧12 與《齊世家》「齊太史書曰」章、7‧15 與《循吏列傳》「公儀休者，魯博士也」章、7‧19 與《循吏列傳》「屈原賈生列傳」章、7‧21 與《循吏列傳》「李離者，晉文公之理也」章、7‧22 與《晉世家》「文公修政，施惠百姓」章、8‧12 與《衛世家》「懿公即位」章、9‧7 與《商君列傳》「孝公既用衛鞅」章。

這些本事互見文獻文字完全不同。有的《史記》只有簡單敘述，有的角

度完全不同，可以肯定這些文獻不是來自同一文本系統。只不過《新序》記錄多爲歷史故事，而與《史記》形成一事而傳聞互異的文獻。《新序》的本事互見文獻多集中在一至八篇，《善謀》上下篇的互見文獻基本上與《史記》文字吻合，屬於文本互見文獻。可見，《新序》與《史記》的本事互見文獻與文本互見文獻有著不同的文獻來源。

　　《新序》與《史記》的文本互見文獻有 21 章，由於這些互見文獻的特點與《戰國策》有的共同點，因此不再一一分析，只作集中概括。下面是二書文本互見文獻對照表：

《新序》《史記》文本互見文獻對照表

序號	《新序》	《史記》
1	2·3 甘茂下蔡人也	《甘茂傳》：秦使甘茂定蜀〔註4〕
2	3·6 樂毅使人獻書燕王	《樂毅傳》：樂毅使人獻書燕王
3	3·7 齊人鄒陽客遊於梁	《鄒陽傳》：鄒陽者，齊人也
4	7·27 公孫杵臼、程嬰者，晉大夫趙朔客也	《晉世家》：屠岸賈者，始有寵於靈公
5	9·8 秦惠王時蜀亂	《張儀列傳》：苴蜀相攻擊，各來告急於秦
6	9·9 楚使黃歇於秦	《春申君列傳》：秦昭王使秦攻韓、魏
7	9·10 秦趙戰於長平	《虞卿列傳》：秦趙戰於長平
8	9·11 魏請爲從	《虞卿列傳》：居頃之，而魏請爲從
9	10·1 沛公與項籍俱受令於楚懷王	《高祖本紀》：當是時，趙別將司馬卬方欲渡河入關
10	10·2 漢王既用滕公、蕭何之言	《淮陰侯列傳》：王曰：「丞相數言將軍」
11	10·3 趙地亂，武臣張耳、陳餘定趙地	《張耳陳餘列傳》：趙王間出
12	10·4 酈食其號酈生	《酈生陸賈列傳》：酈生因曰
13	10·5 酈生說漢王	《酈生陸賈列傳》：方今燕趙已定
14	10·6 漢三年，項羽急圍漢王滎陽	《留侯世家》：漢三年，項羽急圍漢王滎陽
15	10·7 漢五年，追擊項王陽夏南	《項羽本紀》：漢五年，漢王追項王陽夏南
16	10·8 漢六年正月，封功臣張子房	《留侯世家》：漢六年正月，封功臣

〔註4〕《史記》的引文出自司馬遷撰《史記》（北京：中華書局，1982 年），以下皆同。

17	10·9 高皇帝五年，齊人婁敬戍隴西	《史記·劉敬列傳》：劉敬者，齊人也
18	10·10 留侯張子房於漢已定	《留侯世家》：漢十二年，上從擊破布軍歸
19	10·11 漢十一年，九江黥布反	《留侯世家》：漢十一年，黥布反
20	10·12 齊悼惠王者，孝惠皇帝兄也	《齊悼惠王世家》：齊王，孝惠皇帝兄也
21	10·14 孝武皇帝時，中大夫主父偃爲策曰	《酈生陸賈列傳》：偃說上曰

《新序》與《史記》21 章文本互見文獻有以下幾個共同特點：

第一、《新序》的多數文獻都添加文句，在文前添加主要是交待故事背景、時間地點等，文後添加主要是指出文獻主旨，特別是《善謀》上下篇的文獻，結尾都添加「……之謀」句式，既高度讚美了謀士謀略的可貴，又與《善謀》篇題相符合。例如：

> 沛公與項籍俱受令於楚懷王，曰：「先入咸陽者王之。」沛公將從武關入，至南陽守戰，南陽守齮保宛城，堅守不下。沛公引兵圍宛三匝。南陽守欲自殺，其舍人陳恢止之曰：「死未晚也。」於是恢乃踰城見沛公，曰：「臣聞足下約先入咸陽者王之，今足下留兵盡日圍宛。宛，大郡之都也。連城數十，人民眾，蓄積多，其吏民自以爲降而死，故皆堅守乘城。足下攻之，死傷者必多。死者未收，傷者未瘳，足下曠日則事留，引兵而去，宛完繕弊甲，砥礪洞兵，而隨足下之後。足下前則失咸陽之約，後有彊宛之患，竊爲足下危之。爲足下計者，莫如約宛守降，因使止守，引其甲兵，與之西擊，諸城未下者，聞聲爭開門而待足下，足下通行無所累。」沛公曰：「善。」乃以宛守爲殷侯，封陳恢千户，引兵西，無不下者，遂先入咸陽，陳恢之謀也。（《新序》10·1章）

> 於是沛公乃夜引兵從他道還，更旗幟，黎明，圍宛城三匝。南陽守欲自剄。其舍人陳恢曰：「死未晚也。」乃踰城見沛公，曰：「臣聞足下約，先入咸陽者王之。今足下留守宛。宛，大郡之都也，連城數十，人民眾，積蓄多，吏人自以爲降必死，故皆堅守乘城。今足下盡日止攻，士死傷者必多，引兵去宛，宛必隨足下後：足下前則失咸陽之約，後又有彊宛之患。爲足下計，莫若約降，封其守，因使止守，引其甲卒與之西。諸城未下者，聞聲爭開門而待，足下通行無所累。」沛公曰：「善。」乃以宛守爲殷侯，封陳恢千户，引兵

西，無不下者。（《史記‧高祖本紀》）

比較可知，《新序》開頭多「沛公與項籍俱受令於楚懷王，曰：『先入咸陽者王之。』沛公將從武關入至南陽，守戰，南陽守齮保宛城，堅守不下」一段，結尾多「遂先入咸陽，陳恢之謀也」句，這種情況與《戰國策》類似。由於《新序》是一個個獨立的故事，加上開頭結尾，顯然更加完整。

第二、《新序》與《史記》互見文獻多為有關戰國至秦漢的謀士的謀略與口才的故事。如2‧3章甘茂奉命攻宜陽之前，為免遭讒言，以曾參殺人、樂羊攻中山之例，來提醒秦武王不要信讒言。3‧7章齊人鄒陽由於讒言被梁孝王收入獄中，他寫了一封長信，就能立刻得到釋放，成為梁孝王的上客。《善謀》上下篇更是廣收表現謀士謀略的文獻。如司馬錯之謀而使「秦日益強，富厚而制諸侯」，黃歇之謀也而「解弱楚之禍，全強秦之兵」，「虞卿之謀行而趙霸，此存亡之樞機，樞機之發，間不及旋踵。」陳恢之謀使劉邦遂先入咸陽，韓信之謀使劉邦定帝業，趙卒之謀使趙王遂得反國復立為王等等。

二、《說苑》與《史記》互見文獻

《說苑》與《史記》互見文獻有 54 章，其中本事互見文獻有 29 章，它們分別是 1‧12 與《晉世家》「成王與叔虞戲」章、1‧28 與《殷本紀》「帝太戊立」章、1‧31 與《楚世家》「十月，昭王病於軍中」章、2‧5 與《魏世家》「魏文侯謂李克曰」章、3‧29 與《晉世家》「七年八月，襄公卒」章、4‧8 與《宋世家》「三十年，桓公病」章、4‧9 與《晉世家》「或為太子曰」章、4‧11 與《楚世家》「乃令司馬奮揚召太子建」章、4‧12 與《晉世家》「靈公患之」章、5‧9 與《燕世家》「二十七年，山戎來侵我」章、6‧2 與《趙世家》「於是襄子行賞」章、6‧9 與《秦世家》「初，繆公亡善馬」章、6‧11 與《晉世家》「初，盾常田首山」章、6‧13 與《刺客列傳》「趙襄子最遠智伯」章、6‧16 與《管晏列傳》「管仲曰」章、6‧17 與《刺客列傳》「晉趙盾舉韓厥」章、6‧25 與《吳起傳》「威王八年」章、6‧26 與《齊世家》「懿公四年春」章、9‧3 與《楚世家》「莊王即位」章、9‧5 與《孟嘗君傳》「孟嘗君將西入秦」章、9‧8 與《秦始皇本紀》「秦始皇太后不謹」章、10‧2 與《魯周公世家》「於是卒相成王」章、13‧13 與《齊太公世家》「管仲病」章、14‧2 與《吳太伯世家》「壽夢有子四人」章、14‧12 與《吳太伯世家》「始，伍員與申包

胥爲交」章、15‧2 與《吳太伯世家》「壽夢有子四人」章、18‧28 與《扁鵲列傳》「其後扁鵲過虢」章、20‧7 與《秦始皇本紀》「三十五年，除道」章、20‧9 與《秦本紀》「於是繆公退而問內史廖曰」章。

可見，《說苑》與《史記》的互見文獻雖然多，但許多都不是同一文本系統，也就是說，這些文獻另有所本。與《史記》形成互見文獻的原因在於《說苑》輯錄了大量歷史故事，自然會與史書相出入。二書文本互見文獻有 25 章，現列表如下：

《說苑》《史記》文本互見文獻對照表

序號	《說苑》	《史記》
1	5‧5 魏武侯浮西河而下	《吳起傳》：武侯浮西河而下
2	6‧8 平原君既歸趙	《平原君列傳》：平原君既歸趙
3	6‧12 孝景時，吳楚反，袁盎以太常使吳	《袁盎傳》：及晁錯已誅，袁盎以太常使吳
4	6‧15 留侯張良之大父開地相韓昭侯、宣惠王、襄哀	《留侯世家》：留侯張良者，其先韓人也，大父開地相韓昭侯、宣惠王、襄哀王
5	7‧30 子路治蒲	《仲尼弟子列傳》：子路蒲大夫，辭孔子
6	8‧6 齊景公問於孔子曰	《孔子世家》：齊景公與晏嬰來適魯
7	9‧20 吳以伍子胥孫武之謀，西破強楚、北威、齊晉，南伐越	《伍子胥傳》：後五年，伐越
8	10‧18 魏安釐王十一年秦昭王謂左右曰	《魏世家》：秦昭王謂左右曰
9	11‧2 趙使人謂魏王曰	《魏世家》：趙使人謂魏王曰
10	13‧15 韓昭侯造作高門	《韓世家》：二十五年，汗，作高門
11	16‧13 婦人之口，可以出走	《孔子世家》：孔子曰：吾歌可夫
12	16‧28 天與不取	《淮陰侯列傳》：天與弗取
13	16‧29 天地無親，常與善人	《史記伯夷傳》：天地無親，常與善人
14	16‧46 高山仰止，景行行止，力雖不能，心必務爲	《孔子世家》：高山仰止，景行行止，力雖不能，心必務爲
15	16‧53 一死一生，乃知交情；初沐者必拭冠，新浴者必振衣	《汲鄭列傳》《屈原列傳》：一死一生，乃知交情；初沐者必拭冠，新浴者必振衣
16	16‧99 猛獸狐疑，不若蜂蠆之致毒也	《淮陰侯列傳》：猛虎之猶豫，不若蜂蠆之致螫
17	17‧4 彌子瑕愛於衛君	《韓非列傳》：彌子瑕見愛於衛君

18	18．18 吳伐越，隳□稽	《孔子世家》：吳伐越，隳□稽
19	18．19 仲尼在陳，有隼集於陳侯之廷而死	《孔子世家》：有隼集於陳廷而死
20	19．19 是故皐陶爲大理	《五帝本紀》：皐陶爲大理
21	19．37 聖人作爲鼗鼓椌楬塤箎	《樂書》：聖人作爲鼗鼓椌楬塤箎
22	19．38 鐘聲鏗鏗以立號	（同上）：鐘聲鏗鏗以立號
23	19．39 樂者聖人之所樂也	（同上）：樂者聖人之所樂也
24	19．40 樂之可密者，琴最宜焉	（同上）：凡音之起由人心生也
25	19．41 凡音生人心者也	（同上）：凡音者，生人心者也

　　《說苑》與《史記》的文本互見文獻雖有 25 章，但從表中可見，《談叢》中有 6 章，《談叢》爲名言集錦，這些名句在先秦文獻中廣泛存在，因此很難推斷其是否來自《說苑》。從剩餘的 19 章來看，很多文獻的開頭部分都不同，這也許是《新序》《說苑》與史書互見文獻共同存在的問題。因爲史書是篇幅較長的史實記錄，《新序》《說苑》是講述短小的故事，其敘述會更完整。《說苑》與《新序》與《史記》的互見文獻也有區別。《新序》與《史記》的互見文獻，往往是《史記》中的長篇史實，特別是《善謀》下，幾乎按年代排列漢代的歷史事迹，使得《新序》類似漢史。《說苑》與《史記》的互見文獻或是名句，或爲禮的記錄，或是同見於《呂氏春秋》或者《家語》《外傳》這樣的書籍的說類故事。這種區別使得《新序》比《說苑》更像一部史書。

第六章 《新序》《說苑》與其它書籍文獻研究

第一節 《新序》《說苑》與《大戴禮記》互見文獻分析

一、《新序》與《大戴禮記》互見文獻

《新序》與《大戴禮記》的互見文獻僅1·4章，全文為：

> 衛靈公之時，蘧伯玉賢而不用，彌子瑕不肖而任事。衛大夫史鰌患之，數以諫靈公而不聽。史鰌病且死，謂其子曰：「我即死，治喪於北堂。吾不能進蘧伯玉而退彌子瑕，是不能正君也。生不能正君，死不當成禮，置尸北堂，於我足矣。」史鰌死，靈公往弔，見喪在北堂，問其故，其子具以父言對靈公。靈公蹴然易容，窴然失位，曰：「夫子生則欲進賢而退不肖，死且不懈，又以尸諫，可謂忠而不衰矣。」於是乃召蘧伯玉，而進之以為卿，退彌子瑕。徙喪正堂，成禮而後返，衛國以治。史鰌字子魚，《論語》所謂「直哉史魚」者也。（《新序》1·4章）

此文同時見於《大戴禮記》、《賈誼新書》、《外傳》、《家語》。《外傳》、《家語》與之文字不同，《大戴禮記》、《賈誼新書》與之文字相同，屬於文本互見文獻。由於《新序》與《賈誼新書》的文本互見文獻有11章。遠遠多於《大戴禮記》，此文與《賈誼新書》的文獻淵源應該更深。

二、《説苑》與《大戴禮記》互見文獻

　　《説苑》與《大戴禮記》有 11 章互見文獻。由於這些文獻多對話、以及名人名言，稍有歷史故事，此處便部分本事互見文獻與文本互見文獻，而是放在一起進行具體分析。

　　這些互見文獻中，有 4 章爲短小的名言警句，它們分別是 16・5、16・15、16・37、16・80 章。但這些名句文字並非完全相同，例如：

> 鸞設於鑣，和設於軾，馬動而鸞鳴，鸞鳴而和應，行之節也。（《説苑》16・5 章）

> 在衡爲鸞，在軾爲和，馬動而鸞鳴，鸞鳴而和應，聲曰和，和則敬，此御之節也〔註1〕。（《大戴禮記・保傅》）

> 士横道而偃，四支不掩，非士之過，有土之羞也。（《説苑》16・15）

> 天下無道，循道而行，衡塗而債，手足不揜，四支不被，則非士之罪也，有土者之羞也。（《大戴禮記・曾子制言》）

另外 7 章文獻，3・13 章是子思討論學習對人的益處。此文又見《大戴禮記・勸學》與《荀子・勸學》，這兩部書文字更同。向宗魯認爲 3・13 章爲《子思子》佚文。3・15 章記録了孔子勸其子孔鯉學習的一段話。此文雖見於《大戴禮記》《尚書大傳》《家語》等書，但文字與阜陽一號木牘更同。8・5 章是關於賢士作用的一大段文字。與《大戴禮記・保傅》《賈誼・胎教》同，又見《外傳》與《家語》，文字有異。10・9 章記録曾子病時對曾元、曾華的教導，中心是要遠利避害、愼終如始。《説苑》多結尾句「官怠於宦成，病加於少愈，禍生於懈惰，孝衰於妻子。察此四者，愼終如始。詩曰：『靡不有初，鮮克有終』」。17・47 章内容是孔子將水比作君子，對其進行高度的讚美。與《大戴禮記・勸學》文字相同。18・12、19・12 章僅部分文字與《大戴禮記》相同。比較可知，《説苑》與《大戴禮記》文字最同的文獻是 8・5 與 17・47 章。而《新序》也僅有 1 章，這充分説明，《新序》《説苑》與《大戴禮記》的文獻關係比較疏遠。

〔註 1〕　《大戴禮記》的引文出自王聘珍的《大戴禮記解詁》（北京：中華書局，1983年），以下皆同。

第二節　《新序》《說苑》與《禮記》互見文獻分析

　　《新序》與《禮記》的互見文獻為 5・13、7・24 章，5・13 章講的是孔子在去往北方山戎的路上碰見一位婦人，因老虎吃掉丈夫、兒子而哭泣，只因此處政治清明，即便有虎婦人也不願搬走，於是孔子發出苛政猛於虎的感慨。此文見於《禮記・檀弓下》，但文字不同。7・24 章齊人黔敖在饑荒時施捨飲食，只因言語不禮貌，一餓者始終不肯接受，最終餓死。此文見於《禮記・檀弓下》「齊大饑，黔敖為食於路」文字相同。因此，《新序》與《禮記》僅有 1 條互見文獻。《說苑》與《禮記》有 13 條互見文獻，現列表如下：

《說苑》《禮記》互見文獻對照表

序號	《說苑》	《禮記》
1	3・9 成人有德，小子有造	《學記》：大學之法〔註 2〕
2	16・89 君子有五恥	《雜記》：君子有五恥
3	19・17 天子日巡狩	《王制》：天子日巡狩
4	19・19 天子諸侯無事則歲三田	《王制》：天子諸侯無事則歲三田
5	19・20 射者必心平體正	《王制》：射之為言者
6	19・23 延陵季子適齊	《檀弓》：延陵季子適齊
7	19・25 子夏三年之喪畢	《六本》：子夏三年之喪畢
8	19・28 齋者思其居處也	《祭義》：齋之日，思其居處
9	19・37 聖人作為鞉鼓椌楬壎箎	《樂記》：聖人作為鞉鼓椌楬壎箎
10	19・38 鐘聲鏗鏗以立號	《樂記》：鐘聲鏗鏗以立號
11	19・39 樂者聖人之所樂也	《樂記》：樂者聖人之所樂也
12	19・40 樂之可密者，琴最宜焉	《樂記》：凡音之起由人心生也
13	19・41 凡音生人心者也	《樂記》：凡音生人心者也

　　從上表可見，《說苑》與《禮記》的互見文獻集中歸入《修文》章，修文「意謂興修文教，推行文治。本卷採記了周初至戰國時期禮樂教化的軼事和

〔註 2〕《禮記》的引文出自王文錦的《禮記譯解》（北京：中華書局，2001 年），以下皆同。

有關制度共十四則」〔註3〕。《修文》的內容與《禮記》緊密相連，因此，《禮記》中文獻多見於《說苑》。從《新序》《說苑》與《禮記》的文獻比較可見，《新序》主要提倡謀士智慧謀略在國家軍事與外交方面的作用。《說苑》則更重視用儒家禮樂教化來治國安邦。

第三節　《新序》《說苑》與《晏子春秋》互見文獻分析

一、《新序》與《晏子春秋》互見文獻

　　《新序》與《晏子春秋》的互見文獻只有 6 章，其中本事互見文獻有 3 章，分別是 6・7 與《外篇第七》「景公飲酒數日而樂」章、7・17 與《雜上》「晏子之晉」章、8・4 與《雜上》「崔杼既弒莊公而立景公」章。它們的共同特點是《新序》敘述簡潔，《晏子春秋》細緻繁複。而且 6・7 章首句文字與阜陽二號木牘章題同，7・17 章與《呂氏春秋・觀世》文字一致，8・4 章與《外傳》文字相同。因此，這三章文獻不屬於《晏子春秋》文本系統。

　　《新序》與《晏子春秋》文本互見文獻有 3 章，分別是 1・14 與《雜上》「晉平公欲伐齊」章、4・26 與《外篇》「齊有彗星」章、5・23 與《問上》「齊侯問於晏子曰」章。三章文獻雖說也分別見於其他文獻，但文字與《晏子春秋》最同。

　　總的來說，《新序》與《晏子春秋》互見文獻少，二書文獻關係疏遠。

二、《說苑》與《晏子春秋》互見文獻

　　《說苑》與《晏子春秋》的互見文獻共有 44 章，其中本事互見文獻為 4 章，分別為 9・16 與《內篇諫上》「景公使圉人養所愛馬」章、10・26 與《雜上》「魯昭公棄國走齊」章、17・36 與《內篇雜上》「曾子將行」章、17・56 與《內篇諫下》「景公獵休，坐地而食」章。4 章文獻總體來說文字較簡，而《晏子春秋》文字詳細。其中除了 17・36 章與《家語》文字相近，其餘 3 章僅見《晏子春秋》，總體來說，這 4 章文獻不屬於《晏子春秋》文本系統。

〔註 3〕 王瑛、王天海譯注：《說苑全譯》，貴陽：貴州人民出版社，1992 年，第 809 頁。

　　《說苑》與《晏子春秋》文本互見文獻共有 40 章，這 40 章文獻，文字基本相同，流傳中失眞部分不多，現列表如下：

《說苑》與《晏子春秋》文本互見文獻對照表

序號	《說苑》	《晏子春秋》
1	1・19 齊景公問於晏子曰：「寡人欲從夫子而善齊國之政。」	《內篇問上》：齊景公問於晏子曰：寡人欲從夫子而善齊國之政〔註4〕
2	1・20 景公謂晏子曰：「吾聞高繚與夫子游。」	《內篇雜上》：景公謂晏子曰：吾聞高繚與夫子游
3	1・24 齊景公出獵	《內篇諫下》：景公出獵
4	1・40 齊景公遊於蔓	《外篇第八》：齊景公遊於菑
5	1・41 晏子沒，十有七年	《外篇第八》：晏子十有七年
6	2・11 晏子侍於景公，朝寒	《內篇雜上》：晏子侍於景公，朝寒
7	2・12 齊侯問於晏子曰	《內篇問上》：齊侯問於晏子曰
8	2・13 晏子朝，乘敝車，駕駑馬	《內篇雜下》：晏子朝，乘敝車，駕駑馬
9	2・14 景公飲酒，陳桓子侍	《內篇雜下》：景公飲酒，田桓子侍
10	2・15 晏子方食，君之使者至	《內篇雜下》：晏子方食，君之使者至
11	2・19 高繚仕於晏子	《外篇第七》：晏子使高糾治家
12	3・19 梁丘據謂晏子曰	《內篇雜下》：梁丘據謂晏子曰
13	5・8 晏子飲景公酒令器必新	《內篇雜下》：晏子飲景公酒令器必新
14	5・10 景公探爵鷇	《內篇雜上》：景公探爵鷇
15	5・11 景公?嬰兒有乞於途者	《內篇雜上》：景公?嬰兒有乞於途者
16	5・12 景公遊於壽宮，覩長年負薪而有饑色	《內篇雜上》：景公遊於壽宮，覩長年負薪而有饑色
17	6・19 北郭騷踵見晏子曰	《內篇雜上》：北郭騷踵見晏子曰
18	7・29 晏子治東阿三年	《外篇》：晏子治東阿三年
19	7・35 齊桓公問於管仲曰：「國何患」	《內篇問上》：景公問於晏子曰：「國何患？」
20	7・36 齊侯問於晏子曰爲政何患	《內篇問上》：齊侯問於晏子曰爲政何患

〔註4〕《晏子春秋》引文出自吳則虞的《晏子春秋集釋》（北京：中華書局，1962年）以下皆同。

21	7‧43 景公好婦人而丈夫飾者」	《內篇雜下》：景公好婦人而丈夫飾者
22	7‧44 齊人甚好轂擊相犯以爲樂	《內篇雜下》：齊人甚好轂擊相犯以爲樂
23	9‧15 景公爲臺，臺成，又欲爲鍾	《內篇諫下》：景公爲臺，臺成，又欲爲鍾
24	9‧17 景公好弋，使燭雛主鳥而亡之	《外篇第七》：景公好弋，使燭雛主鳥而亡之
25	9‧18 景公正晝被髮乘六馬御婦人以出	《內篇雜上》：景公正晝被髮乘六馬御婦人以出
26	9‧19 景公飲酒移於晏子家	《內篇雜上》：景公飲酒夜移於晏子
27	9‧26 晏子復於景公曰：朝居嚴乎	《內篇諫下》：晏子朝，復於景公曰：朝居嚴乎
28	12‧12 晏子使吳，吳王謂行人曰	《內篇雜下》：晏子使吳，吳王謂行人曰」
29	12‧13 晏子使吳，吳王曰：寡人得寄僻處蠻夷之鄉	《外篇第七》：晏子使吳，吳王曰：寡人得寄僻處蠻夷之鄉
30	12‧14 景公使晏子使於楚	《內篇雜下》：景公使晏子使於楚
31	12‧15 晏子將使荊	《內篇雜下》：晏子將至楚
32	12‧16 晏子使楚，晏子短	《內篇雜下》：晏子使楚，以晏子短
33	13‧7 齊侯問於晏子曰：「當今之時諸侯孰危？」	《內篇問下》：齊侯問於晏子曰：「當今之時諸侯孰危？」
34	14‧6 齊景公嘗賞賜及後宮	《外篇第七》：齊景公嘗賞賜及後宮
35	18‧9 齊景公爲露寢之臺	《內篇雜下》：齊景公爲露寢之臺
36	18‧11 齊大旱之時，景公召群臣問曰	《內篇諫下》：齊大旱逾時
37	18‧30 景公畋於梧丘	《內篇雜下》：景公畋於梧丘
38	19‧6 齊景公登射，晏子修禮而待	《內篇諫下》：齊景公登射，晏子修禮而待
39	20‧19 晏子飲景公酒，日暮	《內篇雜下》：晏子飲景公酒，日暮
40	20‧22 晏子病，將死，斷楹內書焉	《內篇雜下》：晏子病將死，斷楹內書焉

結合銀雀山漢簡《晏子春秋》，分析《說苑》與《晏子春秋》的文獻關係：

第一、《晏子春秋》是《說苑》中文獻來源書籍之一。二書 40 章互見文獻文字差別少，多數文獻僅見於《晏子春秋》，不見他書，因此這些文獻應引自《晏子春秋》。《晏子春秋》亦稱《晏子》，是記敘春秋末期齊國政治家晏嬰事迹的著作。《晏子春秋》最早著錄於《史記》，司馬遷云：「吾讀管氏《牧民》、《山高》、《乘馬》、《輕重》、《九府》，及《晏子春秋》，詳哉其言之也。既見其著書，欲觀其行事，故次其傳。至其書，世多有之，是以不論，論其

軼事。」〔註5〕後漢成帝時期的劉向曾校對整理，《晏子敘錄》云，「凡中外書三十篇，為八百三十八章。除復重二十二篇六百三十八章，定著八篇二百一十五章。」〔註6〕此後，《晏子》八篇二百一十五章便成定本流佈於世。劉向《說苑》完成於其校書期間，引用此書文獻可能性很大。現舉例說明：

> 景公謂晏子曰：「善！吾聞高繚與夫子游，寡人請見之。」晏子曰：「臣聞爲地戰者，不能成王；爲祿仕者，不能成政。若高繚與嬰爲兄弟久矣，未嘗干嬰之過，補嬰之闕，特祿仕之臣也，何足以補君。」（《說苑》1‧20）

> 景公謂晏子曰：「吾聞高糾與夫子游，寡人請見之。」晏子對曰：「臣聞之，爲地戰者，不能成其王；爲祿仕者，不能正其君。高糾與嬰爲兄弟久矣，未嘗干嬰之行，特祿之臣也，何足以補君乎！」（《晏子春秋‧內篇雜上》）

比較可知，二文文字基本相同，僅有「高繚」與「高糾」、「不能成政」與「不能正其君」等細微差異。在古籍流傳中，這屬於正常情況。且此文僅見《晏子春秋》，不見他書，應來源於此。

第二、《說苑》與銀雀山漢簡《晏子春秋》文字接近，保持了《晏子春秋》的古書原貌。

何良俊《〈說苑〉〈新序〉序》曾云：「余謂數千百年之後，凡成學治文者，欲考見三代放失舊聞，惟子政之書時爲雅馴。」〔註7〕銀雀山漢簡《晏子春秋》證明了《說苑》的價值，相對現存本《晏子春秋》，《說苑》更能保存古書原貌。

有關《晏子春秋》的出土文獻有以下四種：1972 年山東臨沂銀雀山漢墓出土的大批竹書中有《晏子春秋》16 章；1973 年河北定縣漢墓中有《晏子春秋》殘文；1977 年安徽阜陽雙古堆出土有《晏子春秋》殘文；1972～1974 年，在甘肅居延發現一枚《晏子》木簡，僅存 48 字。這四種出土文獻，最爲完整的是銀雀山漢簡《晏子春秋》，且 16 章中有 1 章與《說苑》相合，其文

〔註5〕 司馬遷：《史記》卷六十二《管晏列傳》，北京：中華書局，1982 年，第 2136 頁。

〔註6〕 嚴可均：《全漢文》卷三十五《全上古三代秦漢三國六朝文》，北京：中華書局，1958 年，第 332 頁。

〔註7〕 何良俊：《〈說苑〉〈新序〉序》，見左松超：《說苑集證‧附錄》，臺灣：國立編譯館，2001 年，第 1401 頁。

如下：

> 晏子沒十有七年，公飲諸大夫酒。公射，出質，堂上昌（唱）〔□□
> □〕□，公組（作）色大（太）息，（番）播弓矢。弦章入，公曰：
> 「章，自吾失〔□□〕於今十有七年，未嘗聞吾不善。今射出質，
> 昌（唱）善者若出一口。」弦章合（答）曰：「此諸臣之不宵（肖）
> 也。智不足以智（知）君之不善，勇不足以犯君之顏，此諸臣之
> 不宵（肖）也。然而有一焉，臣聞斥（尺）污（蠖）食黃其身黃，
> 食青其身青，君其有食乎（諂）人之言與（歟）？公曰：「善。」弦
> 章出，自海入魚五十乘以賜弦章。章歸，魚〔乘〕塞〔□□□□〕
> 之手曰：「襄（曩）之昌（唱）善者皆欲若魚者也。昔者晏子辭賞以
> 正君，故過失不掩。今諸臣諂臾（諫）以戈利，故出質而昌（唱）
> 善如出一口，今所以補（輔）君未見於□□□□□□晏子之義，
> 而順諂臾（諫）之欲也。固辭魚不受。」公曰：「弦章之廉，晏子之
> □……。」〔註8〕

> 晏子沒，十有七年。景公飲諸大夫酒，公射出質，堂上唱善，若出
> 一口。公作色太息，播弓矢。弦章入，公曰：「章，自吾失晏子，於
> 今十有七年，未嘗聞吾過不善；今射出質，而唱善者若出一口。」
> 弦章對曰：「此諸臣之不肖也，知不足以知君之不善，勇不足以犯君
> 之顏色。然而有一焉，臣聞之：『君好之，則臣服之；君嗜之，則臣
> 食之。』夫尺蠖食黃則其身黃，食蒼則其身蒼，君其猶有食諂人言
> 乎？」公曰：「善。今日之言，章爲君，我爲臣。」是時海人入魚，
> 公以五十乘賜弦章。章歸，魚乘塞涂，撫其御之手曰：「曩之唱善者
> 皆欲若魚者也。昔者，晏子辭賞以正君，故過失不掩；今諸臣諂諫
> 以干利，故出質而唱善如出一口。今所輔於君，未見於眾，而受若
> 魚，是反晏子之義，而順諂諫之欲也。」固辭魚不受。君子曰：「弦
> 章之廉，乃晏子之遺行也。」（《説苑》1‧41 章）

比較可知，《説苑》與銀雀山漢簡《晏子春秋》的文字基本相同，差別僅在於
《説苑》多「臣聞之：『君好之，則臣服之；君嗜之，則臣食之』、「今日之言，
章爲君，我爲臣」兩句，以及將最後一句「公曰」換爲「君子曰」。可見，《説

〔註8〕 此文參見駢宇騫：《〈晏子春秋〉校釋》，北京：書目文獻出版社，1988年，第
103頁。

苑》引文保持了《晏子春秋》的古書原貌。而現存本《晏子春秋》，則有著明顯的文字改變。例如：

> 晏子歿十有七年。景公飲諸大夫酒，公射，出質，堂上唱善，若出一口。公作色太息，播弓矢。弦章入，公曰：「章，自晏子歿後，不復聞不善之事。」弦章對曰：「君好之，則臣服之；君嗜之，則臣食之。尺蠖食黃則黃，食蒼則蒼是也。」公曰：「善。吾不食諂人以言也。」以魚五十乘賜弦章。章歸，魚車塞途，撫其御之手，曰：「昔者晏子辭黨以正君，故過失不掩之；今諸臣諛以干利，吾若受魚，是反晏子之義，而順諂諛之欲。」固辭魚不受。君子曰：「弦章之廉，晏子之遺行也。」（《晏子春秋·外篇》）

將現存本《晏子春秋》與漢簡比較，文字差異較大。如「章，自吾失〔□□〕於今十有七年，未嘗聞吾不善。今射出質，昌（唱）善者若出一口」，在現存本《晏子春秋》中作「章，自晏子歿後，不復聞不善之事」，在「食青其身青」後，現存本《晏子春秋》少「君其有食乎（諂）人之言與（歟）」一句。「公曰：『善』」後，現存本《晏子春秋》多「吾不食諂人以言也」。最後「公曰：『弦章之廉』」一句現存本《晏子春秋》中改爲「君子曰」。可見，現存本《晏子春秋》比《說苑》的文字變動大。《說苑》與銀雀山漢簡《晏子春秋》文字接近，保持了《晏子春秋》的古書原貌。

　　第三、《說苑》引用文獻有一定標準。《說苑》與《晏子春秋》的互見文獻分別歸入《君道》（5章）、《臣術》（6章）、《建本》（1章）、《貴德》（4章）、《復恩》（1章）、《政理》（5章）、《正諫》（5章）、《奉使》（5章）、《權謀》（1章）、《至公》（1章）、《辨物》（3章）、《修文》（1章）、《反質》（2章）等篇章，其中文獻最多的是《君道》《臣術》《政理》《正諫》《奉使》等篇章。可見，《說苑》引用《晏子春秋》較多的是有關處理君臣關係、治國理政、直言勸諫、奉命出使等方面的文獻。

第四節　《新序》《說苑》與《荀子》互見文獻分析

一、《新序》與《荀子》互見文獻

　　《新序》與《荀子》的互見文獻有 8 章。其中本事互見文獻爲 4 章，分別是 1·1 與《儒效》「仲尼將爲司寇」章、5·1 與《大略》「堯學於君疇」章、

5‧5 與《哀公》「語曰：『桓公用其賊』」章、5‧12 與《哀公》「定公問於顏淵曰」章。前三章與《荀子》只有部分語句相同，5‧12 章與《外傳》卷二文字相同，因此，這四章與《荀子》不屬於同一文本系統。

　　《新序》與《荀子》的文本互見文獻也是 4 章，分別是 1‧7 與《堯問》「魏武侯謀事而當」章、3‧2 與《議兵》「臨武君與孫卿議兵於趙孝成王前」章、4‧19 與《哀公》「哀公問孔子曰」章、5‧9 與《儒效》「秦昭王問孫卿曰章」。4 章文本互見文獻中，1‧7 章講的是魏武侯因見解超群而得意，吳起見此將楚莊王「謀事而當」卻憂心自己國家會滅亡的事告訴他，使得魏武侯悔悟並致謝。此文與《荀子》文字相同。3‧2 章講的是孫卿（即荀子）與臨武君討論用兵的要領。臨武君認為天時地利、後發先至是關鍵，孫卿卻認為「善用兵者，務在於善附民而已」，此乃「王者之兵，君人之事也」，並旁徵博引，折服對方。此文與《荀子》文字相同。4‧19 章講的是魯哀公告訴孔子，自己生活過於優越，對悲哀、憂愁、勞苦、恐懼之類的感受很少體會，孔子將此問題引伸到國家的興衰存亡、國君治國理政，使得魯哀公感觸頗深。此文與《荀子》文字相同，然結尾多「夫執國之柄，履民之上，懍乎如以腐索御犇馬。易曰：『履虎尾。』詩曰：『如履薄冰，不亦危乎。』哀公再拜曰：『寡人雖不敏，請事斯語矣』」。5‧9 章講的是秦昭王與孫卿論儒者，孫卿認為儒者對國家非常有利，儒者位在人下，將是誠實恭順的百姓，位在人上，則可以造福於天下。此文文字與《荀子》相同。從分析可知，這 4 章文獻與《荀子》文字相同，屬於同一文本系統。只是這類文獻較少，因此《新序》與《荀子》文獻關係疏遠。

二、《説苑》與《荀子》互見文獻

　　《説苑》與《荀子》的互見文獻有 29 章，分別是 1‧26 與《大略》「湯旱而禱曰」章、2‧17 與《臣道》「從命利君謂之順」、2‧20 與《堯問》「子貢問孔子曰：『賜為人下而未知所以為人下之道也』」、3‧13 與《勸學》「吾嘗終日而思矣」章、5‧26 與《榮辱》「孫卿曰：『夫鬥者忘其身者也』」、7‧11 與《宥坐》「孔子為魯司寇」章、7‧13 與《王制》「故王者富民」、8‧11 與《哀公》「哀公問於孔子曰：『人何若而可取也』」、10‧2 與《堯問》「吾語女，我，文王之為子」章、10‧4 與《宥坐》「孔子為魯司寇」章、10‧9 與《法行》「曾子疾，曾元持足」章、10‧17 與《堯問》「語曰：繒丘之封人」

章、10‧20 與《非十二子》《宥坐》「高上尊賢，無以驕人」、11‧1 與《非相》「孫卿曰：『夫談說之術』」、15‧27 與《宥坐》「孔子為魯攝相」章、16‧18 與《勸學》「聲無小而不聞，行無隱而不形」、16‧29 與《天論》「天行有常，不為堯存，不為桀亡」、16‧37 與《勸學》「蓬生麻中，不扶而直，白沙在涅，與之皆黑」、16‧52 與《榮辱》「故與人善言，暖於布帛；傷人以言，深於矛戟」、16‧53 與《不苟》「故新浴者振其衣，新沐者振其冠」、16‧93 與《勸學》「君子之學也，入於耳，著於心，布乎四體，形乎動靜」、17‧13 與《勸學》「蚓無爪牙之利」章、17‧18 與《宥坐》「孔子南適楚，厄於陳蔡之間」章、17‧23 與《法行》「東郭子惠問於子貢曰」、17‧26 與《子道》「子路盛服見孔子」章、17‧36 與《大略》「曾子行，晏子從於郊」章、17‧38 與《仲尼》「孔子曰巧而好度」章、17‧47 與《宥坐》「孔子觀於東流之水」章、17‧49 與《法行》「子貢問於孔子曰」章。《說苑》與《荀子》的互見文獻多為語言片斷，少有故事情節，一事而傳聞互異的文獻不多，因此這裏不分本事互見與文本互見文獻。

下面分析這些互見文獻的特點：

第一、互見文獻中部分文字相同。例如：

> 文王問於呂望曰：「為天下若何？」對曰：「王國富民，霸國富士，僅存之國富大夫，亡道之國富倉府，是謂上溢而下漏。」文王曰：「善。」對曰：「宿善不祥。」是日也，發其倉府，以振鰥寡孤獨。（《說苑》7‧13 章）

> 故王者富民，霸者富士，僅存之國富大夫，亡國富筐篋，實府庫。筐篋已富，府庫已實，而百姓貧，夫是之謂上溢而下漏，入不可以守，出不可以戰，則傾覆滅亡可立而待也〔註9〕。（《荀子‧王制》）

劃線部分是二書相同字句。《說苑》與《荀子》中，許多文獻僅部分文字相同，就如上面二文，《說苑》是文王與呂望對話的記錄，《荀子‧王制》是一篇體現荀子政治思想的長篇論述。相同的部分文字可能是流傳的古語，被不同典籍化用，便形成互見文獻。這種現象在《荀子》書中最多。除了上面所引文獻，還有 1‧26、3‧13、8‧11、10‧20、17‧13 章，還有卷十六《談叢》中的語言片斷，以及《新序》與《荀子》的互見文獻，都有這種特點。

〔註9〕《荀子》中引文出自王先謙的《荀子集解》（北京：中華書局，1988年），其餘皆同。

第二、文獻不能確定引自《荀子》

《說苑》與《荀子》相同的 13 章文獻，有 7 章文獻見於《說苑‧談叢》，這類名言警句，在先秦文獻中廣泛流傳，一章文獻往往見於數書，因此，不能僅憑二書互見來斷定它們是否所本。另外，《說苑》與《荀子》中的名言警句文字多數有別，少量的文字差別，對於一大段文獻來說，也許無關宏旨，但對於以語言的哲理性取勝的名言警句來說，卻能顯示其傳本有別。

其次，還有 5 章文獻，也不能完全確定引自《荀子》，下面一一分析：

2‧17 章文獻開頭結尾完整，文字基本相同，稍有差異，無關宏旨，最不同處是荀子中缺少幾大段文字，文後少詩句「曾是莫聽大命以傾」。

2‧20 章文獻《說苑》與《荀子》基本相同，文後也沒有添加與刪減，唯一的不同是中間一文句顛倒。《說苑》是「種之則五穀生焉，掘之則甘泉出焉」，《荀子》是「深抇之而得甘泉焉，樹之則五穀蕃焉」，二書前後句顛倒。這點細微的差別本來不影響其爲同一傳本，但是，定縣《漢簡》出土文獻，使二書的關係豁然開朗。定縣《漢簡》的表述是：「得五穀焉厥之得甘泉焉，草木植」，很明顯，《說苑》與之句順相同，此章文獻並非引自《荀子》，而是來自定縣《漢簡》，或是與漢簡同源文獻。

8‧11 章文獻《說苑》與《荀子》部分相同，即從開頭到「譬猶豺狼與，不可以身近也」，《說苑》後多「是故先其仁信之誠者……哀公曰善」，當然，若僅如此，還可以看作《說苑》摘取《荀子》的部分文獻，與其它文獻合併而成。但是，僅這一部分，《說苑》也與《荀子》有著細微的差別，這些細微的差別而且不能看作是後人對文字的變動，因爲《荀子》與《家語》《外傳》文字相同。這章文獻的原文可參見上表 8‧11 章。可見，《說苑》此章文獻也不應該引自《荀子》。

10‧20 章文獻在《荀子》中分爲兩部分，「高上尊賢，無以驕人；聰明聖智，無以窮人；資給疾速，無以先人；剛毅勇猛，無以勝人。不知則問，不能則學。雖智必質，然後辯之；雖能必讓，然後爲之。」見於《荀子‧非十二子》，「故士雖聰明聖智，自守以愚；功被天下，自守以讓；勇力距世，自守以怯；富有天下，自守以廉。此所謂高而不危，滿而不溢者也。」見於《荀子‧宥坐》，而且這兩部分在《荀子》中並非爲兩章單獨的文獻，可以讓劉向在《說苑》中合併爲一章文獻。這兩章文獻分別是《荀子》議論文段中的兩個句子，是《荀子》中有機部分，不可能被劉向單獨挑出來合爲一章文獻，

因此，此章文獻也不一定引自《荀子》。

17‧23 章文獻本於《尚書》、《荀子》二書，本來就難以確定其所本為何書，且文獻後增加結尾句「詩云：『菀彼柳斯，鳴蜩嘒嘒，有漼者淵，莞葦淠淠。』言大者之旁無所不容。」更難以作準確的判斷。

總之，通過對《新序》《說苑》與《荀子》的互見文獻分析，可以做出這樣的結論，即除了直接點明為孫卿之言的文獻，《新序》《說苑》很少甚至沒有引用《荀子》中的文獻。

第五節 《新序》《說苑》與《賈誼新書》互見文獻分析

一、《新序》與《賈誼新書》互見文獻

《新序》與《賈誼新書》互見文獻有 6 章，它們文字基本相同，都屬於文本互見文獻。現具體分析如下：

1‧2 與《春秋》「孫叔敖為嬰兒之時」章。此文講的是孫叔敖年幼時遇見兩頭蛇，按傳言他難以活命，但為了不讓他人再遇見，他忍住悲痛，打死兩頭蛇。此行為得到母親嘉獎，而且預言天將報之以福，後果如其言。二文文字略有差異。

1‧4 與《胎教》「衛靈公之時」章。此文講的是衛大夫史鰍屢次推薦蘧伯玉罷退彌子瑕都未被衛靈公採納，他死後便採取尸諫之法，其忠心感動了衛靈公，終於完成其遺願。此文見於《賈誼新書‧胎教》，又見於《大戴禮記‧保傅》。三書文字基本相同，但有一句《說苑》是「夫子生則欲進賢而退不肖，死且不懈，又以尸諫，可謂忠而不衰矣」，二書是「吾失矣」，可見二書文字更相同。

2‧9 與《春秋》「晉文公出獵」章。此文講的是晉文公打獵迷路，找漁夫問路時，漁夫告誡晉文公不要離開宮室太遠，否則會遭致生命危險。此文僅見《賈誼新書》，但二者許多文字有別。

4‧13 與《退讓》「梁大夫有宋就者」章。此文講的是梁國與楚國邊防兵營種瓜之事，梁兵勤勞而瓜好，楚兵懶惰而瓜惡，楚兵妒而毀對方瓜。梁大夫宋就以德報惡，命士兵幫對方澆水，此事後使兩國交歡。此文僅見《賈誼新書》，文字相同。

5‧3 與《論誠》「湯見設網者四面張」章。此文講的是有關湯仁德的故事。商湯見獵人四面置網，趕盡殺絕。於是心懷仁慈，去掉三面。由於其仁德及禽獸，因此四十國歸之。此文雖與《賈誼新書》略同，但與《呂氏春秋‧異用》最同。

6‧11 與《春秋》「鄒穆公有令，食鳧雁必以粃」章。此文講的是鄒穆公不用小米飼養野鴨與大雁，於是用兩石小米到民間換一石癟穀，此舉看似愚蠢，卻爲之贏得了民心。

以上分析可知，《新序》與《賈誼新書》互見文獻中4‧13、6‧11章文字最同，其他幾章都有區別。這些文獻皆爲歷史故事，年代遠至商湯，《漢書》云：「劉向稱：『賈誼言三代與秦治亂之意，其論甚美。』」〔註10〕由於賈誼「善取諸文，善求諸古」，因而其書「文雄而古」〔註11〕。《新序》書中亦記載古人嘉言善行，二書在內容上有共同之處。

二、《説苑》與《賈誼新書》互見文獻

《説苑》與《賈誼新書》互見文獻有亦有 6 章，但其中有 3 章爲指明爲河間獻王語，向宗魯認爲是《河間獻王》佚文。而且《賈誼新書》並沒有指出爲河間獻王語。例如：

> 河間獻王曰：「禹稱：『民無食，則我不能使也；功成而不利於人，則我不能勸也。』故疏河以導之，鑿江通於九派，釃五湖而定東海，民亦勞矣，然而不怨苦者，利歸於民也。」（《説苑》1‧9章）

> 大禹曰：「民無食也，則我弗能使也；功成而不利於民，我弗能勸也。」故鑿河而導之九牧，鑿江而導之九路，澄五湖而定東海，民勞矣而弗苦者，功成而利於民也〔註12〕（《賈誼新書‧脩政語上》）

比較可知，禹的故事，《説苑》是河間獻王語間接轉述，《賈誼新書》是直接摘引。二書的文獻來源有別。另外 3 章分別爲 1‧22 與《先醒》「莊王歸，過申侯之邑」章、1‧34 與《修政語》「湯曰：『藥食先嘗於卑』章、8‧5 與《胎教》「昔禹以夏王」章。1‧22 章講的是楚莊王在降伏鄭襄公、打敗晉軍後，對於將軍子重多次進言不當還是感到憂慮，因爲他認爲自己不能得到賢才，

〔註10〕班固：《漢書》卷四十八《賈誼傳》，北京：中華書局，1962 年，第 2265 頁。

〔註11〕閻振益、鍾夏校注：《新書校注》，北京：中華書局，2000 年，第 525 頁。

〔註12〕《賈誼新書》中引文出自閻振益、鍾夏校注的《新書校注》（北京：中華書局，2000 年），其餘皆同。

國家會因此滅亡。此事突出了楚莊王的謹慎與英明。二文文字基本相同，屬於同一文本系統。1‧34 章是記錄湯的名言。內容是勸誡人君要聽取規諫的語言，並積極實施。《賈誼新書》文後多「致道者以言，入道者以忠，積道者以信，樹道者以人」一句。8‧5 章是關於賢才重要作用的一段論述，文字上與《大戴禮記‧保傅》更同，《賈誼新書》文中多「衛靈公之時，蘧伯玉賢而不用」一段。

總之，《說苑》與《賈誼新書》互見文獻很少，文字上有出入。而且，《說苑》的文獻多爲古人名言、議論，與《新序》多歷史故事有別。

第六節　《新序》《說苑》與《韓非子》互見文獻分析

一、《新序》與《韓非子》互見文獻

《新序》與《韓非子》互見文獻有 11 章，本事互見文獻有 7 章，分別是 1‧5 與《外儲說左下》「中牟無令」章、2‧18 與《喻老》「楚莊王蒞政三年」章、4‧1 與《外儲說左下》「桓公問置吏於管仲」章、4‧6 與《難一》「晉平公問於叔向曰」章、4‧8 與《外儲說左上》「晉文公攻原」章、7‧14 與《喻老》「宋之鄙人得璞玉而獻之子罕」章、7‧15 與《外儲說右下》「公儀休相魯而嗜魚」章。這些文獻文字不同，多爲一事而傳聞互異。而且這些文獻有 2 章見於阜簡《說類雜事》，還有幾章文字不見任何書籍。《新序》與《韓非子》文本互見文獻有 4 章，下面作具體分析：

2‧2 與《內儲說上》「龐恭與太子質於邯鄲」章。此文講的是魏國龐恭在陪從太子到邯鄲作人質之前，舉三人成虎之例提醒魏王不要聽信讒言，魏王當時答應，最後還是爲讒言所惑。此文見於《韓非子》、《戰國策‧趙策二》，文字完全相同。

2‧14 與《喻老》「扁鵲見蔡桓公」章。此文講的是扁鵲給齊桓侯治病的故事。扁鵲發現齊桓侯得病，一次又一次指出。然而齊桓侯卻認爲扁鵲「欲治不疾以爲功」，不加理睬，最終將小病拖成無藥可治的大病而死。此故事既指出齊桓侯的愚蠢，又提醒人們要防微杜漸。此文除「齊桓侯」與「蔡桓公」的差異外，其他文字相同。此文又見於《史記‧扁鵲列傳》，文字小異。

2‧19 與《說林下》「靖郭君將城薛」章。此文講的是靖郭君想在封地薛修城牆，一齊人用「海大魚」作比喻，指出齊國就是其安居之地，給薛修城

牆是毫無意義之舉，並勸阻了靖郭君的行爲。此文見於《韓非子》，又見於《戰國策・齊策一》《淮南子・人間訓》，三書與《新序》文字基本相同，但也有小異。

5・30 與《和氏》「楚人卞和得玉璞楚山中，奉而獻之厲王」章。此文講的是楚人卞和三次獻玉璞的故事。由於玉尹不識寶，卞和因獻玉先後被砍掉左右腳，第三次才成功。《新序》結尾與《韓非子》不同，在「進寶且若彼之難也」後，劉向是「況進賢人乎，賢人與奸臣，猶仇讎也，於庸君意不合，夫欲使奸臣進其讎於不合意之君，其難萬倍於和氏之璧。又無斷兩足之臣以推，其難猶拔山也，千歲一合若繼踵，然後霸王之君興焉，其賢而不用，不可勝載」。《韓非子》是「今人主之於法術也，未必和璧之急也，而禁群臣士民之私邪」。《韓非子》提出法術難行，《新序》強調的是賢人與奸臣的矛盾，改變了材料的主旨。

以上分析可知，《新序》與《韓非子》互見文獻不多。《韓非子》是運用歷史故事比較多的書籍，尤其是《說林》和《儲說》，簡直就是故事專輯。《新序》較少引用其篇章，可能在於韓非子「喜刑名法術之學」，其書「其極刻核，無誠悃，謂夫婦父子舉不足相信」〔註13〕。5・30 結尾的改變就能清楚瞭解《新序》的思想內核。

二、《說苑》與《韓非子》互見文獻

《說苑》與《韓非子》互見文獻爲 29 章，其中本事互見文獻爲 21 章，分別爲 1・30 與《難一》「晉平公與群臣飲」章、1・7 與《外儲說左下》「田子方從齊之魏」章、2・25 與《外儲說右上》「季孫相魯」章、5・13 與《外儲說右下》「齊桓公微服以巡民家」章、6・22 與《外儲說左下》「陽虎去齊走趙」章、6・28 與《外儲說右上》「子夏曰」章、7・19 與《難三》「葉公子高問政於仲尼」章、7・35 與《外儲說右上》「桓公問管仲曰」章、9・2 與《十過》「昔者田成子游於海而樂之」章、10・22 與《十過》「昔者楚恭王與晉厲公戰於鄢陵」章、13・22 與《說林下》「晉中行文子出亡」章、13・24 與《說林上》「智伯請地於魏宣子」章、13・27 與《說林下》「越已勝吳」章、13・31 與《難一》「晉文公將與楚人戰」章、13・43 與《內儲說下》「叔向之讒萇弘也」章、13・44 與《說林下》「荊王弟在秦，秦不出也」章、13・43 與《內儲說下》「叔向

〔註13〕晁公武：《郡齋讀書志》，《續古逸叢書》本。

之讒甚弘也」章、14．15 與《外儲說左下》「祁奚請老」章、14．20 與《外儲說右上》「楚王急召太子」章、15．18 與《說林下》「荊伐陳，吳救之」章、20．9 與《說林下》「荊伐陳，吳救之」章。

《說苑》與《韓非子》互見文獻雖多，大都是一事而傳聞互異的文獻。這些文獻又有以下兩種特點：

第一、本事相同，文字完全不同。或詳或略，或敘述各異。例如：

> 陽虎得罪於衛，北見簡子曰：「自今以來，不復樹人矣。」簡子曰：「何哉？」陽虎對曰：「夫堂上之人，臣所樹者過半；朝廷之吏，臣所立者，亦過半矣；邊境之士，臣所立者，亦過半矣。今夫堂上之人，親卻臣於君；朝廷之吏，親危臣於法；邊境之士，親劫臣於兵。」簡子曰：「唯賢者為能報恩，不肖者不能。夫樹桃李者，夏得休息，秋得食焉；樹蒺藜者，夏不得休息，秋得其刺焉。今子之所樹者，蒺藜也，非桃李也。自今以來，擇人而樹，毋已樹而擇之。」（《說苑》6．22章）

> 陽虎去齊走趙。簡主問曰：「吾聞子善樹人。」虎曰：「臣居魯，樹三人，皆為令尹，及虎抵罪於魯，皆搜索於虎也。臣居齊，薦三人，一人得近王，一人為縣令，一人為候吏；及臣得罪，近王者不見臣，縣令者迎臣執縛，候吏者追臣至境上，不及而止。虎不善樹人。」主俛而笑曰：「夫樹橘柚者，食之則甘，嗅之則香；樹枳棘者，成而刺人；故君子慎所樹。」〔註14〕（《韓非子‧外儲說左下》）

比較可知，二文內容完全相同，都講陽虎哀歎自己樹人不當，趙簡子感慨「唯賢者為能報恩，不肖者不能」。但二文的敘述完全不同，不屬於同一文本系統。

第二、二本事相同，文字同中有異。在《說苑》與《韓非子》互見文獻中，這一類文獻非常多。在 9 條文本互見文獻中，除了 13．46、14．19、17．4、20．26章，其他 5 章文字也有不同。所以在二書互見文獻中，文字完全相同的文獻很少。例如：

> 桓公之平陵，見家人有年老而自養者，公問其故。對曰：「吾有子九人，家貧無以妻之，吾使傭而未返也。」桓公取外御者五人妻之，

〔註14〕《韓非子》中引文出自王先慎撰、鍾哲點校的《韓非子集解》（北京：中華書局，1998 年），其餘皆同。

管仲入見曰：「君之施惠，不亦小矣。」公曰：「何也？」對曰：「公待所見而施惠焉，則齊國之有妻者少矣。」公曰：「若何？」管仲曰：「令國丈夫二十而室，女子十五而嫁。」（《說苑》5‧13 章）

齊桓公微服以巡民家，人有年老而自養者，桓公問其故，對曰：「臣有子三人，家貧，無以妻之，傭未反。」桓公歸，以告管仲。管仲曰：「畜積有腐棄之財則人飢餓，宮中有怨女則民無妻。」桓公曰：「善。」乃論宮中有婦人而嫁之，下令於民曰：「丈夫二十而室，婦人十五而嫁。」（《韓非子‧外儲說右下》）

以上二文同中有異。相同文句：「人有年老而自養者」、「家貧無以妻之，吾使傭而未返也」、「丈夫二十而室，女子十五而嫁」等，其他的句子總則文意同，敘述異。

《說苑》與《韓非子》互見文獻中，還有 8 章文本互見文獻，分別是 5‧28 與《說林上》「樂羊爲魏將而攻中山」章、6‧2 與《難一》「襄子圍於晉陽中」章、6‧25 與《外儲說左上》「吳起爲魏將攻中山」章、13‧46 與《內儲說》「鄭桓公將欲襲鄶」章、14‧19 與《外儲說右下》「荊莊王有茅門之法曰」章、17‧4 與《說難》「昔者彌子瑕由寵於於衛君」章、20‧26 與《說林上「魯人身善織屨」章。

總之，《說苑》與《韓非子》互見文獻中文字相同雖然不多，但大多數文字同中有異，而且互見文獻數量達到 29 章，說明《說苑》與《韓非子》都彙集了大量歷史逸聞材料。

第七節　《新序》《說苑》與《淮南子》互見文獻分析

一、《新序》與《淮南子》互見文獻

《淮南子》與《新序》的互見文獻僅有 9 章，文字多同中有異，具體分析如下：

1‧18 與《道應訓》「趙文子問於叔向曰」〔註15〕章。此文記錄了趙文子與叔向的對話，中心內容是討論晉國六將軍中，誰先滅亡。叔向聰明睿智，他看到中行氏的寡仁少恩，因此認爲他最先滅亡。二文文字相同，因此多認

〔註15〕《淮南子》中引文出自劉文典的《淮南鴻烈集解》（《新編諸子集成》本，北京：中華書局，1989 年），其餘皆同。

為《說苑》引自《淮南子》，但阜陽漢簡《說類雜事》中有「趙文子問於叔向曰：「晉六將軍其孰先」一句，而《說類雜事》幾乎都是《說苑》中文，因此，此文有可能出自此書。

2·19 與《人間訓》「靖郭君將城薛」章。此文講的是靖郭君想在封地薛修城牆，一齊人用「海大魚」之語勸諫，他將靖郭君比作海中大魚，齊國就是海水，靖郭君的名譽富貴都與之相連，而與薛無干，齊人巧妙的言辭阻止了靖郭君的行為。此文同時見於《淮南子》《韓非子·說林下》《戰國策·齊策一》，文字相同。

4·8 與《道應訓》「晉文公伐原」章。此文講的是晉文公跟大夫們商定五日之內攻下原國，五日過後原國還未投降，晉文公不顧眾人的反對，撤退了軍隊。正是因為晉文公堅守信用，使得原國自動歸降，諸侯紛紛歸順。此文見於《淮南子》、《左傳》、《國語》、《韓非子》等諸書，但文字皆有異。阜陽漢簡《說類雜事》中有「晉文公伐原」，此文應該出自此書。

4·9 與《道應訓》「趙簡子死，未葬」章。此文講的是趙襄子因中牟反叛而進行討伐時，中牟城牆自行倒塌幾十丈，趙襄子卻「不乘人於利，不迫人於險」，鳴鑼退兵。其仁義使中牟主動歸降。此文文字與《外傳》完全相同，因引自此書。又見於《淮南子》，文字有異。

4·11 與《道應訓》「晉伐楚，三舍不止」章。此文講的是在晉國攻打楚國的危急時刻，楚莊王不急於出兵，而是與大臣相互檢討過失。此事使晉國人深受感動，於是連夜撤兵，楚國因此解除了軍情。此文僅見《淮南子》，文字基本相同，但結尾句有別。《新序》結尾是「孔子聞之曰：「楚莊王霸其有方矣，下士以一言而敵還，以安社稷，其霸不亦宜乎？《詩》曰：「柔遠能邇，以定我王，此之謂也」，《淮南子》的結尾是「老子曰『能受國之垢，是謂社稷主』」，二文大意相同，但顯出儒道兩種不同的色彩。

4·27 與《道應訓》「宋景公時，熒惑在心」章。此文講的是宋景公執政時，遭遇熒惑在心宿的災禍，此事意味著宋景公將死。子韋勸其將災禍移給宰相、百姓、年成等上，遭到宋景公拒絕，並表示要自己承擔此災。宋景公的仁德最終得到上天延長二十一年壽命的獎賞。此文見於《淮南子》、《呂氏春秋·制樂》，文字基本相同。

5·6 與《道應訓》「甯戚欲干齊桓公」章。此文講的是甯戚為了謁見齊桓公，打扮成商販，在桓公迎客時「擊牛角，疾商歌」，得到桓公的賞識，並力

排眾議，任命其爲卿，終於輔佐齊桓公稱霸。此文見於《淮南子》、《呂氏·舉難》，文字基本相同。在「此人主所以失天下之士也」句後，《新序》比二書少「凡聽必有驗，一聽而弗復問，合其所以也」，可能爲文句遺漏。

5・8 與《脩務訓》「段木干辭祿而處家」章。此文講的是由於認爲段干木是賢人，魏文侯在經過段干木家門口時總是伏在軾上表示尊敬，並送錢給他作爲酬勞。魏文侯此舉得到百姓的稱頌，且使秦國放棄進攻衛國的念頭。此文與《呂氏春秋·期賢》中文字相同，與《淮南子》文字不同。

5・14 與《道應訓》「魏文侯問李克曰」章。此文講的是魏文侯與李克討論吳國滅亡的原因。李克認爲滅亡的原因在於其數戰數勝，「數戰則民疲，數勝則主驕，以驕主治疲民，此其所以亡也」。此文見於《淮南子》、《呂氏春秋·適威》、《外傳》卷十，但與三書文字都有別，三書的文字更同。

從以上的分析，總結出這些互見文獻的兩個共同特點：

第一、互見文獻同時見於他書，不能確定是否來自《淮南子》

《新序》與《淮南子》互見文獻儘管有 9 章，有些文獻卻同時見於他書，且文字更接近。如 1・18、4・8 章出自《說類雜事》，4・9 章與《外傳》同，5・8 章與《呂氏春秋》同，2・19、5・6、5・14 章同時見於幾本書籍，其文字卻與之有別，而所見書籍之間文字更同，如 5・6 章，與《淮南子》、《呂氏·舉難》文字基本相同。但在「此人主所以失天下之士也」句後，《新序》比二書少「凡聽必有驗，一聽而弗復問，合其所以也」句，因此二書文字顯然更同。

第二、互見文獻評語表現出儒道兩種不同的思想傾向

《新序》與《淮南子》的互見文獻後，多有作者評語來突出文獻主旨，表達作者的思想觀點。由於《淮南子》「其旨近老子，淡泊無爲，蹈虛守靜，出入經道」〔註16〕，被認爲是「西漢道家言之淵府」〔註17〕。而且《新序》之文，多見於《淮南子》中《道應》篇，所謂道應者，「攬掇逐事之蹤，追觀往古之迹，察禍福利害之反，考驗乎老莊之術而以合得失之勢者也」，文後就多爲老莊名言作結。而《新序》是儒家著作，評語自然多儒者教誨。因此，文後的評語就表現出儒道思想差異。例如：《新序》4・8 章結尾爲「故曰，伐

〔註16〕劉文典：《淮南鴻烈集解·高誘敍》，《新編諸子集成》本，北京：中華書局，1989 年，第 2 頁。

〔註17〕梁啓超著，朱維錚校注：《梁啓超論清學史二種》，上海：復旦大學出版社，1985 年，第 369 頁。

原而溫降，此之謂也。於是諸侯歸之，遂侵曹伐衛，爲踐土之會，溫之盟，後南破強楚，尊事周室遂成霸功，上次齊桓，本信，由伐原也。」《淮南子》爲「故老子曰：『窈兮冥兮，其中有精，其精甚眞，其中有信。』故『美言可以市尊，美行可以加人』」。《新序》4·9 章「詩曰：『王猶允塞，徐方既來，此之謂也。』襄子遂滅知氏，並代爲天下強本由伐中牟也」，《淮南子》「老子曰：『夫唯不爭，故天下莫能與之爭』」。《新序》4·11 章「孔子聞之曰：『楚莊王霸其有方矣。下士以一言而敵還，以安社稷，其霸不亦宜乎？』詩曰：『柔遠能邇，以定我王。』此之謂也」，《淮南子》「能受國之垢，是謂社稷主」等。

二、《說苑》與《淮南子》互見文獻

　　《說苑》與《淮南子》互見文獻爲 36 章，其中有 18 章屬於《說苑·談叢》，類似名言警句，不作分析。那麼，在其餘 18 章互見文獻中，本事互見文獻爲 11 章，分別是 1·39 與《齊俗訓》「晉平公出言而不當」章、5·19 與《人間訓》「中行穆伯攻鼓」章、5·28 與《人間訓》「有功者，人臣之所務也」章、6·2 與《人間訓》「襄子乃賞有功者」章、6·9 與《氾論訓》「秦穆公出遊而車敗」章、10·17 與《道應訓》「狐邱丈人謂孫叔敖曰」章、10·22 與《人間訓》「楚恭王與晉人戰於鄢陵」章、13·31 與《人間訓》「昔者晉文公與楚戰城濮」章、15·3 與《人間訓》「昔者徐偃王好行仁義」章、15·4 與《道應訓》「吳起爲楚令尹」章、17·3 與《脩務訓》「昔者謝子見於秦惠王」章。

　　《說苑》與《淮南子》本事互見文獻大都是一事多說的文獻，或詳或略，敘述方式多異。明顯不屬於同一文本系統。而且這些文獻雖見於《淮南子》《呂氏春秋》《外傳》等多書，但幾乎都不相同。

　　《說苑》與《淮南子》有 7 章文本互見文獻，具體分析如下：

　　1·47 與《道應訓》「昔者司城子罕相宋」章。此文講的是宋國子罕擔任國相之後，欺騙宋君，言「賞賜讓與者，人之所好也，君自行之；刑罰殺戮者，人之所惡也，臣請當之」，看似在爲國君分憂，實則爲奪權做準備，後果眞趕走宋君而獨攬宋國政權。此文與《淮南子》、《外傳》文字基本相同，同時又同於阜陽漢簡《說類雜事》。

　　3·30 與《道應訓》「趙簡子以襄子爲後」章。此文講的是趙簡子的兒子趙襄子沒有才能，卻被趙簡子立爲繼承人。其原因在於趙襄子能爲國家忍受

恥辱。後趙襄子果然能忍受智伯之辱，並在十年之後殺掉智伯。此文與《淮南子》文字基本相同，同時又同於阜陽漢簡《說類雜事》。

5‧3　與《人間訓》「聖王布德施惠」章。此文主要是關於帝王之德的論述，其中舉了禹治大水、契教倫理道德、后稷教開荒種穀等例。此文僅見《淮南子》，文字相同。

7‧4　與《繆稱訓》「水濁者魚困」章。此文是議論段，以豐富的比喻、精彩的言辭表達了廢除苛政、實行仁政的觀點。此文見於《淮南子》、《外傳》卷一，文字相同。《外傳》多詩句「何其處也，必有與也；何其久也，必有以也，此之謂也」。

7‧17　與《道應訓》「成王問政於尹佚曰」章。此文講的是周成王向尹逸問使百姓親附的方法。尹逸認為必須守信，不擾亂農時，而且要小心謹慎。與《淮南子》文字基本相同。《說苑》多「忠而愛之，布令信而不食言」句。

7‧45　與《道應訓》「魯國之法」章。此文講的是魯國法令規定，若魯國人向諸侯贖回奴隸，可以從官府領贖金，子貢沒有領錢便贖人。孔子認為此行為看似廉潔，實際上不利於教化，因此給與了批評。此文見於《淮南子》、《呂氏春秋‧察微》、《家語‧致思》，文字與《淮南子》最同。差異在於「孔子可謂通於化矣」與「孔子亦可謂知禮矣」二句。

8‧35　與《道應訓》「魏文侯觴諸大夫於曲陽」章。此文講的是魏文侯表達希望能得到賢臣豫讓的心願時，遭到蹇重罰酒批評。原因在於豫讓的功績比不上鮑叔、管仲，智伯亦非明君，不值得傚仿。此文與《淮南子》文字相同。

從上面的分析可知，《說苑》與《淮南子》的文本互見文獻文字基本相同，雖然數量不同，但應該有較深的文獻淵源。

第七章 《新序》《說苑》與定縣八角廊漢簡《儒家者言》等出土文獻研究

第一節 《新序》《說苑》與定縣八角廊漢簡《儒家者言》互見文獻分析

一、定縣八角廊漢簡《儒家者言》簡介

　　定縣八角廊漢簡《儒家者言》是河北定縣 40 號漢墓出土的大批竹簡之一。據《河北定縣 40 號漢墓發掘簡報》而言，此墓主人乃中山靖王劉勝之後懷王劉修。《漢書・景十三王傳》記載，劉修死於五鳳三年，竹簡《儒家者言》此時隨葬。與《儒家者言》一起隨葬的古代典籍很多，已經整理出來的古籍有八種，除《儒家者言》之外，還有《論語》、《哀公問五義》、《保傅傳》、《太公》、《文子》、《六安王朝五鳳二年正月起居記》、《日書・占卜》等七部書。《儒家者言》共二十七章，它們分別見於《說苑》、《新序》、《外傳》、《家語》等先秦和西漢時期的古籍中。其中見於《說苑》、《新序》的章節最多，共有二十章，可見此書與劉向《新序》、《說苑》二書關係密切。

　　《儒家者言》並非竹簡原有之名，而是整理者將「其中長度、編綸、字數和字體相同的簡編在一起，並根據文義編綴成篇，定名爲《儒家者言》。」〔註1〕 既定名爲《儒家者言》，其文義則應爲儒家思想。就如何直剛所言，「這

〔註 1〕 定縣漢墓竹簡整理組：《〈儒家者言〉釋文》，《文物》，1981 年第 8 期。

部古書的內容，上述商湯周文的仁恩德澤，下及樂正子春的言行，其中以孔子及其門弟子的言行爲多，共二十二章，所言多爲仁、信、忠、孝、禮、智以及對孔子的稱頌，儒家的道德倫理思想貫穿全書。」〔註2〕《儒家者言》的體裁類似「劉向的《說苑》和《新序》，一章便是一篇完整的記言或敘事，前後章在內容上沒有必然的聯繫。文字短小，一般均在百字左右，短的二三十字，最長也不過三四百字。」〔註3〕《儒家者言》的體裁看似資料的彙編，而不是一本書，但隨著出土文獻的增多，發現類似的這種體裁似乎是一種語類古書的常見形態，例如阜陽雙古堆一號、二號木牘、《說類雜事》，河南長沙馬王堆出土的《戰國縱橫書》、《春秋事語》等；《儒家者言》有十六章見於《說苑》，有八章見於《外傳》，有十章見於《家語》，有五章見於《新序》。其中見於《說苑》的章數最多，因此左松超認爲，《儒家者言》就是《說苑雜事》的一部分資料。〔註4〕當然，這僅是左松超的一種推測，眞正瞭解《儒家者言》與《說苑》以及《家語》、《外傳》、《新序》等相關書籍的關係，必須對文獻的字、詞、句進行具體的分析。

二、定縣八角廊漢簡《儒家者言》與《新序》《說苑》等相關書籍文獻分析

《儒家者言》〔註5〕第一章 〔曰明主有三懼一曰……〕 1096

《說苑》明主者有三懼

《外傳》曰明王有三懼

按：《外傳》爲明王，與《儒家者言》、《說苑》都不同。

《儒家者言》□不聞其過二曰得志□ 732

《說苑》不聞其過；二曰得意

《外傳》不聞其過；二曰得志

〔註2〕 何直剛：《〈儒家者言〉略說》，《文物》，1981年第8期。

〔註3〕 同上。

〔註4〕 左松超：《說苑集證》，臺灣：國立編譯館，2001年，第1447頁。

〔註5〕 定縣《儒家者言》簡文參見定縣漢墓竹簡整理組整理的《〈儒家者言〉釋文》，《文物》，1981年第8期，第13頁。根據《〈儒家者言〉釋文》所言，釋文的分章與編次，因其內容多見於《說苑》、《新序》，故按兩書章次先後排列。不見兩書的幾章則排在後面。釋文字體改爲現代通行字；不可辨識的字用□代替；疑字加□；字數不詳用「……」號；1976年地震前經釋文抄錄而後原簡損失的加（ ）號；異體字、通假字一般隨文注出，寫入（ ）號內。

按：「志」與「意」不同。

《儒家者言》如恐不能行　　771

《說苑》而恐不能行

《外傳》而恐不能行

按：「如」與「而」不同。此書「而」多通假為「如」。

總結：此章見於《說苑》5‧23 章、《外傳》卷七之十三，內容是論述明君有三種恐懼，一是處於尊貴地位無人再指出自己的過失；二是在得意時驕傲自滿；三是擔心聽到最好的諫言而不能實行。《儒家者言》似乎僅有《外傳》《說苑》的前半部分即「明主者有三懼：一曰處尊位而恐不聞其過；二曰得意而恐驕；三曰聞天下之至言而恐不能行」。《說苑》與《外傳》卻分別舉了越王句踐、晉文公、齊桓公三則歷史故事，作為明主三懼的例證。可見，《說苑》與《外傳》為同一文獻來源。由於《外傳》的成書年代早於《說苑》，且能確定為《說苑》引書之一，此條文獻應為《說苑》引自《外傳》。

《儒家者言》第二章　子贛（貢）問孔子曰賜為人下如不知為　910

《說苑》子貢問孔子曰賜為人下而未知所以為人下

《家語》子貢問孔子曰賜既為人下矣，而未知為人下

《荀子》子貢問孔子曰賜為人下而未知也

《外傳》孔子閒居，子貢侍坐，請問為人下之道奈何

「一號木牘」：子貢問孔子曰賜為人下

按：簡文「賜為人下」，字。《說苑》、《荀子》《阜陽一號木牘》皆同，《家語》作「賜既為人下矣」，多一「既」字。《外傳》文字不同。

《儒家者言》下孔子曰為人下其尤土乎種　710

《說苑》孔子曰：「為人下者其猶土乎？種

《家語》子曰：「為人下者其猶土乎？

《荀子》孔子曰：「為人下者其猶土乎？

《外傳》孔子曰：「善哉，爾之問也，為人下者其猶土乎？

按：《外傳》文字與之不同，其他皆同。

《儒家者言》得五穀焉厥之得甘泉焉草木植　1069

《說苑》種之則五穀生焉，掘之則甘泉出焉，草木植

《家語》汨之深則出泉，樹其壤，則百穀滋焉，草木植

《荀子》深抇之而得甘泉焉，樹之則五穀蕃焉，草木殖

《外傳》夫土者掘之得甘泉焉，樹之得五穀焉，草木植

　按：《說苑》與簡文大致相同，「得五穀」與「五穀生」、「得甘泉」與「甘泉出」的細微差別無關宏旨。《荀子》《家語》《外傳》的句子順序與《說苑》簡文不同，前者是先穀後泉，後者是先泉後穀。其中《家語》又將「五穀」改爲「百穀」。總之，《說苑》與簡文最同。

《儒家者言》禽獸伏焉生人立焉死人入焉多　　708

《說苑》禽獸育焉生人立焉死人入焉多

《家語》禽獸育焉生則出焉死則入焉多

《荀子》禽獸育焉生則立焉死則入焉多

《外傳》鳥獸魚鼈遂焉生則立焉死則入焉多

　按：《說苑》與簡文是「生人立焉死人入焉」，《家語》《外傳》都是「生則立焉死則入」。

《儒家者言》□其言爲人下者其猶土乎　　930

《說苑》多其功而不言爲人下者其猶土乎

《家語》多其功而不意，宏其志而無不容，爲人下者以此也

《荀子》多其功而不息爲人下者其猶土乎

《外傳》多功不言，賞世不絕，能爲下者其惟土乎

　按：此句《說苑》、《家語》《荀子》三書相同，都將《儒家者言》中的「□其言」擴充爲「多其功而不言」，擴展句比起《儒家》中的句子，語意更明晰。四本書籍中，《說苑》的改動最小，基本接近原貌，改動最大的是《家語》。《家語》不僅將「言」改爲「意」，而且在句中添加了「宏其志而無不容」一句，使文句形成對偶，增強語言的形式美。但這種改動在文句意義拓展上並沒有實質性效果。前句將「言」改爲「意」，據王引之所言，此乃《家語》本於《荀子》而誤，〔註6〕不管所言是否有理，「不意」確實沒有「不言」內涵深。默默奉獻，有功而不聲張，這是先秦儒家所推崇的理想人格。後句的添加明顯是對「有功不言」的補充，但這一補充顯然多餘。

　總結：此文分別見於《說苑》2·20 章、《荀子·堯問》、《外傳》卷七至二十二、《家語·困誓》等，內容是子貢問孔子爲人下之道，孔子回答說爲

────────────

〔註6〕參見王先謙：《荀子集解》，北京：中華書局，1988年，第552頁。

人下者應該像土地一樣，長五穀，出甘泉，供養萬物，而且默默無語，從不誇耀。總體來說，《說苑》最接近簡文，《荀子》次之，此書除個別詞語不同以及文句顛倒，文字基本相同。《家語》《外傳》的文字增加變動多。二者添加的內容與方法不同，因此，此條文獻在二書中形成文字不同的兩種文獻。

《儒家者言》第三章　曾折 援 〔木擊曾子□〕　2190
《說苑》曾皙怒，援大杖擊之
《家語》曾皙怒，建大杖以擊其背
《外傳》曾皙引杖擊之
　　按：「折」即「皙」，《說苑》與簡文最同，「援大杖」與「援□木」基本相同，《說苑》與《外傳》都是「擊之」，《家語》改為「以擊其背」，點出所記部位，描寫更為具體。

《儒家者言》者參得罪夫‖子‖得毋病乎退而就　611～1853
《說苑》曩者參得罪於大人，大人用力教參，得無疾乎？退屏，鼓琴而
　　歌
《家語》向也參得罪於大人，大人用力教參，得無疾乎？」退而就房，
　　援琴而歌
《外傳》先生得無病乎？魯人賢曾子
　　按：在《儒家者言》基礎上，《說苑》《家語》都添加「大人用力教參」之句，可見《說苑》《家語》相互因襲。然而，「退而就」又表明，《家語》的來源比《說苑》更早。

《儒家者言》日參來毋納也曾子自　1127
《說苑》日參來勿內也曾子自
《家語》日參來勿內曾子自
《外傳》參來勿內也曾子自
　　按：三書相同。

《儒家者言》之未嘗可得也小箠則待笞大　1839
《說苑》未嘗可得小棰則待大棰則走
《家語》未嘗可得小棰則待過大杖則逃走
《外傳》小棰則待，大棰則逃，索而使之，未嘗不在側，

按：《外傳》多不同。

《儒家者言》□怒立壹不去殺身以□父□　2487
《說苑》怒立體而不去殺身以陷父不義
《家語》怒，殪而不避既身死而陷父於不義
《外傳》怒　拱立不去非王者之民其罪何如

按：《說苑》將簡文中「立壹」改爲「立體」，「立體」用法常見，如《建本》第三章「立體有義，而孝爲本」等。《家語》「殪」與「壹」更接近。「按「殪」有「死」義，聯繫到上文曾子的「仆地」、「有頃，乃蘇」，則這裏的「殪」指的昏死過去。」

《儒家者言》之民與　312
《說苑》天子之民邪？
《家語》天子之民也？
《外傳》王者之民邪？

按：《外傳》「王者」與他書「天子」有別。

《儒家者言》殺天子之民者其罪　1846
《說苑》殺天子之民，　罪奚如
《家語》殺天子之民，其罪奚若
《外傳》殺王者之民，其罪何如

按：《外傳》「王者」與他書「天子」有別。

總結：此文獻分別見於《說苑》3‧7章、《外傳外傳》卷八、《家語》六本。內容是曾子在瓜田除草時誤斬瓜根。父親曾晳用大棒將其打昏，曾子蘇醒之後，不僅不生氣，還怕父親擔心他的身體，以彈琴唱歌來表示自己的身體安然無恙。但此舉遭到了孔子的批評。三書文獻皆與《儒家者言》同源，引用目的卻各不相同。《說苑》將此文獻歸於《建本》篇下，強調「孝」爲立身之本。文後劉向還增加議論句「以曾子之材，又居孔子之門，有罪不自知，處義難乎！」來說明行孝以及做其他任何事，能夠符合規矩都實屬不易。《外傳》則分別用「優哉遊哉，亦是戾矣」「載色載笑，匪怒伊教」兩句詩句結尾。表現孔子教育弟子的溫和、智慧。《家語》引用此條文獻，既非爲傳詩，也不是爲說明某一道理。只是將其作爲孔氏文獻資料收集起來，因此《家語》在文後添上「曾參聞之日：『參罪大矣，遂造孔子而謝過。』」使結尾與開頭相

照應，保持文獻的完整性。從文字上來看，《說苑》與《家語》關係更緊密，同時也更複雜。

《儒家者言》第四章　伐陳西門□因使其降民修之□　660
《說苑》楚伐陳，陳西門燔因使其降民修之
《外傳》荊伐陳，陳西門壞因其降民使修之
　　按：《阜陽牘一號》爲：「楚伐陳，陳西門燔」，《儒家者言者言》也應該爲「燔」，此處《說苑》最接近古貌。

《儒家者言》二人□　2416
《說苑》二人則
《外傳》二人則
　　按：相同。

《儒家者言》子曰丘也（失號）
《說苑》子曰丘聞之國亡而不知
《外傳》子曰國亡而弗知
　　按：《說苑》有「丘聞之」，《儒家者言》也有「丘也」，後面漏掉的字估計是「聞之」。《外傳》省掉了這幾個字。

　　總結：此條文獻見於《說苑》4‧4、《外傳》卷一之十二，《說苑》、《外傳》基本上與《儒家者言》文字相同，《外傳》中「燔」改爲「燒」，顯得更口語化。此條文獻的內容是楚國攻打陳國，陳國的西門燒毀，於是使陳國的降民修城門。孔子正好在此時坐車經過，按照禮節，車上的人在碰到兩個人的時候就要起身恭立表示敬意。孔子卻沒有起身，以表示對這些降民行爲的不滿。並由此引出一段議論：「丘聞之：『國亡而不知，不智；知而不爭，不忠；忠而不死，不廉。』今陳修門者不行一於此，丘故不爲軾也。」《說苑》將其此文獻放在《立節》篇目下，以陳國降民的行爲反面襯托，讓讀者領悟到要忠於國家，並在國亡時勇於赴死才是有節操的行爲。《外傳》則將此文獻變爲解詩材料，詩句爲「憂心悄悄，慍於群小。」表達的是孔子對陳國降民之類小人的憂心。

《儒家者言》第五章　桓公謂管仲曰諸□　728
《說苑》桓公問管仲曰諸侯相逆
《外傳》桓公問管仲曰諸侯相送

按：「逆」比「送」更書面語。

《儒家者言》□仲對曰□非天子　　1088

《說苑》管仲曰：「非天子

《外傳》管仲曰：「非天子

按：文字相同。

《儒家者言》不出境桓公　　1119

《說苑》不出境桓公

《外傳》不出境桓公

按：文字相同。

《儒家者言》今予不道　　2489

《說苑》寡人不道

《外傳》寡人不可使燕君失禮

按：都有文字改動，《外傳》改動更多。

《儒家者言》割燕君之所至如予之□　　616

《說苑》乃割燕君所至之地，以與燕君

《外傳》乃割燕君所至之地以與之

總結：《儒家者言》、《說苑》5·9 章、《外傳》卷四之八三書文字基本相同。此文內容講齊桓公北伐山戎氏，道經燕國，燕君或懼或媚，違反了諸侯相送不出境的規矩，送齊桓公出國境。齊桓公爲避免自己落借勢欺人之名，割地於燕。齊桓公此行獲得眾諸侯之心。爲此而朝拜於齊。

《儒家者言》第六章　　□漁者曰　天暑而得 弓 〔□之不□□〕　　760

《說苑》獻魚者曰：「天暑市遠，賣之不售。」

《家語》魚者曰：「天暑市遠，無所鬻也。」

按：「天暑市遠」二書相近而與簡文有別，「售」與「鬻」二書又有差別，《家語》「鬻」字與簡文聯繫相對緊密。簡文有殘字「□弓」，整理者疑其爲「粥」字，其字與「鬻」形進而相借，因此，「鬻」「售」相比，前者更爲古樸。

《儒家者言》將祭之　　□乎孔子曰　　128

《說苑》將祭之，何也孔子曰

《家語》以祭之，何也孔子曰

按：文字相同。

總結：見於《說苑》5‧20 章、《家語‧致思》、《說苑》與《儒家者言》最接近，《家語》的文字似乎來自《說苑》，但又有改動。此條文獻的內容是孔子到楚國去，有一個賣魚的人將想丟棄的魚獻給孔子，孔子接受此魚態度卻十分莊重，在受魚時拜了兩拜，接受此魚之後，又讓學生清掃房屋，準備祭拜此魚，當學生對此事表示奇怪時，他卻說出自己獨特的見解，即「務施而不腐餘財者，聖人也。今受聖人之賜，可無祭乎？」這也是孔子與他人的不同之處。

《儒家者言》第七章 閒處 喟然歎曰銅鞮柏□ 1123

《說苑》孔子閒居，喟然而歎曰銅鞮伯華而無死

《家語》孔子閒處，喟然而歎曰向使銅鞮伯華無死

按：《說苑》與簡文一致，《家語》多「向使」二字，目的在於增加假設語氣，明顯爲後人所加。

《儒家者言》者周公旦聶天下之□ 782

《說苑》昔在周公旦制天下之政，而下士七十人，

《家語》昔者周公居冢宰之尊，制天下之政，而下士七十人，

按：《家語》《說苑》都將「聶天下之□」改爲「制天下之政」，但與《說苑》相比，《家語》又多了刪掉「周公旦」之「旦」，增加了「居冢宰之尊」之句，增刪顯然是爲了突出周公的地位。

《儒家者言》也夫有道乃無下於天下□ 578

《說苑》夫有道而能下於天下之士，君子乎哉

《家語》惡有有道乃無下於天下君子哉

按：《家語》添加「惡有」，但「乃無下於天下」又與簡文一致，「惡有」似乎特地爲了「乃無」而添加，而使其變爲雙重否定句。

總結：見於《說苑》8‧21 章、《家語‧賢君》，此條文獻的內容爲孔子與子路的對話，中心爲議論銅鞮伯華的爲人，並由其「有道而能以下人」引發對尊重賢能之人的討論。此文用於《說苑》與《家語》，主題沒有發生變化。

《儒家者言》第八章 於大廟右陛之前有$\boxed{銅}$（簡文殘，僅剩金旁，整理者補爲「銅」字） 825

《説苑》孔子之周，觀於太廟，右陛之前。

《家語》孔子觀周，遂入太祖后稷之廟，堂右階之前。

「一號木牘」孔子之周觀大廟

按：《説苑》《阜陽一號木牘》都是「孔子之周觀大廟」，簡文儘管殘損，但從文字看來，應爲原貌。《家語》則將「之周」改爲「觀周」，並將「太廟」擴展爲「太祖后稷之廟」。

《儒家者言》□其口如名其背〔□□‖□‖〕 844

《説苑》三緘其口，而銘其背日：

《家語》三緘其口，而銘其背日：

按：三書文字相同。

《儒家者言》〔之爲人也多〕言多過多事多患也 604

《説苑》多言多敗，無多事，多事多患。安樂必戒，無行所悔

《家語》多言多敗，無多事，多事多患。安樂必戒，無行所悔

按：此處《説苑》與《家語》文字相同。《儒家者言》是「〔多〕言多過」，《説苑》、《家語》都是「多言多敗」。

總結：見於《説苑》10‧24 章、《家語‧觀周》。文字上依然《説苑》與《儒家者言》同，《家語》又與《説苑》同，但《家語》在《説苑》的基礎上，又有所改動。此條文獻的內容是孔子在周天子祖廟參觀，看見廟中銅人身上的銘文，並原文記錄下來。銘文的大意是説話做事要謹慎。

《儒家者言》第九章 齊景公問子貢曰子誰師 970、634、632

《説苑》齊景公謂子貢曰子誰師

《外傳》齊景公謂子貢曰先生何師

按：《説苑》與《儒家者言》同，都是「子誰師」，《外傳》卻改爲「先生何師」。

《儒家者言》乎子貢 1080

《儒家者言》也公曰 669

《説苑》也公曰

《外傳》也景公勃然作色，曰

按：《外傳》在「公曰」中間添加了「勃然作色」一詞。

《儒家者言》子知其聖 650
《說苑》子知其賢而不知其奚若可乎
《外傳》曰「始言聖人，今言不知」

按：《說苑》將《儒家者言》中的「子知其聖」改爲「子知其賢」，《外傳》的語句變動較大，但「始言聖人」之「聖」似乎又接近《儒家者言》原貌。

《儒家者言》長皆曰高 ‖ 幾何 791
《說苑》無少長愚智皆知高高幾何皆曰不知也
《外傳》臣終身戴天，不知天之高也

按：《說苑》與《儒家者言》文字相同。《外傳》文字與二書不屬同一文本系統。

總結：此文見於《說苑》11．23章、《外傳》卷八之十四，寫的是齊景公問子貢，子貢的老師孔子是否賢明以及賢明到何種程度，子貢的回答是孔子確實很賢明，但不知道他賢明到什麼程度。齊景公因此諷刺他說，既知道孔子賢明，卻不知道他有多賢明，這說的通嗎？子貢的回答非常巧妙，他將孔子比作天，任何人都知道天有多高，但不知天高到何種程度。子貢的這一回答，體現出其聰明與智慧。

《儒家者言》第十章 襄子問中尼曰先生行見 801
《說苑》趙襄子謂仲尼曰：先生

按：文字相同。

《儒家者言》意先生之道固不通乎中 1071
《說苑》意先生之道固不通乎仲

按：文字相同。

《儒家者言》□襄子見子路曰吾嘗問先 ‖ 生 ‖ 不□ 705
《說苑》襄子見子路曰：嘗問先生以道

按：文字相同。

《儒家者言》對即隱也，隱安得爲仁者 906
《說苑》不對則隱也 隱則安得爲仁

按：文字相同。

《儒家者言》不知□〔得爲聖子路曰今□天下〕　　734
《說苑》若信不知安得爲聖子路曰建天下
按：文字相同。

《儒家者言》之鳴鐘如〔沖之以梃〕　　958、953
《說苑》之鳴鐘而撞之以挺
按：文字相同。

總結：此文僅見《說苑》11·24章，文字相同。主要講趙襄子與孔子以及孔子弟子子路的一番對話，趙襄子問孔子爲什麼遊說了七十多個國君後，主張都不被採納，是世上沒有明君，還是其主張行不通。由於趙襄子此問實際上暗藏諷刺，孔子沒有回答。後來趙襄子再次以此問問子路，而且直接對孔子提出批評，說孔子不回答自己問題的態度是錯誤的，知道不回答，是隱瞞自己的觀點，非仁厚之人；不知道怎樣回答，就有愧於聖人的稱呼。面對趙襄子的挖苦，子路僅設了一個比喻，即用稻草去撞擊巨大的鳴鐘，鐘能發出聲音嗎？此處將趙襄子的發問比作用稻草撞鐘，既指出趙襄子的淺薄，又維護了孔子的尊嚴，可謂是巧妙而機智。

《儒家者言》第十一章　子曰犢主澤鳴晉國之賢□　　923、963
《說苑》孔子曰：「夫澤鳴、犢犨，晉國之賢
《家語》孔子曰：「竇犨鳴犢、舜華，晉之賢
《史記》孔子曰：「竇鳴犢、舜華，晉國之賢
按：整理者指出，犨」與「主」音近可通，《說苑》中「犢犨」實爲「犢主」，《說苑》與簡文人名一致，僅顛倒順序。《史記》與《家語》多添「舜華」一人，「竇犨鳴犢」「竇鳴犢」似乎是「犢主澤鳴」二名糅合在一起所致，因此，《家語》《史記》雖是來自於《儒家者言》，但與之已不屬於同一文本系統。

《儒家者言》聞君子重傷□　　627
《說苑》丘聞之君子重傷其類者也
《家語》何則？君子違傷其類者也
《史記》何則？君子諱傷其類者也
按：《說苑》與簡文的表述一樣，《家語》《史記》已有改動，「何則」簡

文未見，《史記》中的「諱傷」有「避諱、畏懼以及傷感的意思。」簡文與《說苑》中的「重傷」意思是特別傷感。因此，「諱傷」與「重傷」的基本意思一致。而「違傷」之「違」其意不通，似乎爲「諱」的誤寫。此處再次證明，《家語》《史記》應屬於同一文本系統。

　　總結：此文見於《說苑》13・3章、《史記・孔子世家》、《家語・困誓》、《孔叢子》記問及琴操等傳世文獻。又見於阜陽一號章題木牘之十二章，標題爲「孔子臨河而歎。」此處僅列三書進行比較。在文字上，《說苑》與《儒家者言》屬於同一文字系統，《家語》與《史記》屬於同一文字系統。此文內容是孔子受聘於趙簡子，在路途中聽到晉國賢大夫澤鳴、犢犨被殺，感慨而還之事，體現了孔子高超的預見能力。

　　《儒家者言》第十二章　　之匡簡子欲殺陽虎孔子□之　666
　　《說苑》孔子之宋，匡簡子將殺陽虎，孔子似之，
　　《家語》孔子之宋，匡人簡子以甲士圍之，
　　《外傳》孔子行，簡子將殺陽虎，孔子似之

　　按：《家語》《說苑》《外傳》中的文獻來自《儒家者言》，三書文字亦大同小異，前句「孔子之宋」《說苑》《家語》二書相同，後句「匡簡子將殺陽虎，孔子似之」《說苑》與《外傳》相同，《家語》將此句改爲「匡人簡子以甲士圍之」，將孔子似陽虎的情節隱去，似有爲尊者諱的傾向，修改的目的性明顯。

　　《儒家者言》□□孔∥子∥□舍子路怒奮□欲下　725
　　《說苑》甲士以圍孔子之舍，子路怒，奮□將下鬥
　　《家語》匡人簡子以甲士圍之，子路怒，奮□將與戰
　　《外傳》甲士以圍孔子之舍，子路慍怒，奮□將下

　　按：《說苑》與《家語》文字相同，句中「奮□將下」與《儒家者言》的「奮□欲下」基本相同，《家語》改爲「將與戰」，具有口語化特點，但卻失去古文風貌。

　　《儒家者言》子止之曰何〔仁義之不意□□〕　644
　　《說苑》孔子止之曰：「何仁義之不免俗也
　　《家語》孔子止之曰惡有修仁義而不免世俗之惡者
　　《外傳》孔子止之曰：「由，何仁義之寡裕也。」

按：《家語》與《說苑》同一文字系統，而且《家語》在《說苑》的基礎上又有修改，《家語》添加「惡有」二字而使其變爲反問句式，加重句式的肯定語氣。「仁義」前添上「修」字，使語句顯得更爲通暢。

《儒家者言》詩書不習禮樂不修則是丘之罪　715
《說苑》夫詩書之不習，禮樂之不修也，是丘之過也
《家語》夫詩書之不講，禮樂之不習，是丘之過也
《外傳》夫詩書之不習，禮樂之不講也，是丘之罪也

按：四書文字上大同小異，相差不大。不過，《外傳》的「丘之罪」比起《說苑》《家語》的「丘之過」，似乎更同於《儒家者言》。

《儒家者言》陽虎如爲陽虎則是非丘□　905
《說苑》若似陽虎，則非丘之罪也
《家語》若以述先王好古法而爲咎者則非丘之罪也
《外傳》若我非陽虎，而以我爲陽虎，則非丘之罪也

按：《說苑》《外傳》與《儒家者言》的文字基本相同，《家語》的修改非常大，將「陽虎如爲陽虎」改爲「若以述先王好古法而爲咎者」，改動的目的似乎是有意要維護孔子的尊嚴。

總結：此文見於《說苑》17·18章、《外傳》卷六之二十一、《家語·困誓》，事又見《莊子秋水》與《史記·孔子世家》。匡：宋地，在今河南睢陽縣西。《說苑》《外傳》與簡文基本相同，《家語》文字改動較大，改動主觀意圖明顯，主要是要將孔子與陽虎相似的信息徹底刪除，明顯是出於維護孔子神聖性。此文的內容是孔子要去宋國，由於長的與陽虎相似而被匡人圍困，子路奮而欲鬥，孔子制止了他，二人在包圍圈中鎮定地歌唱，此文表現出孔子的臨危不懼的高貴品格。

《儒家者言》第十三章　君子道四強於行弱於辭□　965
《說苑》孔子曰回若有君子之道四強於行己弱於受諫
《家語》孔子曰回有君子之道四焉強於行義弱於受諫

總結：此文見於《說苑》17·29章、《家語·六本》。《說苑》將「強於行」改爲「強於行己」，「弱於辭」改爲「弱於受諫」，意思便發生了變化。《家語》與《說苑》還有不同的地方，即《家語》後面還有「史鰌有君子之道三焉，不仕而敬上，不祀而敬鬼，直已而曲於人」，這一句原本是《說苑·雜言》的

三十章，《家語》將《說苑》的兩章合併爲一章。《儒家者言》的大意是在行動上很積極，在言辭方面顯得很弱。《說苑》的意思是在要求自己方面很嚴格，在接受勸諫時很順從。《家語》的文字則在《說苑》的基礎上進一步發生變化，「弱於受諫」與原文一致，「強於行己」則變爲「強於行義」，即在「節義」上要求嚴格。

《儒家者言》第十四章　何中尼曰新交取親　966、668
《說苑》子路行辭於仲尼曰敢問新交取親若何
《家語》敢問新交取親若何

總結：此文見於《說苑》17·34 章、《家語·子路初見》，二書與《儒家者言》的文字基本相同。此文在《說苑》《家語》中有著不同的語言背景。《說苑》中是子路在與孔子告辭時的一番對話，內容爲子路向孔子請教一些處世的方法，即在新交的朋友中選擇比較親近的去交往；說的很少卻都能實行它；長久性善又不去冒犯別人，這些是否能算是合乎標準的行爲了。孔子則通過對子路的反問來進一步啓迪其思考事物的根本，那就是「新交取親」者要看其是否忠於友誼，「言寡可行」者要看其是否誠實可靠，「長爲善事而無犯」者要看其是否合乎禮儀。《家語》則在「子路將行，辭於孔子」中間添上有「子曰：『贈汝以車乎？贈汝以言乎？』子路曰：「請以言。」孔子曰：「不強不達，不勞無功，不忠無親，不信無復，不恭失禮，愼此五者而已。」子路曰：『由請終身奉之。』」所添加的段落實際上是《說苑》第三十五章，《家語》則將《說苑》中的兩章連接在一起，形成一個有機的整體。

《儒家者言》第十五章　路行辭於孔　458
《說苑》子路將行辭於仲尼曰
《家語》子路將行辭於孔子曰

按：文字相同。

《儒家者言》孔‖子‖曰曾若以車乎　38
《說苑》子曰：「贈汝以車乎？
《家語》子曰：「贈汝以車乎？

按：文字相同。

《儒家者言》言乎子路請以言孔〔子曰不彊不遠〕
《說苑》子路曰：「請以言。」仲尼曰：「不強不遠

《家語》子路曰：「請以言。」孔子曰：「不強不遠達

按：文字相同。

總結：此文又見於《說苑》17‧35 章、《家語‧子路初見》，三書文字完全相同，但是此章在《說苑》中爲單章，《家語》卻將此章與上一章合爲一章。

《儒家者言》第十六章　曾子有疾公猛義往之曾子言曰　911

《說苑》曾子有疾孟儀往問之曾子曰

《論語》曾子有疾孟敬子問之曾子言曰

按：「公猛義」「孟儀」「孟敬子」三人名不同，實指魯國大夫仲孫捷。

《儒家者言》鳥之將死也必有悲聲君子之將卒也　693

《說苑》鳥之將死必有悲聲君子集大辟

《論語》鳥之將死，其鳴也哀；人之將死，其言也善。

按：《說苑》與《儒家者言》的文字基本相同，不同的是《說苑》將《儒家者言》中的「君子之將卒」換成「君子集大辟」，《論語》的文句內容與之相同，但由於表達完全不同。其語言顯得更加通俗，便於流傳。

《儒家者言》也曾子□　757

《說苑》也曾子曰

《論語》無

按：《論語》中只有曾子的回答，沒有孟敬子的對話。

《儒家者言》立志則貪欲之心止　939

《說苑》立志則貪欲之心不來

《論語》無

按：《論語》中曾子的語言不同。

《儒家者言》則怠惰曼易之節止君子　609

《說苑》則怠惰慢易之節不至君子

《論語》無

按：《論語》中曾子的語言不同。

總結：此文見於《說苑》17‧31 章，文字基本相同；又見《論語‧泰伯》，文字內容不同。《儒家者言》《說苑》中，曾子的回答是：「君子修禮以立志，則貪欲之心不來；君子思禮以修身，則怠惰慢易之節不至；君子修禮以仁義，則忿爭暴亂之辭遠。若夫置罇俎，列籩豆，此有司之事也，君子雖

勿能，可也。」大意是：「君子學禮是爲了立志，這樣貪欲的念頭就不會產生，君子時時想著禮是爲了修身，這樣懈怠懶惰簡慢輕忽的習氣就不會產生，君子學禮是爲了實行仁義，這樣憤怒爭鬥粗暴放肆的言辭就會遠離，至於安排酒宴用具，陳列祭祀禮器，那是主管官員的職事，君子即使不會做也行。」〔註7〕在《論語》中，曾子回答的內容是：「君子所貴乎道者三：動容貌，斯遠暴慢矣；正顏色，斯近信矣；出辭氣；斯遠鄙倍矣，籩豆之事，則有司存。」大意是：「在上位的人待人接物有三個方面：嚴肅自己的容貌，就可以避免別人的粗暴與懈怠；端正自己的臉色，就容易使人相信；說話的時候，多考慮言辭和聲調，就可以避免鄙陋粗野與錯誤。至於禮儀的細節，自有主管人員。」〔註8〕兩則文字有別，但主題基本一致，即君子的禮儀主要表現在其品德修養，而不在於是否能安排酒宴用具，陳列祭祀禮器等具體事務。因此，此條文獻《儒家者言》《説苑》與《論語》雖在文字上表現出不同，在文獻淵源上卻有著緊密的聯繫。

　　《儒家者言》第十七章　張網者四面張如祝之□　630
　　《新序》湯見祝網者置四面其祝曰
　　《呂氏》湯見祝網者置四面其祝曰
　　《賈誼》湯見設網者四面張，祝曰
　　《史記》湯出，見野張網四面，祝曰
　　按：此文泛見各書，都屬於同一文獻來源。其中《賈誼》與《儒家者言》的文字最同，《新序》與《呂氏》的文字相同。《史記》與《賈誼》、《儒家者言》屬於同一文本系統。文字略有不同。

　　《儒家者言》□□者四方來者皆麗　686
　　《新序》從四方來者皆離吾網
　　《呂氏》從四方來者皆離吾網
　　《賈誼》自四方至者皆罹吾網
　　《史記》自天下四方者皆入吾網
　　按：《新序》與《呂氏》文字相同。

〔註7〕王瑛、王天海譯注：《説苑全譯》，貴州：貴州人民出版社，1992年，第851頁。
〔註8〕楊伯峻：《論語譯注》，北京：中華書局，1980年，第79頁。

《儒家者言》予欲左者左欲右者右欲高者〔高〕　　692

《新序》欲左者左欲右者右欲高者高

《呂氏》欲左者左欲右者右欲高者高

《賈誼》欲左者左欲右者右欲高者高

《史記》欲左，左；欲右，右。

　按：文字相同。

《儒家者言》□者請受其犯命者□〔歧之□〕　　1048

《新序》吾取其犯命者

《呂氏》吾取其犯命者

《賈誼》吾請受其犯命者

《史記》不用命，乃入我網

　按：《史記》文字最不相同。

《儒家者言》之日湯之德及禽獸矣故吾　　702

《新序》之日湯之德及禽獸矣

《呂氏》之日湯之德及禽獸矣

《賈誼》之日湯之德及禽獸矣

《史記》之日湯德至矣，及禽獸矣

　按：文字相同。

《儒家者言》冊餘國來服　　654

《新序》四十國歸之

《呂氏》四十國歸之

《賈誼》下親其上

《史記》無

　按：《賈誼》《史記》文字不同。

　總結：此文見於《新序》5·3章、《賈誼新書·諭誠》、《史記·殷本紀》、《呂氏春秋·異用》。《淮南子·人間》亦記此事。其文獻來源基本相同，但也各有特點。《賈誼》與《儒家者言》最同，《新序》與《呂氏》與《儒家者言》文字有別，但彼此相同，屬於互爲因襲文獻，《史記》文變動最大，此文主要記載反映商代湯王仁德的一件著名事例。商湯見捕獵者四面置網，試圖將四面八方的鳥獸一網打盡，便使其撤掉三面，只留一面，讓絕大多數的鳥

獸存活。湯之舉體現出他的仁德，也因此而征服了其他四十多個國家。

　　《儒家者言》第十八章　〔王〕居高使人治地得人　603
　　《新序》周文王作靈臺及為池沼掘地得死人之骨
　　《呂氏》周文王使人扣池得死人之骸
　　按：文字大同小異。

　　《儒家者言》曰賓之曰此毋主矣文王曰□　709
　　《新序》文王曰更葬之吏曰此無主矣
　　《呂氏》文王曰更葬之吏曰此無主矣
　　按：文字基本相同。

　　《儒家者言》一家之主也〔長一國者一國〕　626
　　《新序》一國者一國之主也
　　《呂氏》一國者一國之主也
　　按：文字基本相同。

　　《儒家者言》□長天下者天下（失號）
　　《新序》有天下者天下之主也
　　《呂氏》有天下者天下之主也
　　按：文字基本相同。

　　總結：此文見於《新序》5‧4章、《呂氏春秋‧異用》，又見於《淮南子‧人間》、《賈誼新書‧諭誠》亦記此事。但《淮南子》中僅有一句「湯教祝網者而四十國朝」，這是故事的簡縮，而且從「祝網者」來看，《淮南子》的文獻應來自《呂氏》。《賈誼新書》雖然也是講周文王葬朽骨的故事，但故事情節不同。《賈誼新書》講的是周文王夢中承諾以王禮葬朽骨，醒來之後不聽他人勸阻，堅守承諾的故事。表現的是周文王的誠信。《新序》《呂氏》講述的是周文王在挖池沼時，得死人之朽骨，於是「令吏以衣冠更葬之。」周文王的仁德澤被朽骨，也因此而贏得天下人的心。因此，《新序》《呂氏》與《儒家者言》應該屬於同一文本系統。

　　《儒家者言》第十九章　崔子□□　961
　　《新序》崔杼弒莊公
　　《外傳》崔杼弒莊公
　　《晏子》崔杼既弒莊公而立景公

　　《呂氏》晏子與崔杼盟

　　按：崔杼，又名崔武子，齊大夫。《儒家者言》稱其爲崔子，《新序》等其他傳世文獻稱其爲崔杼，子是古代對男子的尊稱。《新序》等書直呼其名，褒貶意已寓於其中。

　　《儒家者言》□公劫晏子於□上曰子□　897
　　《新序》無
　　《外傳》無
　　《晏子》劫諸將軍大夫及顯士庶人於太宮之坎上
　　《呂氏》無

　　按：此句僅見於《晏子》，但《晏子》的文字與《儒家者言》不同，顯然《晏子》要詳於《儒家者言》。

　　《儒家者言》我將舍子‖不我與將殺子□□□　703
　　《新序》子與我我與子分國子不吾與吾將殺子
　　《外傳》子與我我與子分國子不吾與殺子
　　《晏子》子變子言則齊國吾與子共之子不變子言□既在脰劍既在心維子
　　　　圖之也
　　《呂氏》子變子言則齊國吾與子共之子不變子言則今是已

　　按：此句《新序》等書與《儒家者言》同中有異。《儒家者言》爲「我將舍子」，《新序》《外傳》是「子與我我與子分國」，《晏子》《呂氏》則是「子變子言則齊國吾與子共之」，很顯然，後者崔杼與晏子同分齊國要比不殺晏子的誘惑更大。從文字上來看，《新序》與《外傳》同，《晏子》與《呂氏》同。

　　《儒家者言》可之晏子劫之　933
　　《新序》無
　　《外傳》無
　　《晏子》無
　　《呂氏》無

　　按：此句四書皆無。

　　《儒家者言》〔□其志並惠也□□以〕　748
　　《新序》劫以刃而失其志者非勇也

《外傳》劫以刃而失其志者非勇也

《晏子》劫吾以刃而失其志非勇也

《呂氏》無

按：此句《呂氏》無。《呂氏》與《晏子》屬於同一文本系統，但比其簡略。

《儒家者言》非義也子何不誰之崔　922

《新序》無

《外傳》無

《晏子》非義也崔子乎獨不爲天討乎

《呂氏》無

按：見於《晏子》，文字略有變化。此句他書皆無。

《儒家者言》予舍之晏子　936

《新序》崔子舍之晏子趨出

《外傳》崔杼曰舍之晏子趨出

《晏子》崔子遂舍之晏子曰

《呂氏》無

按：《新序》《外傳》《晏子》與《儒家者言》文字相同。但《新序》《晏子》爲崔子，《外傳》稱爲「崔杼」。

《儒家者言》□其僕將馳晏子曰□之　1888

《新序》其僕將馳晏子拊其手曰

《外傳》其僕馳晏子拊其手曰

《晏子》其僕將馳晏子拊其手曰

《呂氏》其僕將馳晏子拊其僕之手曰

按：文字相同。

《儒家者言》安之成節　661

《新序》按之成節

《外傳》按之成節

《晏子》按之成節

《呂氏》安之　毋失節

按：文字基本相同，《呂氏》略別。

　　總結：此文見《新序》8·4章、《外傳》卷二之十三、《呂氏春秋·知分》、《晏子春秋·雜上》）四書。總的來說，四書與《儒家者言》所言爲一事，許多文句的文字基本相同。具體來說，《新序》與《外傳》屬於同一文本系統，《儒家者言》與《晏子》《呂氏》雖然有些文句相同，例如「子變子言，則齊國吾與子共之，子不變子言」一句，《晏子》與《呂氏》同；《晏子》的「劫諸將軍大夫及顯士庶人於太宮之坎上」與《儒家者言》「□公劫晏子於□上曰子□」基本相同。但三書文字多不相同，並不屬於同一文本系統。此外。對於崔杼，《外傳》此文皆直呼其名，其他書中，晏子對話時，卻尊稱其爲「崔子」。由此可見，《外傳》在流傳中經過了改動。

《儒家者言》第二十章　之屈盧曰　932

《新序》屬之於屈盧曰

按：文字相同。

《儒家者言》與我將舍子‖不與我將殺子屈盧　612

《新序》與我將舍子子不與我必殺子盧曰

按：文字相同。

《儒家者言》乎且吾聞　802

《新序》乎吾聞知命

按：文字相同。

《儒家者言》□臨死不怒夫人臣□　653

《新序》死不恐爲人臣者時

按：文字相同。

《儒家者言》勝乃內其劍　973

《新序》勝乃內其劍

按：文字相同。

　　總結：《新序》8·7章與《儒家者言》文字相同，應屬於同一文獻。此文講述的是白公勝作亂之時，楚惠王逃跑了，白公勝逼迫屈盧站在自己這一邊，屈盧臨危不懼，並以理服人，使白公勝不得不收回了寶劍。此文與《儒家者言》第十九章的主題類似，但十九章內容與晏子相關，因此故事傳播較廣，而且在流傳中有著不同程度的改動。

《儒家者言》第二十一章　〔於魯〕　684

《晏子》晏子使魯

《外傳》晏子聘魯

按：文字基本相同，《儒家者言》多「於」字。

《儒家者言》〔□□〕如趨受□　982

《晏子》堂上不趨授玉不跪

《外傳》上堂則趨授玉則跪

按：文字基本相同。

《儒家者言》臣敢不趨乎君之　641

《晏子》君之來速是以登階歷堂上趨以反位也

《外傳》臣敢不趨乎今君之

按：《儒家者言》與《外傳》文字相同，《晏子》文字有別。

《儒家者言》受弊卑臣敢　642

《晏子》授玉卑故跪以下之

《外傳》受弊也卑臣敢

按：《儒家者言》與《外傳》文字相同，《晏子》文字有別。

總結：本章見於《晏子春秋‧雜篇》、《外傳》卷四。《儒家者言》與《外傳》文字相同，《晏子》文字有別。從文字上看，前者文字簡略，後者對前因後果交待地頗爲詳細。本文主要講晏子使魯之時，其使用的禮節與《禮記》上的記載不符合。《禮記》上的記載是「登階不歷，堂上不趨，授玉不跪。」（「登階不歷」《外傳》中無。）而晏子卻「登階歷堂上趨」，而且跪著將玉交給魯君，因而引起子貢的疑惑。晏子最後向孔子作出解釋，即其不按禮節行事的原因是實際情況發生了變化。登階越級是因爲君主來的快，在堂上快走是想及時趕到自己的位置上去。授玉下跪是因爲魯君接受玉器時姿勢低。晏子能「不拘泥於明文規定的禮儀」，〔註9〕根據實際情況做出行動，這一點也贏得了孔子的稱讚。

《儒家者言》第二十二章　故人主孝則名　999

《呂氏》故人主孝則名

〔註9〕盧守助：《晏子春秋譯注》，上海：上海古籍出版社，2006年，第183頁。

按：文字相同。

《儒家者言》天下〔譽矣人臣孝〕則事君忠處　1840
《呂氏》天下譽。人臣孝，則事君忠，處
按：文字相同。《呂氏》「譽」後少「矣」。

《儒家者言》置之子不敢撅也父母全之子不敢　1842
《呂氏》置之子不敢廢也父母全之子不敢
按：《呂氏》「撅」作「廢」。

《儒家者言》父母全之而生之　1848
《呂氏》父母全之而生之
按：文字相同，又見《大戴禮記‧本孝》、《禮記‧祭儀》。

總結：本章僅見《呂氏‧孝行覽》，文句在其中都能找到，但涉及的篇幅較長。此文主要講孝是治國的根本，並大量引用曾子的語言作爲證據進行證明。

《儒家者言》第二十三章　子惡言不出於口絮言不反於己□　610、2340
《禮記‧祭義》子惡言不出於口忿言不反於己□
《大戴禮記‧曾子本孝》子惡言不出於口忿言不反於己□
《大戴禮記‧曾子大孝》子惡言不出於口煩言不反於己□

總結：此句見於《大戴禮記‧曾子本孝》、《大戴禮記‧曾子大孝》、《禮記‧祭義》，大意是不好的語言不從自己口中說出，人便「不以辱言加之也。」〔註10〕

《儒家者言》第二十四章　膚受諸父母曾子　866
何謂身體髮膚弗敢毀傷曰樂正子　1831
毀傷父不子也士不友也□□　313
尊榮無憂子道如此可謂孝　1199
〔□□教之所由曰孝□經□□〕　1845
之且夫〔爲人子親死然後袍〕　769

總結：此章不見傳世文獻。大致內容爲曾子與其弟子樂正子春關於孝的討論。

〔註10〕王聘珍：《大戴禮記解詁》，北京：中華書局，1983年，第79頁。

《儒家者言》第二十五章　　□也子路曰然願聞成人孔＝（孔子）曰　　602

何以爲成人才（哉）子路曰由□　　1005

孔子曰由其可以　　1074

總結：此文又見《論語·憲問》，全文爲：

> 子路問成人，子曰：「若臧武仲之知，公綽之不欲，卞莊子之勇，冉
> 求之藝，文之以禮樂，亦可以爲成人矣。」曰：「今之成人者何必然？
> 見利思義，見危授命，久要不忘平生之言，亦可以爲成人矣。」

楊伯峻釋云：「子路問怎樣才是全人。孔子道：『智慧像臧武仲，清心寡欲像
孟公綽，勇敢像卞莊子，多才多藝像冉求，再用禮樂來成就他的文採，也可
以說是全人了。』等了一會，又道：『現在的全人那裏一定要這樣？看見利益
便能想起該得不該得，遇到危險便肯付出生命，經過長久的窮困日子都不忘
記平日的諾言，也可以說是全人了。』」〔註11〕從《儒家者言》殘存的文句可
知，此章與《論語·憲問》中文段內容大致相同。區別在於《儒家者言》爲
子路與孔子二人的對話，《論語》在「子路問成人」之後，就僅有孔子的回
答，未有子路的對答。從《論語》來看，孔子對全人有兩種解釋，一是智
慧、清心寡欲、勇敢、多才多藝以及深諳禮樂；二是「見利思義，見危授
命，久要不忘平生之言」，後者似乎是對前者的反駁，並進一步對全人進行引
申與闡發。因此不像孔子同時的回答，倒像是《儒家者言》中子路針對孔子
回答的進一步解釋，最後「孔子曰由其可以」，應該是是孔子對子路的讚美。
類似《儒家者言》中孔子與弟子問答的材料還有很多。例如《論語·學而》
中一則文字：

> 子貢問曰：「貧而無諂，富而無驕，何如？」子曰：「可也，未若貧
> 而樂道，富而好禮者也。」子貢曰：「詩云：『如切如磋，如琢如
> 磨』，其斯之謂與？」子曰：「賜也，始可與言詩已矣，告諸往而知
> 來者也。」

此文所講述的是子貢與孔子關於貧窮者與富有者處世態度的討論，子貢開始
的認識較粗淺，在孔子的引導下，子貢能迅速領悟並且以詩句做出理論總結，
孔子稱讚其能「告諸往而知來者也」，意即「告訴你一件，你能有所發揮，舉
一反三了。」〔註12〕「見利思義，見危授命，久要不忘平生之言」似乎也是

〔註11〕楊伯峻譯注：《論語譯注》，北京：中華書局，1980 年，第 149 頁。

〔註12〕楊伯峻譯注：《論語譯注》，北京：中華書局，1980 年，第 9 頁。

子路在孔子全人解釋基礎上的發揮，因此也贏得孔子的讚許。《論語》將子路的回答併入孔子，顯得生硬，不如《儒家者言》中分爲孔子與子路的對話更自然。

《儒家者言》第二十六章　林放問禮

總結：此文又見《論語‧八佾》，全文爲：「林放問禮之本。子曰：『大哉問！禮與其奢也，寧儉；喪，與其易也，寧戚。』」楊伯峻釋云：：林放問禮的本質。孔子說：「你的問題意義重大呀！就一般禮儀說，與其鋪張浪費，寧可樸素簡約；就喪禮說，與其儀文周到，寧可過度悲哀。」〔註13〕

《儒家者言》第二十七章　〔問□告朔〕

總結：此文又見《論語‧八佾》，全文爲：「子貢欲去告朔之餼羊。子曰：『賜也，汝愛其羊，我愛其禮。』」楊伯峻釋云：：子貢要把魯國每月初一告祭祖廟的那隻活羊去而不用。孔子道：「賜呀！你可惜那隻羊，我可惜那種禮。」〔註14〕

第二節　《新序》《說苑》與阜陽漢簡互見文獻分析

一、阜陽漢簡簡介

阜陽漢簡〔註15〕於 1977 年在發掘阜陽縣雙古堆一號漢墓時發現。據《發掘簡報》所言，此墓墓主爲西漢第二代汝陰侯夏侯竈。夏侯竈死於漢文帝十五年（前 165），那麼阜陽漢簡就應該是西漢初年的書。漢簡包括竹簡、木簡、木牘三類，上面記載著多種古籍。其中包括《倉頡篇》、《詩經》、《周易》、《年表》、《大事記》、《雜方》、《作務員程》、《行氣》、《相狗經》、等各類作品。另外，還有三塊木牘和一批殘簡，木牘與殘簡上面記載的內容見於《說苑》《新序》《家語》等書。一號木牘保存最完好，長 24.6 釐米，寬 6.1 釐米，厚約 0.2 釐米。正反兩面寫字，現存的章題有 47 個；二號木牘已殘破，也是正反兩面

〔註13〕同上，第 24 頁。

〔註14〕同上，第 29 頁。

〔註15〕《簡介》內容參見以下文獻：安徽省文物工作隊：《阜陽雙古堆西漢汝陰侯墓發掘簡報》，《文物》，1978 年第 8 期；阜陽漢簡整理組：《阜陽漢簡簡介》，《文物》，1983 年第 2 期；胡平生：《阜陽雙古堆漢簡與〈孔子家語〉》，載《國學研究》第七卷，北京：北京大學出版社，2000 年。

有字，存章題約 33 個；三號木牘殘損更嚴重，僅在正面存近十個章題，但也模糊不清。因此，下一章中，本文將主要分析一號、二號木牘的章題。

一號與二號木牘是性質不同的兩本書籍目錄。一號木牘四十六個章題中，絕大多數與孔子及其弟子有關，可見這是一部專門記載孔子以及弟子言行的書，體例有如《孔子家語》。這些章題多能在《新序》、《說苑》、《家語》、《外傳》書中找到相應的內容，有的章題還見於定縣八角廊漢簡《儒家者言》。具體分析可見，47 個章題中，有 9 章因文字殘缺不明意義，能夠與傳世的文獻對得上的有 35 章，見於各書的情形大體如下：《說苑》33 章，《家語》22 章，《論語》1 章，《大戴禮》2 章，《外傳》7 章，《新序》2 章，《荀子》4 章，《左傳》2 章，《呂覽》1 章，《孟子》1 章，《列子》1 章，《晏子春秋》1 章，《尚書大傳》1 章，《墨子》1 章。木牘上文獻很少同時出現於《新序》《說苑》二本書。

二號木牘有章題約 40 章，可辨識的約 30 章。與春秋戰國時的歷史故事與人物有關。其中見於《說苑》有 18 章，《新序》有 5 章。《外傳》1 章，《晏子》2 章。其中與孔子及其門人相關的只有有 3 章，分別是《楚王召孔子》、《簡子有臣尹鐸》、《魯孟獻子聘於魯》，其他各章皆不涉及孔門師生。

在阜陽雙古堆漢墓中，還出土了一批殘簡。經過整理，得到與今本古籍文字基本相合的者 50 章，其內容也是記錄春秋戰國歷史人物與故事，可與《說苑》、《新序》、《家語》、《左傳》等書相合。簡文內容與《說苑》相合者數量最多，文字也相同，而且許多文字僅見於《說苑》，不見其他古籍，因此整理者認爲它們應當就是劉向所見並且整理校訂的那些簡書，並將這批殘簡定名爲《說類雜事》。以下本文將對阜陽漢簡以及與之相關的書籍進行具體地比較分析。

二、阜陽雙古堆漢簡與《新序》《說苑》等相關書籍文獻分析

（一）一號木牘〔註16〕

1. 子曰：「言憂則病。」

胡平生疑爲《外傳》卷一之十八「孔子曰：君子有三憂」此文全文爲：

〔註16〕阜陽雙古堆漢簡中一號、二號木牘以及「說類雜事」中的文字皆引自胡平生《阜陽雙古堆漢簡與〈孔子家語〉》，載於《國學研究》第七卷，北京：北京大學出版社，2000 年。

「孔子曰：『君子有三憂，弗知，可無憂與？知而不學，可無憂與？學而不行，可無憂與？』詩曰：『未見君子，憂心惙惙』」。文中並沒有木牘章題「言憂則病」。

2. 子思曰：「學所以盡（益）材。」

此章題見於《說苑》3·13 章、《大戴禮記·勸學》《荀子·勸學》，從首句來看，《說苑》與木牘最接近，《大戴》與《荀子》沒有「學所以益才也，礪所以致刃也」句。而且說話者也有變化，《說苑》與木牘皆爲「子思」，《大戴》爲「孔子」，《荀子》則將其化爲自己的語言，可見《說苑》文字最爲原始。此文講的是學習對人的作用。

3. 子曰北方有獸

此章題見於《說苑》6·1 章、《呂氏春秋·不廣》、《外傳》卷五之二十六、《淮南子·道應訓》等書。《說苑》的首句與章題最同，而且指明爲孔子語。但木牘單獨爲一章，《說苑》是文段中的一部分，是重組文獻。此文講的是孔子言蟨與蛩蛩、巨虛二獸相互依賴，蟨用口銜甜美的草料給蛩蛩、巨虛吃，而蛩蛩、巨虛在遇到敵情而逃跑時，必定要背上蟨。可見，它們的相親相愛主要是因爲互相的恩惠與報答。劉向由此而引到君臣關係，即君要施德。臣要報恩，這樣君臣之間才能融洽和睦。

4. 孔子之匡

此章題見於《說苑》17·18 章、《外傳》卷六之二十一、《家語·困誓》、《儒家者言》第十二章，事又見《莊子·秋水》與《史記·孔子世家》。匡：宋地，在今河南睢陽縣西。《說苑》《外傳》與簡文基本相同，《家語》文字改動較大，改動主觀意圖明顯，主要是要將孔子與陽虎相似的信息徹底刪除，明顯是出於維護孔子神聖性。此文的內容是孔子要去宋國，由於長的與陽虎相似而被匡人圍困，子路奮而欲鬥，孔子制止了他，二人在包圍圈中鎮定地歌唱，此文表現出孔子的臨危不懼的高貴品格。

5. 陽子曰事可之貧

此章題僅見《說苑》13·2 章，《說苑》首句爲「楊子曰：『事之可以之貧』」，除「陽」「楊」之別，文字基本相同。楊子，名朱，字子居，戰國時魏人，他的學說重在愛己，不拔一毛以利天下，與墨子「兼愛」正好相反。其著述不傳，散見於諸子書。此文記載了楊子的觀點，內容大致爲貧窮與富有

的選擇會影響人的品行，生存與死亡的選擇會妨礙人的勇氣，也就是說人的意志不堅定。對於楊子的觀點，僕子（此人不詳）評價爲「智而不知命」。《說苑》引用此評論，應表示贊同。《說苑》云：「謀有二端，上謀知命，其次知事。知命者，預見存亡禍福之原，早知盛衰廢興之始，防事之未萌，避難於無形。若此人者，居亂世則不害於其身，在乎太平之世則『必得天下之權。」〔註17〕可見楊子的智慧並非屬於「知命」，而是屬於「知事」。

6. 白公勝（試）弒其君

關於白公勝的故事，《新序》中有三則，分別是8‧6「楚太子建以費無極之譖見逐」章、8‧7「白公勝將弒楚惠王」章、8‧8「白公勝既殺令尹司馬」章、8‧9「白公之難，楚人有莊善者辭其母」《說苑》有三則，分別是 4‧13「齊人有子蘭子者」、4‧14「楚有士申鳴者」章、13‧14「石乞侍坐於屈建」章。《儒家者言》第二十章也有此事，但文字不同。這些故事都是以白公勝作亂爲背景，敘述在這個動亂時刻所發生的故事。「白公勝」，春秋時楚國太子熊建之子，幼年在吳國，於哀公十六年（公元前 479 年）召回吳國。是年作亂，失敗後自縊而死。從各種關於白公勝作亂的故事來看，此事在當時影響較大，因此傳聞多。《新序》《說苑》中文字似乎與章題不同，應不屬於同一文本。

7. 中尼之楚至蔡

此章題不見它書，其事記載在《說苑‧雜言》、《荀子‧宥坐》、《家語‧在厄》、《外傳》卷七中。講述的是孔子在去往楚國的路上，被困在陳、蔡兩國之間的事情。《說苑》17‧17、17‧18 章都記載此事。17‧17 章講的是處於斷糧困境中的孔子依然「修樂不休」，弟子子路怨氣滿腹。孔子藉此教導他，處於困境的人是幸運的，因爲「人君不困不成王，列士不困不成行」，困境可以磨練意志，帶來機遇。17‧18 章講的是孔子受困於陳蔡兩國時，與弟子們一起忍饑挨餓。弟子子路用「人爲善者，天報以福；爲不善者，天報以禍」譏刺孔子是否做了錯事而遭致被困的懲罰。孔子藉此教育子路，古往今來，賢士受窮甚至死亡的事比比皆是，這並非是賢士的過錯，因爲「其才不遇其時，雖才不用。苟遇其時，何難之有」，所以君子不應過多抱怨，而是「修身端行，以須其時也」。

〔註17〕劉向撰、向宗魯校證：《說苑校證》，北京：中華書局，1987 年，第 312 頁。

8. 齊景公見子貢子誰師

此章題見《説苑》11‧23 章、《外傳》卷八之十四、又見《儒家者言》第九章。《説苑》的首句是「齊景公謂子貢曰子誰師」,《外傳》的首句是「齊景公謂子貢曰先生何師」,《儒家者言》的首句是「齊景公問子貢曰子誰師」。從文字上看,《説苑》《儒家者言》與此章文字相同,應爲同一文本,《外傳》則與二書文字大不相同。跟二書正文比較,《外傳》的文字改動也較大。此文寫的是齊景公與子貢的對話,齊景公諷刺子貢不知孔子有多賢能,子貢「今謂天高,無少長愚智皆知高,高幾何,不知也」的比喻來對答齊景公的刁難,表現出子貢的智慧。

9. 季康子謂子游

此章題僅見《説苑》5‧18「季康子謂子游」章,與《説苑》首句文字相同,應爲同一文本。「季康子」,姓季孫,名肥,春秋時魯國宰相,「康」是他的謚號。「子游」,名言偃,字子游。孔子弟子。此文講的是季康子認爲孔子比不上子產,因爲子產去世時,鄭國人人爲之流淚,國家三月之類無音樂之聲。子游的解釋非常巧妙。他用雨水比作孔子,用溝渠之水比作子產,前者仁德不可見,後者仁德可見,但前者遠遠大於後者。

10. 子戀見文子常

此章題略見《説苑》11‧25「衛將軍文子問子貢」章,《説苑》中記載了衛將軍文子與子貢的問答,應該與此章的內容相同,但兩章開頭的文句明顯有別。

11. 趙襄子謂中尼

見《説苑》11‧24 章,又見《儒家者言》第十章。《説苑》首句爲「趙襄子謂仲尼曰」《儒家者言》爲「襄子問中尼曰先生行見」,與此章題相同。三者應屬於同一文本。「趙襄子」,春秋末年晉國大夫,他與韓、魏兩家合謀,滅掉智伯,三分其地,建立趙國。此文講的是趙襄子問孔子,孔子歷經諸國,都未能被瞭解,是世無明君,還是其主張不爲人接受。面對這一挑釁性的問題,孔子沉默以對。後趙襄子對子路提及此事,子路以用草根撞鳴鍾,是不能是鳴鐘發出聲音的比喻,來諷刺趙襄子問題的淺薄。

12. 孔子臨河而歎

此章廣泛見於《説苑》13‧3 章、《史記‧孔子世家》、《家語‧困誓》、《孔

叢子》記問及琴操等傳世文獻，以及《儒家者言》第十一章。但這些文獻在「臨河而歎」之前增添了一些背景資料。其中以《說苑》最多，此書在文章的開頭介紹了趙簡子欲殺澤鳴、犢犨、孔子三人以圖天下的野心，並且按計劃先殺掉了澤鳴、犢犨，接著又聘請孔子。然後順理成章地引出孔子至河，臨水而觀之事。《史記》《家語》則省去了趙簡子欲殺孔子之事，僅介紹孔子將離衛入晉，至河邊時聽聞竇鳴犢、舜華被殺之事。（人名有異，但此屬流傳之誤）寧鎮疆認爲《家語》隱去趙簡子欲殺孔子之事是爲尊者諱。〔註18〕此章沒有這些背景，直接從「孔子臨河而歎」寫起。《儒家者言》中最前的文句亦是「子曰：『犢主澤鳴晉國之賢□』」也不能確定前面是否有背景資料。因此，「臨河而歎」前面的內容應屬於後來添加。

13. 孔子將西遊至宋

胡平生疑爲「顏淵將西遊於宋」一文，此文見於《家語·賢君》，《說苑》10·33章也有此文，開頭句爲「顏回將西遊」，但二書內容相同，爲顏淵西行游學前向孔子請教立身處世之道。孔氏文獻中，孔子與其弟子常相混淆，因此，胡平生所疑爲是。

14. 魯哀公問孔子當今之時

此章見於《說苑》8·19章、《家語·賢君》，《說苑》的開頭句與此章完全相同，《家語》略有區別，將「當今之時」改爲「當今之君」。此文記錄了魯哀公與孔子的一段對話。主要內容是孔子由衛靈公談及評價賢君的標準。孔子認爲，評價國君是否爲賢，不是看他在後宮的行爲舉止，而是看他理政的才能，特別是能否任用賢人。

15. 孔子曰丘死商益

此章見於《說苑》17·32章、《家語·六本》。《說苑》開頭句爲「孔子曰：『丘死之後，商也日益」，《家語》爲「孔子曰：『吾死之後則商也日益。』」文字基本相同，可見，三書應爲同一文獻。從文字上看，《家語》與《說苑》的文字比木牘章題多，木牘章題顯得簡潔，顯然二書在木牘基礎上進行了增添。《家語》與《說苑》文字非常接近，僅「丘死」與「吾死」這一細微的差別。

〔註18〕見寧鎮疆：《八角廊漢簡〈儒家者言〉與〈孔子家語〉相關章次疏證》，《古籍整理研究學刊》，2004年第5期。

那麼二書中誰是原始文獻，誰是引用文獻呢？《說苑》中原文為「孔子
曰：『丘死之後，商也日益，賜也日損。商也好與賢己者處，賜也好說不如己
者。』」，是孔子對弟子的經典評論。《家語》卻將此條文獻與《說苑》17·46
章拼接在一起，並增加曾子的對話，使得孔子的評語更加完整、有深度。這
種重組與加工文獻的方法正表明《家語》引自《說苑》。

17. 孔子見衛靈公□難且

此章胡平生疑此文載於《說苑》14·8 章、《孟子·萬章上》，《說苑》開
頭句為「萬章問曰：『孔子於衛主雍睢，於齊主寺人脊環，有諸？』」《孟子》
與之基本相同。大意為萬章問孔子在衛國時是否曾在宦官雍睢與脊環家借
住，對這一有損孔子聲譽的問題，孟子斷然否決，並感慨言道：「如孔子主雍
睢與寺人脊環，何以為孔子乎？」

18. 子路之上起

胡平生疑與《說苑》7·30 章、《家語·致思》中的「子路治蒲」章有關，
《史記仲尼弟子列傳》亦載此事，文略不同。此文大意為子路將要治理衛國
屬地蒲，此地「多壯士，又難治」，因此想孔子請教治理的方法。孔子告誡其
「恭以敬，可以攝勇；寬以正，可以容眾；恭以潔，可以親上。」

19. 子路行辭中尼敢問新交取親

此章見《說苑》17·34 章、《家語·子路初見》又見《儒家者言》第十四
章，《說苑》與此文最同，開頭句為「子路行辭於仲尼曰敢問新交取親」，
《家語》雖與此章文字大致相同，卻將另一文與此章組合一起，形成新的文
獻。但《家語》中「……敢問新交取親若何」似乎應該來自《說苑》與此
文，《儒家者言》開頭句「……何中尼曰新交取親」，明顯與之有別。可見，
《說苑》文獻材料應該與一號木牘更接近，而《家語》與《說苑》文獻關係
緊密。

20. 孔子行毋蓋

此章見《說苑》17·33 章、《家語·致思》，《說苑》首句為「孔子將行無
蓋」，《家語》則為「孔子將行雨而無蓋」，比《說苑》多「雨而」二字。《說
苑》比《家語》的文獻更加原始。此文講的是孔子出行時，車上無傘蓋。但
孔子不向弟子子夏借傘蓋，理由是與人交要迴避他的短處，子夏吝惜財物，
就要盡量避免向其借物。孔子此語顯示了其洞察世事的智慧。

21. 子曰里（鯉）君子不可不學

此章被廣泛引用，分別見於《說苑》3・15 章、《家語・致思》《大戴禮・勸學》《尚書大傳・略說》。比較各書文獻的開頭句，《說苑》與此文最同，其它書籍都有不同。這與上面所比較的結果基本一致，即相對其它書籍，《說苑》中的材料更原始。

22. 子曰不觀高岸

此章見於《說苑》17・20 章、《家語・困誓》，從開頭句比較，《說苑》與此文完全一樣。《家語》第一句爲「孔子曰：『不觀於高崖』」「崖」與「岸」字有別。但從《說苑》《家語》爭端的文字來看，改動不算太大，因此，此文獻在流傳中較少失眞。

23. 子貢問孔子曰賜爲人下

此章影響很大，廣泛見於《說苑》2・20 章、《家語・困誓》《外傳》卷七《荀子・堯問》又見《儒家者言》第 2 章等儒家文獻。從開頭句來看，此文與《說苑》、《荀子》、《儒家者言》最爲相同。《家語》《韓詩》文字改動大。從整段文字比較來看，也是《說苑》與《儒家者言》文字最同。可見，相對其它書籍，《說苑》中的材料更原始。

24. 子曰自季宜子□我

此章見於《說苑》17・6 章，其文爲：「孔子曰：自季孫之賜我千鍾而友益親。」其內容還見於《家語》，其文爲：「孔子曰：『季孫之賜我千鍾而交益親。』」《說苑》《家語》以及木牘章題的文字基本一致，差異僅在於木牘之「季宜子」在二書中稱「季孫」。《孔叢子・記義》中有「季桓子以粟千鍾餼夫子」，當爲同人同事，「宜子」當爲「桓子」筆誤〔註 19〕。

25. 子路問孔子治國如何〔註 20〕

此章見於《說苑》8・37 章、《家語・賢君》，《說苑》文爲「子路問於孔子曰『治國何如？』與木牘章題文字相同；《家語》文爲：「子路問於孔子曰：『先君治國，所先者何？』」顯然在此基礎上進行了文字添加。

〔註 19〕韓自強在《一號木牘〈儒家者言〉章題釋文考證》已經指出此點，《阜陽漢簡〈周易〉研究》附錄一。

〔註 20〕25 至 47 章，都載於一號木牘背面。

28. 孔子之楚有獻魚者

此章見《說苑》5‧20 章、《家語‧致思》，又見《儒家者言》第六章。《說苑》文爲：「孔子之楚，有漁者獻魚甚強。」《家語》文爲：「孔子之楚，有漁者而獻魚焉。」《說苑》《家語》與木牘章題文字基本相同。區別僅在於木牘章題爲「有獻魚者」，《說苑》《家語》爲「有漁者」。可見，三書爲同一文字系統，但後者文字上有所改變。而且通過文獻比較，此章的傳播順序應該是木牘章題──《說苑》──《家語》。

32. 子夏問中尼曰□

此章胡平生疑爲《說苑》17‧22 章，《說苑》首句爲「子夏問仲尼曰，顏淵之爲人也若何」章，其內容又見於《家語‧六本》、《列子‧仲尼篇》、《淮南子‧人間訓》等。從開頭句來看，《說苑》與木牘章題最接近，其它書將「仲尼」改爲「孔子」，顯然對文字進行了第二次加工。

38. 孔子閒處喟焉歎

此章見《說苑》8‧21 章、《家語‧賢君》，又見《儒家者言》第七章，從開頭句可見，文字基本相同，僅《說苑》將「閒居」改爲「閒處」。從整段文字來看，〔註21〕《說苑》的文字更接近《儒家者言》，《家語》文字變動大。

39. 曾子有疾公孟儀往問之

此章見《說苑》19‧33 章，首句爲「曾子有疾，孟儀往問之」，文字完全相同。又見《論語‧泰伯》、《儒家者言》第十六章，從文字看，木牘章題與《說苑》《儒家者言》相近。《論語》不僅文字有別，內容也與之同中有異。〔註22〕

40. 楚伐陳陳西門燔

此章見《說苑》4‧4 章、《外傳》卷一，又見《儒家者言》第四章。《說苑》文句爲「楚伐陳，陳西門燔因使其降民修之」，與木牘章題文字一致。《外傳》文句爲「荊伐陳，陳西門壞因其降民使修之。」將「荊」改爲「陳」，「燔」改爲「壞」。《儒家者言》的文句爲「伐陳西門□因使其降民修之□」，有些字已殘損，但根據前面文獻比較經驗，《儒家者言》與阜陽漢簡的重複文獻文字

〔註21〕文字比較可參見第一節第二部分《定縣〈儒家者言〉與〈新序〉〈說苑〉等相關書籍文獻分析》第七章。

〔註22〕文字比較可參見第一節第二部分《定縣〈儒家者言〉與〈新序〉〈說苑〉等相關書籍文獻分析》第十六章。

多數相同，這一文句應該與此章文字相同。〔註23〕

41. 孔子見季康子

　　此章見於《說苑》7‧46 章、《家語‧子路初見》。《說苑》首句爲「孔子見季康子」，與此章文字相同，《家語》在此基礎上增添了一些文字，使文句更加具體。

42. 中尼曰史蝤有君子之道

　　此章見於《說苑》17‧31 章、《家語‧六本》，《說苑》文句爲「仲尼曰：『史鰌有君子之道三不仕而敬上不祀而敬，直能曲於人。』」《家語》文句爲「史鰌有男子之道。」從文獻結構看，《說苑》僅有上面一句，文意是「孔子說：『史鰌有君子的三種品行：不做官卻能敬奉居上位者，不祭祀卻能敬事鬼神，正直又能對人忍讓。』」〔註24〕《家語》則前面增加「回有君子之道四焉：強於行義，弱於受諫，怵於待祿，愼於治身。」後面添上曾子之語，對原始孔氏文獻進行重組。

43. 晏子聘於魯

　　此章胡平生疑爲《外傳》卷四中「晏子聘魯，上堂則趨，授玉則跪」章，此內容亦見於《晏子‧內篇雜上》，但開頭文句不同，其文爲「晏子使魯，仲尼命門弟子往觀。」《外傳》與《晏子》內容相同，但文字詳略有別。《外傳》頗簡，對晏子上堂則趨、授玉則跪這些舉動爲什麼不合禮的原因沒有介紹，說明當時社會熟知禮儀，無須多加說明。《晏子》則敘事詳細，在「晏子使魯」後增「仲尼命門弟子往觀」一事，交代事件的發展。後面對《禮記》中「登階不歷、堂上不趨、授玉不跪」等合理禮節的介紹，晏子對「失禮」行爲的解釋。都非常詳細，應該說，《晏子》成書時，編者應對此章進行了有目的再創造。因此，《韓詩》應與木牘章題更接近。

44. 子路行辭中尼中尼曰（曾）贈女以車

　　此章見於《說苑》17‧35 章、《家語‧子路初見》，又見《儒家者言》第九章。從三書開頭句來看，文字與木牘章題基本相同。細微的差別在於《說苑》與木牘章題將孔子稱爲「仲尼」，《家語》與《儒家者言》則稱爲「孔子」。

〔註23〕文字比較可參見第一節第二部分《定縣〈儒家者言〉與〈新序〉〈說苑〉等相關書籍文獻分析》第四章。

〔註24〕王瑛、王天海譯注：《說苑全譯》，貴陽：貴州人民出版社，1992 年，第 740 頁。

《家語》文字經後人改動,「孔子」已是全書統一稱呼,暫且不論。《說苑》中孔氏文獻時而稱呼爲「仲尼」,時而又稱呼爲「孔子」,可見《說苑》是直接引用他書文獻,未作文字修改。如果將《說苑》《儒家者言》木牘章題三者比較,《說苑》與木牘章題都稱「仲尼」,《儒家者言》卻成爲孔子,同爲出土文獻,《說苑》似乎與木牘章題的文獻關係更加緊密。

45. 衛人醢子路

此章胡平生疑爲《家語·曲禮子貢問》「子路與子羔仕於衛」與此有關。主要內容是講子路與子羔同處於蒯聵之難時,孔子根據二人的性格,預測子羔將免於難,子路卻難逃此難,結果如孔子所預料,子路不僅慘遭殺害,而且被衛人剁成肉醬。《家語》中「子路與子羔仕於衛」非與木牘章題「衛人醢子路」有關,首先,二者開頭文句完全不同,不符合古人以首句爲章題之名的原則;其次是出土文獻《儒家者言》與木牘與傳世文獻的對比中,發現一個規律,即出土文獻的文字往往同時見於《說苑》《家語》二書,很少單獨見於其中一書,特別是《家語》。因此,《家語》中的「子路與子羔仕於衛」與此章並非同一文獻。

46. 孔子之周觀大廟

此章見於《說苑》10·25 章、《家語·觀周》又見《儒家者言》第八章。《說苑》與此章最同。《說苑》開頭文句爲「孔子之周,觀於太廟,右陛之前」,與此章最同。《儒家者言》文句殘損,僅剩下「於大廟右陛之前有銅(簡文殘,僅剩金旁,整理者補爲「銅」字)」一句,但根據前面《說苑》與《儒家者言》的文字分析,[註25] 二者文字基本相同,殘缺部分文字應不會相差太遠。《家語》開頭文句爲「孔子觀周,遂入太祖后稷之廟,堂右階之前」,文字變動最大。

(二)二號木牘共有篇題 40 條,現可辨識者約 30 條,以下是可辨識的章題

3. 或謂趙簡子□□□□不更;

此章見於《說苑》1·37 章。《說苑》文爲「或謂趙簡子曰君何不更乎?」與此章文字相同。此章在《說苑》中歸入《君道》篇。所謂君道,「即爲君之

〔註25〕可參見第一節第二部分《定縣〈儒家者言〉與〈新序〉〈說苑〉等相關書籍文獻分析》第八章。

道，指作爲君王應該懂得的治國治民的道理，應該掌握的原則與方法，以及個人應具有的操守和德行。」〔註26〕此章講述的是趙簡子以寬廣的心胸接受他人進諫，即便是自己沒有過錯，當別人對他說「君何不更乎」，亦誠懇接受，表明善於納諫是君主的重要品格。

4. 晉平公築施祁之臺

此章見於《說苑》18·24 章，內容又見於《左傳昭公八年傳》。《說苑》開頭文句是「晉平公築虒祁之室」，與此章題文字基本相同。差別在於「施」與「虒」，「臺」與「室」四字。「虒祁」，宮殿名，故址在山西侯馬市附近。《左傳》亦云：「於是晉侯方築虒祁之宮」可見，「施祁」爲「虒祁」之誤。至於「臺」「室」之別，早在盧文弨就曾校「室」爲「臺」，曰「室」訛。〔註27〕可見其有先見之明。《左傳》開頭文句爲「八年春，石言於晉魏榆」，與二者明顯不同，但中間的文字內容基本相同，因此，它們雖屬不同的傳本，但文字變動小。此章歸於《辨物》篇，主要因爲石頭說話以及師曠對此奇特自然現象從政治角度進行的解釋，這正符合《辨物》篇「通乎物類之變，知幽明之故，睹遊氣之源」的宗旨。

5. 晉平公使叔向聘於吳

此章見於《說苑》9·13 章，《說苑》的開頭文句爲「晉平公使叔向聘於吳」，與木牘章題文字相同。此章包含兩個方面的內容，一是對奢侈的諷刺，如吳國迎接晉國使者叔向時「左五百人，右五百人；有繡衣而豹裘者，有錦衣而狐裘者」；晉平公修建馳底之臺，「上可以發千兵，下可以陳鐘鼓。」二是叔向的巧妙進諫。當晉平公得知吳國的奢侈行爲，發出「吳其亡乎？奚以敬舟？奚以敬民」的感慨時，叔向將吳國的行爲與晉平公修馳底之臺的行爲連接在一起，反問晉平公「奚以敬臺？奚以敬民？」很快打動晉平公而罷臺。《說苑》正是看重叔文的進諫技巧，因此將之歸入《正諫》篇。

8. 楚王召孔子

胡平生疑此章爲《說苑》17·15 章。《說苑》開頭文句爲「楚昭王召孔子」，文字基本相同。此章不見《家語》，疑二號木牘章題並非《家語》文獻。此章大致內容爲楚昭王準備召見孔子，讓其執掌國政，但最終爲令尹子西所阻止，

〔註26〕王瑛、王天海譯注：《說苑全譯》，貴陽：貴州人民出版社，1992 年，第 1 頁。
〔註27〕劉向撰、向宗魯校證：《說苑校證》，北京：中華書局，1987 年，第 467 頁。

理由是孔子將對楚國不利。文後有一段議論，感慨頗深，其文爲「夫善惡之難分也，聖人猶見疑，而況於賢者乎？是以賢聖罕合，謟諛常興也。故有千歲之亂，而無百歲之治。孔子之見疑，豈不痛哉！」根據劉向仕途坎坷，屢次爲小人所讒的經歷，此議論應該發自劉向肺腑。

9. 吳人入郢

胡平生疑此章爲《說苑》1‧13 章，《說苑》開頭文句爲「吳人入荊」，「荊」與「郢」都指楚國，胡所疑爲是。此章內容爲吳國攻打楚國時，要求陳懷公給與支持，陳懷公猶豫未定，逢滑以高超的語言技巧說服了陳懷公，使之拒絕與吳國結盟。

12. 晉文君之時翟人獻〔逢〕狐

此章見於《說苑》7‧38 章。《說苑》開頭文句爲「晉文公時，翟人有封狐文豹之皮者」，與木牘章題文字相同。此章內容講述的是當翟族人進獻大狐皮與文豹皮時，晉文公感慨大狐文豹因皮毛而招致災禍。晉大夫欒枝趁此將狐豹因皮毛獲罪與人君因佔有田地、財產被百姓攻擊類比，使晉文公明白百姓有田地財產才能不犯上作亂的道理，並立刻下令「列地以分民，散財以賑貧。」根據文中內容，此章完全可以根據欒枝巧妙的說辭而將其歸入《善說》篇。但《說苑》卻將其歸入《政理》，表達了富民是政治根本的主題。這說明，劉向編撰《說苑》時，是根據自己的需要來給材料分篇章，而非爲材料的性質所左右。如果分析《說苑》中此章的前後幾章，明顯發現，此章前三十七章、後三十九章內容都與民有關。如三十七章要求與民同甘共苦。三十九章亦強調「割以分民，而益其爵祿」，可見，劉向不僅設二十個小標題來突出主旨，概括材料，每一小標題內，相同主旨的材料又被放在一起，又形成不同的小主題。

13. 韓武子田獸已聚

此章僅見於《說苑》1‧38 章，不見他書。《說苑》開頭文句爲「韓武子田獸已聚。」與此章文字相同，二者應爲同一文獻。此章講的是晉大夫韓武子正在打獵，「獸已聚矣，田車合矣，」所有的準備工作都已經做好。忽然傳來晉公逝世的消息，由於韓武子特別喜歡打獵，因此在是否應該馬上趕回弔唁的問題上猶豫不決。當他徵詢欒懷子的意見時，欒懷子並沒有正面回答，而是說「范氏之亡也，多輔而少拂，今臣於君輔也，𣊆於君拂也，君胡不問

於晶也？」間接地指出其行爲的錯誤以及亡國的嚴重後果。韓武子迅速領會了欒懷子的用意並馬上罷獵。如果從欒懷子巧妙進諫的角度來看，此章可歸入《正諫》篇。但劉向卻將其歸入《君道》篇，突出韓武子善於納諫改過的主旨。而且此章前 35、36 章，後 38、39、40 章，都表達的是君主勇於納諫改過的主旨。

14. 簡子春築臺

此章僅見於《說苑》5・16 章，不見他書。《說苑》開頭文句爲「趙簡子春築臺」，與此章文字相同，二者應爲同一文獻。此章講的是趙簡子爲了不奪民時，而放棄在春季築臺，表現了趙簡子對百姓的仁愛，正符合《貴德》篇的主旨。而且此章前十五章「晉平公春築臺」與此材料性質類似，同樣不見他書，也應爲二號木牘中一章。

15. 晉文公伐衛

此章僅見於《說苑》13・48 章，不見他書。《說苑》開頭文句爲「晉文公伐衛」，與此章文字相同，二者應爲同一文獻。此章講的是在晉文公下令全力攻打衛國之時，公子慮用通過從自己有意結識採桑女，推測自己的妻子定會有人勾引之例，暗喻晉文公攻打衛國的同時，也會有人趁晉國空虛而偷襲，後果如公子慮所料。此章可歸入《正諫》篇，劉向將其歸入《權謀》篇，旨在突出公子慮的遠見卓識。此章內容與《說苑・正諫》第十四章情節相似。

16. 簡子有臣尹澤

此章見於《說苑》2・18 章。《說苑》開頭文句爲「簡子有臣尹綽」。《呂覽・達鬱》有「趙簡子曰：『厥也愛我，鐸也不愛我』之句，向宗魯云：「高誘注曰：『厥，趙厥，趙簡子家臣也，鐸，尹鐸，亦家臣也。』是『尹綽』當爲『尹鐸』聲之誤也。」〔註28〕因此，木牘章題「澤」與「鐸」則爲形誤。「綽」「澤」「鐸」實爲一字。此章內容雖然又見於《呂氏》，但從文字上看，《說苑》的材料應取自木牘。首先，《說苑》與木牘章題的開頭句文字相同，《呂氏》直接從趙簡子語開始，其次，《說苑》中尹綽語到「臣愛君之過，而不愛君之醜」就已經結束，《呂氏》後還有「臣嘗聞相人於師，敦顏而土色者忍醜，不質君於人中，恐君之不變也」。

〔註28〕劉向撰、向宗魯校證：《說苑校證》，北京：中華書局，1987 年，第 52 頁。

17. 簡子攻衛之附郭

此章見於《呂氏·貴直》，《說苑》開頭文句爲「趙簡子攻衛附郭」，文字基本相同。內容又見於《韓非子·難二》，《韓非子》文句爲「趙簡子圍衛之郛郭」，「附」與「郛」不同，二字音相近，恐爲聲之誤。此文獻同見二書，文字相同。《說苑》中沒有這一條文獻，但在《指武》篇中有「田單爲齊上將軍」章，主題相似，不知是否因此而未選此章，還有原有此章，後在流傳中遺失。此章講述的是趙簡子攻打衛國之時，貪生怕死，躲在盾牌後擊鼓進攻，士卒也傚仿主帥，不去勇猛殺敵，當他感慨士兵的懦弱時，燭過大膽進言，批評其未能身先士卒，趙簡子納諫改過，「立於矢石之所及」處擊鼓，終於大獲全勝的故事。此文在《呂氏》書中歸入《貴直》篇，提倡君王看重直言敢諫之士。《說苑》將類似主旨的「田單爲齊上將軍」章歸入《指武》篇，突出了戰爭中主帥勇敢的重要性。

18. 夏征舒弒陳靈公

夏征舒弒陳靈公的故事多見於《左傳》等史書，《說苑》1·4章最後也簡略提及此事，文爲「靈公聞之，以泄冶爲妖言而殺之，後果弒於征舒」，但文字都與此不同。

19. 靈王會諸侯

此章見於《新序》9·5章。《新序》開頭文句爲「楚靈王即位，欲爲霸，會諸侯。」內容又見於《左傳昭公四年》，但沒有《新序》的開頭文句，僅從「會諸侯」後句「使椒舉如晉求諸侯」開始。除開頭文句不同，二書結尾句也不同。《左傳》只是將事件敘述完，《新序》卻進一步寫出楚靈王行爲所導致的惡果，以及司馬侯的智謀。

20. 景公為臺

此章見於《說苑》9·15章。內容又見於《晏子·內篇諫下》二書開頭文句都是「景公爲臺」，而且正文文字也相同，這說明以晏子爲中心的文獻，其文字在流傳中已經穩定下來。

21. 陽虎為難於魯

此章見於《說苑》13·28章，其開頭文句爲「陽虎爲難於魯」，與此章文字相同，二者應爲同一文獻。其內容又見於《左定公九年傳》，《左傳》與《說苑》文字明顯不同，《左傳》敘事詳細，前因後果都有交代。《說苑》文字古

樸，敘述簡略，重點在於鮑文子的說辭。

22. 晉韓宣子□

胡平生疑爲《說苑》18・22 章，《說苑》開頭文句爲「鄭簡公使公孫成子來聘於晉。評公有疾，韓宣子贊授客館」，與此章文字不同，不應爲同一文獻。其內容又見於《左昭公七年傳》《國語・晉語》，《說苑》與《左傳》文字不同，而與《國語》相同。前面本文分析《說苑》與《國語》文獻關係時，已經指出，《說苑》在《辨物》篇中，集中採錄了《國語》中的某些文獻，因此，《說苑》中的文獻，應採自《國語》，而非來自木牘章題中所涉篇章。

23. □遊於海

胡平生疑爲《說苑》9・2 章。其開頭文句爲「齊景公遊於海上而樂之」，「遊於海」三字與木牘章題相同。此內容又見於《韓非子・十過》，但《韓非子》爲「昔者田成子游於海而樂之」，而且文字與《說苑》差別較大。《說苑》中此文敘事少，以突出顏燭的諫言爲主，少有齊景公的對答，與《說苑》見於此木牘的其他文獻風格相同，應與此章爲同一文獻，胡平生所疑爲是。

24. □陽虎

從殘存文字來看，此章與陽虎有關。《說苑》中與陽虎有關的文獻共有三章，它們分別是《說苑・復恩》第二十二章、《說苑・權謀》第二十八章、《說苑・雜言》第十九章。《說苑・權謀》第二十八章已見於此木牘二十一章，《說苑・雜言》第十九章見於一號木牘第四章，只剩下《說苑・復恩》第二十二章，此章開頭文句爲「陽虎得罪於衛」，木牘章題中「□」估計爲「昔」，因此，此章可能是《說苑・復恩》第二十二章。

25. 衛靈公築□□

胡平生疑爲《新序》6・4 章，《新序》開頭文句爲「衛靈公天寒鑿池。」僅與木牘章題中「衛靈公」三字相同。此內容又見《呂氏春秋・分職》，二書文字完全相同。前面本文分析《新序》與《呂氏春秋》文獻關係時，已經指出，《新序》採用了《呂氏春秋》中故事性文獻，因此，《說苑》中的文獻，應採自《呂氏春秋》，而非來自木牘章題中所涉篇章。

26. 魏文侯與大夫飲酒

此章見於《說苑》11・12 章，其開頭文句爲「魏文侯與大夫飲酒」，與此章文字相同，二者應爲同一文獻。此章講的是魏文侯在與大夫一起飲酒時，

設飲酒令自己卻不遵守，其臣子公乘不仁堅持要罰魏文侯酒，並引周書語「前車覆，後車戒」來指出君主的表率作用，最終說服了魏文侯。正是因為公乘不仁的巧妙言辭，此章被歸入《善說》篇。

27. 魯孟獻子聘於晉

此章僅見於《新序》6‧10 章，不見它書。其開頭文句為「魯孟獻子聘於晉」，與木牘章題文字相同，二者應為同一文獻。此章討論了真正富有的含義。魯國大夫孟獻子與晉國大夫韓宣子都很富有，但前者以「以蓄賢為富」，後者「以鍾石金玉為富」，二者何為真正的富有，答案非常明顯，因此，孔子曰：「孟獻子之富，可著於春秋。」

28. 趙襄子飲酒五日

此章僅見於《新序》6‧6 章，不見它書。其開頭文句為「趙襄子飲酒五日五夜」，與木牘章題文字相同，二者應為同一文獻。此章記錄了優莫有趣的諫言。當趙襄子飲酒五日五夜，並以酒量大而自我推崇之時，優莫揶揄他再努力喝二日二夜，正好與紂王媲美。優莫的話立刻驚醒了趙襄子，並向優莫表示了自己的憂慮。優莫語出驚人，他將趙襄子比作紂，卻又將天下之君比作桀，在安慰趙襄子同時，又對包括趙襄子在內的所有君王進行了機智地諷刺，真令人忍俊不禁。

29. 齊景公飲酒而樂

見《新序》6‧7 章，其開頭文句為「齊景公飲酒而樂」此內容又見於《晏子春秋‧外篇》《外傳‧卷九》，二書文字與《新序》相比，有同有異，但還是能看出三書都源於同一文獻。從開頭文句看，《晏子春秋》為「景公飲酒數日而樂」，《外傳》為「齊景公縱酒，醉而解衣冠，鼓琴以自樂」。《新序》與木牘章題文字最同，應來自木牘章題。

32. 魏文侯與田子方

此章僅見於《說苑》6‧24 章，其開頭文句為「魏文侯與田子方」，與木牘章題文字相同，二者應為同一文獻。此章講的是魏文侯收養戰爭留下的孤兒，並以自己能善待他們為自豪，但田子方卻犀利地指出魏文侯的恩德的虛偽性，從而引起魏文侯深刻地反省。

34. 叔孫文子□

胡平生疑為《說苑》20‧17 章，其開頭文句為「衛叔孫文子問於王孫

夏」，比目?章題前多「衛」字，但無妨大礙。有關叔孫文子之事在《新序》《說苑》中僅此一則，而且不見它書所載，應與此章為同一文獻。

（三）《說類雜事》

1. 趙文子問於叔向曰晉六將軍其孰先亡

此句見於《新序》1‧18 章、《淮南‧道應訓》，除《新序》在「孰先亡」前少「其」字，《淮南子》在「趙文子問於叔向」前多「昔」字，文字幾乎完全相同。此文講的是趙文子與叔向討論晉六將軍誰先滅亡。叔向通過分析中行氏以苛刻、狡詐而不以仁德治國的方法，推測其最先滅亡。《新序》採用此文表達仁政思想，《淮南子》用此文說明老子語「其政悶悶，其民純純；其政察察，其民缺缺」。此語大意也是要求政教寬大，反對政教苛刻。前者使人互相親睦也。後者則使民不聊生。可見，《淮南子》從道家的角度要求統治者實行仁政。

2. 齊侯問於晏子曰忠臣之事君何若

此句見於《說苑》1‧12 章、《新序》5‧23 章、《晏子春秋‧內篇問上》，四書文字皆同。這也是《新序》《說苑》唯一一章完全重複的文獻。此文講的是齊侯與晏子關於何為忠臣的對話，晏子對忠臣的闡釋別具一格，他不認為君王有難時為之送行或者死的臣子是忠臣，真正的忠臣應該使自己的進諫被採納，從而避免其出逃甚至死亡。《說苑》將此文歸入《臣術》篇，目的在於說明為臣之道。

3. 楚令尹死景公遇成公乾

此句僅見於《說苑》2‧6 章。「景公」，人名，周臣甘氏有名景公者，見《左傳‧昭公十二年》，但與楚國無關。此疑為另一人，生平不詳。「成公乾」，人名，事迹未詳。此文講的是楚國令尹死後，景公與成公乾討論誰會繼任此職位。景公認為令尹之職當歸自己。成公乾卻直言指出，政歸屈春，因為屈春善於與鴟夷子皮、損頗等賢士相處，景公卻貪圖享樂。此文不見它書，文中人物事迹不詳。

4. 陳成子謂鴟夷子皮

此句僅見《說苑》2‧16 章。「陳成子」，名恒，陳無宇之孫，春秋時齊人。「鴟夷子皮」，人名，非指范蠡，事迹未詳。此文與編號 2 主題相同，都是講真正忠臣的臣子不是在國君有難時去送行或者殉死，而是盡量幫助國君避免

逃亡與死難。

5. 鄭子產如陳涖盟歸告大夫

此句不見《說苑》，見於《左傳・襄公三十年》。其文爲「襄公三十年六月，鄭子產如陳涖盟，歸復命。告大夫曰：「陳亡國也，不可與也。聚禾粟，繕城郭，恃此二者而不撫其民。其君弱，植公子佗，大子卑，大夫敖政多門，以介於大國，能無亡乎？不過十年矣。」

6. 宋司城子罕之貴子韋

此句見於《說苑》8・30章。「司城子罕」，司城，官名。春秋時宋國避宋武公名，改司空爲司城。子罕，名叫樂喜，子罕爲其字。春秋時宋國正卿，先爲司城，後爲國相。「子韋」，生平未詳。此文講的是子韋被宋國司城子罕禮遇，但子罕逃亡時，子韋卻未跟隨。子罕返回後卻未有不滿，一樣敬重他。面對他人的質疑，子罕解釋自己逃亡是未聽子韋之言，返國是子韋的德澤，此語表現了子罕過人的見識。此文與編號2、4的主題相同，都是表達忠臣應該幫助國君避免逃亡與死難，事前不作爲，事後的跟隨與殉死，都是消極的做法。

7. 晉平公問於叔向曰歲饑民疫翟人攻我我將奈何

此句僅見於《說苑》11・19章，文字相同。「晉平公」，春秋時晉國國君，名彪。公元前557年至532年在位。此文主要從晉平公遭遇年成不好、翟人等內憂外患，向叔向請教對策。叔向卻說這些都不值得擔心，無人進諫才是最大的禍患。此言得到晉平公讚賞。此文內容又見於《新序》5・18章，不同的是《新序》少「晉平公問叔向曰：『歲饑民疫，翟人攻我，我將若何？』對曰：『歲饑，來年而反矣；疾疫，將止矣；翟人，不足患也」一句，而是直接探討何爲國家的最大禍患。《新序》此文無本。

8. 晉平公問於師曠曰咎犯與趙衰孰賢

此句僅見於《說苑》11・27章，文字相同。「師曠」，晉國的盲樂師。《通志・民族略・以官爲氏》「樂人瞽者之稱，晉有師曠，魯有師乙……」《楚辭章句》：「師曠，聖人，字子野，生無目而善聽，晉主樂太師。」「咎犯」，即狐偃，晉文公之舅，故稱舅犯。「趙衰」，佐晉文公稱霸，後世代爲晉卿。此文講的是晉平公與師曠討論咎犯與趙衰誰最賢明。師曠認爲，趙衰能舉賢，所以更賢明。

9. 管仲有疾桓公往問之

此句見《說苑》13‧13章，文字相同。此事又見於《管子》之《戒》《小稱》、《呂氏春秋‧知接》、《韓非子》之《十過》《難一》等書，其說各異。此文講的是在管仲重病之時，齊桓公問管仲豎刁、易牙是否可以執政，被管仲一一否決。後豎刁、易牙果真製造禍亂，只是齊桓公死後無人收殮屍身。此事表現了管仲高超的預見能力。

10. 田子顏自大術至乎平陵城下

此句僅見《說苑》13‧16章，文字相同。「田子顏」，人名，生平未詳。「大術」，地名，未詳所在。平陵，春秋時齊邑，故址在今山東歷城縣東。此文講的是田子方通過觀察田子顏在平陵城內殷勤問候路人，認為他是收買人心，想憑藉平陵城謀反。後果如所料。此文不見它書。

11. 晉人已勝智氏

此句僅見《說苑》13‧17章，文字相同。「智氏」，即智伯。此文主要表現春秋末楚國大夫梁公弘的智謀。當晉國戰勝智伯後，又開始修繕盔甲打磨兵器，引起楚王擔憂，梁公弘卻認為此不足慮，患在吳國。第二年，吳國果然攻入楚國郢都。此文不見它書。

12. 石益謂孫伯曰吳將亡矣

此句僅見《說苑》13‧19章，文字相同。「石益」，人名，事未詳。「孫伯」，複姓，未知何人。此文記錄了石益與孫伯的一段對話。二人都知道吳國將要滅亡，當石益問孫伯為何不進諫時，孫伯認為，亡國之君已經無法瞭解自己的過失，進諫只是徒然送命。

13. 中行文子出行至邊

此句見於《說苑》13‧22章，文字相同。又見《韓非子‧說林下》、《家語‧辨政》，文字不同。可見，《說苑》文應出自此。「中行文子」，即荀寅，晉頃公時為下卿，統領中行軍。晉定公時期多次出奔。此文講的是荀寅雖背道失義以至於逃亡，但終歸能反省自己，殺掉曾奉承討好自己的嗇夫，所以能活命。

14. 魯人攻費，曾子辭於費君

此句見於《說苑》8‧29章，《說苑》為「魯人攻鄪，曾子辭於鄪君」，除「費」「鄪」之別，文字基本相同。又見《北堂書鈔》三十四引《鹽鐵論》

云：「魯人攻費，曾子辭於費君。」（今本無此文）此文與編號 6 主題基本相同。講的是在魯國攻進鄷邑時，曾子不僅不共同抗敵，而且請求鄷君保護自己的住宅，此舉使鄷君大爲惱火，但當魯軍攻入鄷邑並列舉他的十條罪狀時，鄷君才明白其中九條都是曾子曾經勸諫的內容。於是其反躬自省，將曾子迎回。此文主旨是賢臣要力諫其君，當不能奏效時，不必與君主一起赴難。

15. 楚王子建出守於城父

此句僅見《説苑》18‧32 章，《説苑》爲「王子建出守於城父」，少「楚」字。其餘文字相同。「王子建」，楚平王太子，因少師費無忌的讒言而出守成父，後又被誣謀反，出奔齊、鄭等國。「城父」，春秋時楚邑。此文講的是楚平王太子出守城父，行走於麻田時居然不知此田是用來做什麼，顯得十分無知。於是成公乾預測他不能繼承王位，後果然如此。此文不見它書。

16. 魏文侯出遊見路人反裘而負芻

此句見於《新序》2‧16 章，文字相同。此文講的是魏文侯外出遊玩時看到一個人因愛惜皮毛而反穿皮衣，魏文侯由此想到「裏盡，而毛無所恃」的道理，並運用於治國。他將百姓比作皮，自己與臣子比作皮毛，認爲應該更應該愛惜皮毛，而不是相反。因此，當國家稅款多收十倍時，他不喜反憂。此文內容雖還見於《韓非子》、《呂氏春秋》等書，但文大不相同。

17. 晉平公問於叔向曰昔者齊桓公九合諸侯

此句見於《新序》4‧6 章，文字相同。又見《韓非子‧難二》，文字大異，所以《新序》文應本此。此文講的是晉平公問叔向齊桓公稱霸到底是自己的功勞還是臣子的功勞。叔向用製衣作比，認爲臣子負責縫製，君主只需穿上，應該是臣子的功勞。師曠卻見識獨特，他以做菜爲喻，臣子縱然燒出美味佳肴，但君主不吃，營養就不能吸收，所以是國君的功勞。

18. 晉文公田於虢

此句僅見於《新序》4‧21 章，文字相同。「虢」，國名，西周姬姓之國，有東、西、北之分，此當指北虢。此文講的是晉文公在虢國故地打獵時，問一農夫虢國滅亡的原因。回答是虢君無能又不重用賢才，晉文公由此罷獵回城。趙衰聽此事後亦批評其只重其言，不賞其人，從此晉國國君「樂納善言」，成爲霸主。此文不見它書。

19. 晉平公過九（京）原而歎

此句見於《新序》4‧22 章，文字相同。又見於《國語》、《韓非子》、《禮記》等書，文字大不相同，可見並非同一文獻。李華年說：「本條係綜合《國語‧晉語八》、《韓非子‧外儲說左下》、《禮記‧檀弓下》的有關記載，並加上劉向的個人評論而成。」此論不太準確，《新序》文應來自《說類雜事》。「九原」，晉國卿大夫的墓地，在新絳（今山西侯馬）。此文主要是晉平公與叔向議論趙武的爲人。趙武言語謹愼，卻善舉賢才，而且從不與所薦之人結黨營私。因此，趙武被公認爲賢德之人。

20. 葉公諸梁問樂王鮒

此句僅見於《新序》4‧21 章，文字相同。「葉公諸梁」，即葉公子高，楚國人。「樂王鮒」，春秋晉國大夫，晉平公時人，班固《古今人表》列其爲第三等智人。此文主要講葉公諸梁與樂王鮒評論晉國大夫趙文子的爲人。樂王鮒評價趙文子「好學而受規諫」，並認爲這是最可貴的品質，它就像長江的源頭一樣，「其源若甕口，至楚國，其廣十里」，因此，有「好學而受規諫」的品質，就能有所建樹。

23. 趙簡子問於翟封荼

此句僅見《說苑》18‧26 章，文字相同。「趙簡子」，原爲晉國大夫。韓、魏、趙三家分晉以後，爲趙國開國國君。此文記錄了趙簡子與翟封荼的對話。趙簡子感慨翟國下穀子、血雨、馬生牛牛生馬等妖禍可以亡國。翟封荼卻認爲翟國的妖禍並非這些，而是國君幼弱、臣下結黨營私等，這才是亡國的根本。

24. 趙襄子問於王子維曰吳之所以亡者何也

此句僅見《新序》5‧15 章，文字相同。「王子維」，人名，生平不詳。此文講的是王子維認爲吳國滅亡的原因在於其吝嗇又不能下狠心。趙襄子深有同感，因爲吝嗇不能賞賢，不狠心則不能懲奸，這是滅亡之道。

26. 楚昭王之時有雲如飛鳥夾日而飛

此句見《說苑》1‧31 章，文字相同。又見於《左傳‧哀公六年》、《史記‧楚世家》，文字略異。此文講的是楚昭王之時，雲如飛鳥夾日而飛，此景達三天之久。太史黎州的解釋是有災於楚昭王，可以轉移到令尹、司馬身上。楚昭王拒絕了這一建議，此事表現出其仁德。

27. 司城子罕相宋

此句見《説苑》1·47 章，文字相同。又見於《外傳》卷七、《淮南子·道應訓》、《韓非子·外儲説右下》，《外傳》、《淮南子》文字基本相同，《外傳》多詩「胡爲我作，不即我謀」。《韓非子》文多異。此文講的是宋國子罕擔任國相之後，欺騙宋君，言「賞賜讓與者，人之所好也，君自行之；刑罰殺戮者，人之所惡也，臣請當之」，看似在爲國君分憂，實則爲奪權做準備，後果真趕走宋君而獨攬宋國政權。

28. 晉文公伐原

此句見於《新序》4·8 章，文字相同。此事又見於《左傳·僖公二十五年》《國語·晉語四》《韓非子·外儲説左上》、《淮南子·道應訓》等書，文字各異。「原」，西周國名，春秋時晉邑。此文講的是晉文公跟大夫們商定五日之內攻下原國，五日過後原國還未投降，晉文公不顧眾人的反對，撤退了軍隊。正是因爲晉文公堅守信用，使得原國自動歸降，諸侯紛紛歸順。

31. 鄭伐宋宋人將與戰華元殺羊食士

此句見《説苑》5·21 章，文字相同。又見於《左傳·宣公二年》，其首句爲「將戰，華元殺羊食士」，稍有不同。「鄭伐宋」，公元前 607 年，此文講的是鄭國奉楚國之命攻宋，事見《左傳·宣公二年》，「華元」，春秋時宋國大夫，華督曾孫，歷仕宋文公、共公、平公三朝，執政四十年。此文講的是在鄭國進攻宋國時，華元宰羊犒賞士卒卻忘記了車夫羊斟，交戰時，羊斟驅車沖入鄭軍，宋軍潰敗。

32. 中行獻子將伐鄭范文子曰不可

此句見《説苑》5·17 章，文字相同。又見於《國語·晉語六》，首句爲「厲公將伐鄭，范文子不欲」，與此句不同，其文與《説苑》多異。「中行獻子」，即荀偃，字伯遊，中行獻子是他卒後的諡號。「范文子」，名士燮，卒諡文子。此文講的是中行獻子伐鄭之舉遭到范文子的反對，其原因是用兵會招致各諸侯國的仇恨。而且寡德卻戰功多，會帶來憂患。

36. 趙簡子以襄子爲後

此句見《説苑》3·30 章，文字相同。又見《淮南·道應訓》，文字亦同。此文講的是趙簡子的兒子趙襄子沒有才能，卻被趙簡子立爲繼承人。其原因在於趙襄子能爲國家忍受恥辱。後趙襄子果然能忍受智伯之辱，並在十年之後殺掉智伯。

37. 簡子有臣尹鐸赦厥

此句見《說苑》2‧18 章，文字相同。事又見《呂氏春秋‧達鬱》，但無「簡子有臣尹鐸赦厥」句。《說苑》與《呂氏春秋》文字基本相同，後者文後多「孔子曰：『君子哉，尹綽。面訾不譽也』」句。此句又見於二號木牘章題，可參見。

38. 魏文侯從中山奔命安邑田子方後

此句僅見《說苑》8‧22 章，文字相同。「魏文侯」，名斯，戰國時魏國的建立者。「中山」，國名。「安邑」，魏都。此文講的是田子方跟從魏文侯逃亡時，見到魏太子擊。太子擊禮恭，田子方高傲太子擊不悅，於是與田子方展開「貧窮者驕人」還是「富貴者驕人」的爭論。田子方認為「貧窮者若不得意」，可「納履而去」，「富貴者驕人」則會亡國亡家。魏文侯聽到田子方的話後，深受觸動，更加堅定了禮敬賢士的決心。

39. 魏文侯問李克為國何如

此句僅見《說苑》7‧34 章，文字相同。「李克」，即李悝，戰國時法家。此文講的是魏文侯問李克如何治國，李克回答需賞罰得當。魏文侯認為自己賞罰皆得當，但百姓仍然不親附。李克認為要剝奪無功受祿之人的俸祿，用來招致四方賢士。

40. 趙宣孟之絳見桑下有餓人

此句見於《說苑》6‧11 章，文字相同。《說苑》文見於《呂氏春秋‧報更》，文字基本相同；又見於《左傳‧宣公二年》、《史記‧晉世家》，文字大異。「趙宣孟」，即趙盾，春秋時晉國大夫，卒諡宣子，故又稱孟宣。「絳」，春秋時晉國都城，今山西翼城縣東南十五里。此文講的是趙盾曾經親自給躺倒在地上的飢餓者喂飯，並贈給其母親一些食物與錢財，此恩德使他在三年後逃過一劫的故事，突出了施德與報恩的主題。

42. 詩云鳲鳩在桑

此句僅見《說苑》20‧4 章，文字相同。「鳲鳩」，布穀鳥。「鳲鳩在桑」出自《詩經‧曹風‧鳲鳩》。此文記錄了詩句「鳲鳩在桑，其子七兮。淑人君子，其儀一兮」及其解釋詩句的傳文。傳文的內容是：布穀鳥因為專一，所以能餵養七隻小鳥。而作為君子，也應該有如布穀鳥，用同一的法度治理萬物，侍奉君王要誠實專一。

44. 秦穆公乘車右服敗而野人取之

此句不見任何書籍，但此事分別見於《說苑》6·9章、《呂氏春秋·愛士》、《外傳》卷十、《淮南子·氾論訓》、《史記·秦本紀》。此文講的是秦穆公丟失了駿馬，後來卻發現已經被人殺死煮成馬肉。那些人見到秦穆公後非常害怕，但秦穆公不僅沒有懲罰他們，還賞賜酒喝。後秦穆公被晉軍圍困時，這些吃馬肉的人拼死爲其解圍，並打敗晉軍，獲勝而歸。

45. 感激憔悴之音作而民思憂

此句見於《說苑》19·39章、《禮記·樂記》《史記·樂書》，三書在此句前都多一段文字，即「樂者，聖人之所樂也，而可以善民心，其感人深，其移風易俗，故先王著其教焉。夫民有血氣心知之性，而無哀樂喜怒之常。應感起物而動，然後心術形焉」，然後才是「是故感激憔悴之音作，而民思憂」。此文講的是音樂對人的教化作用。好的音樂可以培養品德，荒淫的音樂則挑動人的欲念。

46. 禮樂刑政所以同民心而出治道也

此句見於《說苑》19·40章、《禮記·樂記》、《史記·樂書》，在三書中文段最後，文字稍異。其文爲：「禮樂刑政，其極一也，所以同民心而立（《禮記》、《史記》爲「出」）治道也」。此文主要講「凡音之起，由人心生也」，因此，音樂與心情互相感應。君主應該學會用音樂調和人的心性，用政令同一人的行爲，禮樂刑政，最終的目的都是同一民心、建立統治秩序。

47. 情動於中而形成於聲聲成文謂之音

此句與編號48「凡音者生於人心者也」句都見於《說苑》19·41章、《禮記·樂記》《史記·樂書》，其文爲：「凡音生人心者也。情動於中而（《禮記》、《史記》爲「故」）形於聲，聲成文謂之音。」此文講的是音樂與政治的關係。例如：「治世之音安以樂，其政和；亂世之音怨以怒，其政乖；亡國之音哀以思，其民困。」「鄭衛之音亂，世之音也，比於慢矣。桑間濮上之音，亡國之音也，其政散，其民流。」

49. 齊景公以其子妻闔廬送諸郊

此句僅見於《說苑》13·36章，文字相同。《說苑》文講的是齊景公心疼自己的女兒，當她要遠嫁闔廬時難過的哭泣。可當高夢子勸齊景公留下女兒時，卻遭到反對。因爲齊景公知道吳國有如黃蜂毒蠆一樣，得罪它會導致報復。最終齊景公還是將女兒送到吳國。

50. 宋昭公出亡至於鄙喟然歎曰

此句僅見於《新序》5‧21 章，文字相同。此事又見於《外傳》卷六、《賈誼新書‧先醒》，文字與《說苑》有異。「宋昭公」，歷史上有兩位宋昭公，一位是公元前 620 年～611 年在位；另一位是公元前 450 年～404 年在位，未知此人是哪一位。此文講的是宋昭公仔出逃中終於反省出自己逃亡的原因，即阿諛奉承的人太多，以至於在宮禁、朝廷中都聽不到自己的過失。由於宋昭公能覺悟改過，因此能重新回國執政。

51. 楚令尹虞丘子復於莊王曰

此句僅見於《說苑》14‧13 章，文字相同。「虞丘子」，楚莊王時的令尹。此文講的是虞丘子主動向楚莊王推薦孫叔敖做令尹，自己則願意辭職。孫叔敖做令尹期間，虞丘子家族中有人犯法而被孫叔敖判死刑，虞丘子相反很高興，稱其「奉國法而不黨，施刑戮而不騷，可謂公平」。虞丘子的故事見載於《史記‧循吏列傳》、《新序》等書。《說苑》、《史記》說是虞丘子主動推薦孫叔敖代己爲相，而《新序》卻說是虞丘子在樊姬的批評後才辭位讓賢。

52. 明主有三懼

此句見於《說苑》1‧23 章、定縣八角廊《儒家者言》，文字相同。又見於《外傳》卷七，其首句爲「孔子曰：『明王有三懼』」，文字有異。此文的內容是論述明君有三種恐懼，一是處於尊貴地位無人再指出自己的過失；二是在得意時驕傲自滿；三是擔心聽到最好的諫言而不能實行。根據這三點，文中分別舉出越王句踐、晉文公重耳、齊桓公姜小白三人爲例。

53. 晉獻公假道於虞而伐虢

此句見於《新序》93 章，文字不同。事又見於《左傳‧僖公二年》、《公羊傳‧僖公二年》、《穀梁傳‧僖公二年》、《呂氏春秋‧權勳》、《淮南子‧人間訓》等書，文字亦各異。其中《呂氏春秋》首句爲「昔者晉獻公使荀息假道於虞以伐虢」，《淮南子》首句爲「晉獻公欲假道於虞而伐虢」，二書與此句最爲接近。「晉獻公」，公元前 676 年～前 651 年在位，於公元前 658 年及前655 年發動滅虢滅虞德戰爭。「虞」，周姬姓國名，故地在今山西平陸縣東北。「虢」，此即後人所稱的北虢，亦周姬姓國，在虞之前。此文講的是晉獻公聽取荀息的計策，攻打虞、虢二國時，採取各個擊破的方法。先拿出良馬、寶璧向虞國借路，四年之後，晉獻公滅虢之後，順便又佔領了虞國。

結　語

　　本文將《新序》《說苑》二書文獻上存在的基本問題作爲研究起點，以《新序》《說苑》二書文獻以及與他書文獻的關係爲中心，結合定縣八角廊漢簡《儒家者言》、阜陽雙古堆漢墓中的一號木牘、二號木牘、《說類雜事》、臨沂銀雀山漢簡《晏子春秋》等出土文獻，對《新序》《說苑》二書文獻以及與之有關的他書文獻進行了深入細緻的研究，並得出以下幾點推斷：

其一、關於《新序》《說苑》的關係

　　首先，《新序》《說苑》是劉向在不同時間內編撰的兩部作品，其時間大致以宋本《新序》《說苑》書上的時間爲準，分別爲《新序》公元前 24 年，《說苑》公元前 17 年。其理由爲：晁公武《郡齋讀書志》等著名的目錄書都有時間記錄，應有所據；《說苑敘錄》中「刪去與《新序》重複者」可以證明《新序》成書在前，經過解讀《說苑敘錄》、分析二書重複文獻以及《說類雜事》中文獻基本上不同見於二書的事實，證明此語屬實；《新序》《說苑》對士人節操的態度有別，前者態度矛盾，對忠孝不能兩全而無奈赴死的士人同情感傷，對過激而死的士人給於批評，後者卻極力推崇士節，只要是爲保持節操而選擇死亡，就值得人尊重。

　　其次，前人認爲《新序》《說苑》主旨相同，皆爲「正紀綱，迪教化，辨邪正，黜異端」之作，其言不假，只是稍顯籠統。二書實各有側重，《新序》《說苑》主旨相同的地方主要在於對君臣的論述。對於人君提出仁德愛民、任賢納諫、反省改過、見災修德等要求。對於人臣則提出樂於舉賢、勇於進諫、聰明善辯以及重於士節、不懼死亡等要求。這些主題分佈在《新序》全文，《說苑》中分別有《君道》、《臣術》、《建本》、《立節》、《貴德》、《復

恩》、《尊賢》、《正諫》《善說》、《奉使》、《權謀》、《指武》、《反質》等十三個篇章中涉及。二書主旨不同的地方是，《新序》的主旨較爲單一，全書都以君、臣爲中心，《雜事》一至五雖名其曰雜，其實就是明君賢臣的傳記，《節士》《義勇》《謀士》亦是春秋戰國直至漢初士的節操與智慧的寫照。《說苑》的主旨則要豐富得多，除了對君明臣賢的要求之外，《說苑》在《政理》中闡述了治國的具體方略，在《至公》中表達了君主、臣子都要公正無私的思想。此外，《說苑》專門設立《修文》章來討論禮樂制度，這都是《新序》中所沒有的主題。至於《新序》《說苑》中的士，在《新序》《說苑》中也呈現出不同的個人風采。前者更突出士的仁德、聰明、善辯、廉潔、勇敢、善謀等具體的個性特徵，帶有春秋戰國謀士的風采；後者則是忠君愛國、廉潔奉公、擅長政務、謹慎言語、通達人情物理、注重學習與個人修養的忠臣。

最後，就《新序》《說苑》的體例而言，前人言二書乃採自春秋戰國至漢初時期的傳記行事、嘉言善語而成書，其言雖準確，但頗爲模糊。具體說來，《新序》《說苑》成書之前都應有底本，而不是劉向廣引群籍而成。這一點從二書與相關書籍文獻的分析中可以明證。《說苑》的底本已爲今人所見，阜陽雙古堆漢簡一號、二號木牘及殘簡《說類雜事》所載幾乎都是《說苑》中的文獻，且不見他書，應爲《說苑》底本。《新序》底本雖然未見，既有與《說苑雜事》重複文獻，性質也應該與此相近。此外，二書也從當時的書籍中摘引了文獻，這些書籍有的存在，有的已經亡佚。就現存書籍來看，《家語》《外傳》《呂氏春秋》《晏子春秋》《戰國策》《史記》《國語》爲《新序》《說苑》所摘引，其中《外傳》、《呂氏春秋》《戰國策》《史記》爲二書共同的文獻來源，《家語》《晏子春秋》《國語》僅爲《說苑》所摘引。

其二、關於《說苑》與《孔子家語》之間的關係

《說苑》與《家語》中有 103 條本事文字皆同的互見文獻，有些文獻僅見二書，可見二書關係非比尋常。但受《家語》僞書說限制，《說苑》與《家語》二書關係的研究不夠深入。本文在細緻分析《說苑》與《家語》互見文獻文字的基礎上，再與定縣八角廊漢簡《儒家者言》、阜陽雙古堆一號木牘、二號木牘、殘簡《說類雜事》等出土文獻進行比較，來進一步探討《說苑》與《家語》的文獻關係，加深對《家語》成書的認識。本文的結論是：首先，二書的互見文獻文字基本相同，應屬於同一文本系統，即便是有的文獻文字

差別大，也能肯定是在同一文獻上的人爲改動。這種改動方式分別有改換文字面貌、增加過渡句與解釋性語句、合併文獻等。總之，改動者的主觀意圖明顯，就是要使文句變得具體、豐富、通順流暢，而且主要是《家語》對《說苑》的改動，但這並不能判定爲《家語》引用《說苑》的文獻，因爲二書關係並不是這麼簡單。理清二書的關係，必須將《漢志》著錄的古本《家語》與王肅注的今本《家語》分開，這樣，我們才能深刻地瞭解《說苑》與《家語》間複雜多異的文字現象。總的說來，《說苑》與《家語》的文獻關係是：《說苑》中孔門文獻來自劉向所校訂的古本《家語》，今本《家語》亦來自此書。也就是說，古本《家語》是《說苑》與今本《家語》的共同文獻來源。而定縣漢簡《儒家者言》、阜陽雙古堆一號二號木牘則是未經劉向校訂成書的原始孔門文獻的一部分，是《漢志》本《家語》的文獻來源。因此，《說苑》與《家語》的文字相近，二者又共同接近出土文獻中的材料。今本《家語》文字上人爲的改動，則是孔子後人長期所爲，目的是想將它打造成爲儒家經典。所以，今本《家語》不是僞書，是魏晉孔氏家學的產物。

其三、關於二書與其他書籍的關係

經過對二書與其他有關書籍文獻的具體研究，本文認爲，《新序》《說苑》是劉向博引群書而來的說法不太準確。除了古本《家語》《外傳》《呂氏春秋》《晏子春秋》《史記》《戰國策》《國語》七部書爲二書文獻來源，其他書籍與二書較少甚至沒有文獻關係，它們之間的相同文獻來自《說類雜事》之類似的書籍，這一點在《新序》《說苑》二書關係研究中已經提出。《外傳》與《呂氏春秋》同時對二書產生重要影響。前者的士節觀念、後者的儒家治道思想成爲二書思想核心。然而，通過改變引用文獻結尾議論的方式，《新序》《說苑》也表現出自己獨有的特點。在士節觀上，《外傳》、《新序》顯得消極感傷，《說苑》表現得積極樂觀。在思想上，《外傳》與《呂氏春秋》多偏向於普通的人生哲理，《外傳》甚至有著道家思想，二書卻著力凸顯儒家政治理想，使得書中政治色彩濃厚。至於《晏子春秋》，銀雀山漢簡《晏子春秋》可以證明，《說苑》確實引用了《晏子春秋》，而且保存的是《漢志》著錄本原貌。在二書與《左傳》等四部史書的關係中，《新序》與《史記》《戰國策》有著較深的文獻淵源，《新序》引用了二書中大量謀臣辯士精彩說辭。《說苑》則文字總有不同，有著不同的敘述方式。至於《左傳》《國語》，《新序》《說苑》與之文字相同的文獻少，關係就更加疏遠。

　　總之，本文在前人對《新序》《說苑》二書研究的基礎上，深入細緻地分析了二書以及與之有關書籍的文獻，得出了以上的一些結論。有的是對前人研究成果的補充，有的是一點愚拙之見，只要能對《新序》《說苑》研究作出一點貢獻，就是本文研究的價值所在了。

參考文獻

一、著作（按書名音序排列）

1. 《拜經樓藏書題跋記》，吳壽暘著，《叢書集成初編》本，北京：商務印書館，1935 年。

2. 《北京大學圖書館藏善本書錄》，北京大學圖書館編，北京：北京大學出版社，1998 年。

3. 《北堂書鈔》，虞世南編，天津：天津古籍出版社，1988 年。

4. 《藏園訂補郘亭知見傳本書目》，莫友芝撰、傅增湘訂補，北京：中華書局，1993 年。

5. 《藏園群書經眼錄》，傅增湘著，北京：中華書局，1983 年。

6. 《崇文總目》，王堯臣等著，《粵雅堂叢書》本。

7. 《春秋公羊傳注疏》，徐彥疏，《十三經注疏》本，北京：中華書局，1980 年。

8. 《春秋穀梁傳注疏》，楊士勳疏，《十三經注疏》本，北京：中華書局，1980 年。

9. 《春秋左傳注》，楊伯峻注，北京：中華書局，1990 年。

10. 《大戴禮記解詁》，王聘珍著，北京：中華書局，1983 年。

11. 《東觀餘論》，黃伯思著，北京：中華書局，1994 年。

12. 《二十世紀出土簡帛綜述》，駢宇騫、段書安著，北京：文物出版社，2006 年。

13. 《風俗通義校注》，王利器校注，北京：中華書局，1981 年。

14. 《復堂日記》，譚獻著、范旭侖、牟曉朋整理，河北：河北教育出版社，2001 年。

15. 《古史辨》，顧頡剛、羅根澤編，上海：上海古籍出版社，1982 年。

16. 《管子校正》，戴望著，《諸子集成》本，北京：中華書局，1954 年。

17. 《廣雅校略》張舜徽著，湖北：華中師範大學出版社，2004 年。

18. 《郭店楚墓竹簡》，荊門市博物館編，北京：文物出版社，1998 年。

19. 《國學概論》，錢穆著，北京：商務印書館，2001 年。

20. 《國語集解》，徐元浩著，北京：中華書局，2002 年。

21. 《韓非子集解》，王先慎撰，《新編諸子集成》本，北京：中華書局，1998 年。

22. 《韓非子新校注》，陳奇猷校注，上海：上海古籍出版社，2000 年。

23. 《韓詩外傳集釋》，韓嬰撰、許維遹校釋，北京：中華書局，1980 年。

24. 《漢代社會性質研究》，楊生民著，北京：北京師範學院出版社，1993 年。

25. 《漢代思想史》，金春峰著，北京：中國社會科學出版社，1987 年。

26. 《漢代學術史》，王鐵著，上海：華東師範大學出版社，1995 年。

27. 《漢紀》，荀悅著，《兩漢紀》本，北京：中華書局，2002 年。

28. 《漢晉學術編年》，劉汝霖著，北京：中華書局，1959 年。

29. 《漢書》，班固著，北京：中華書局，1962 年。

30. 《漢書補注》，王先謙著，北京：中華書局，1983 年。

31. 《漢書管窺》，楊樹達著，上海：上海古籍出版社，1984 年。

32. 《漢書藝文志講疏》，顧實著，上海：上海古籍出版社，1987 年。

33. 《漢藝文志考證》，王應麟著，浙江：浙江書局光緒九年（1883 年）刻本。

34. 《後漢書》，范曄撰、李賢注，北京：中華書局，1965 年。

35. 《淮南鴻烈集解》，劉文典集解，《新編諸子集成》本，北京：中華書局，1989 年。

36. 《黃氏日抄》，黃震著，影印文淵閣《四庫全書》本。

37. 《家語疏證》，陳士珂疏證，上海：上海書店，1987 年。

38. 《校讎廣義》，程千帆、徐有富著，山東：齊魯書社，1998 年。

39. 《晉書》，房玄齡等著，北京：中華書局，1974 年。

40. 《舊唐書》，劉昫等著，北京：中華書局，1982 年。

41. 《郡齋讀書志》，晁公武著，《續古逸叢書》本。

42. 《考古質疑》，葉大慶著，上海：上海古籍出版社，1985 年。

43. 《孔子家語序》，王肅注，上海：上海古籍出版社，1990 年。

44. 《困學紀聞》，王應麟著，北京：商務印書館，1959 年。

45. 《禮記譯解》，王文錦譯解，北京：中華書局，2001 年。

46. 《梁啓超論清學史二種》，梁啓超著，上海：復旦大學出版社，1985 年。

47. 《兩漢經學今古文評議》，錢穆著，北京：商務印書館，2001 年。

48. 《兩漢三國學案》，唐晏著，北京：中華書局，1986 年。

49. 《兩漢思想史》，徐復觀著，上海：華東師範大學出版社，2000 年。

50. 《兩漢大文學史》，趙明、楊樹增、曲德來著，長春：吉林大學出版社，1998 年。

51. 《列女傳》，劉向撰、劉曉東校點，瀋陽：遼寧教育出版社，1998 年。

52. 《列子集釋》，楊伯峻集釋，《新編諸子集成》本，北京：中華書局，1979 年。

53. 《劉文典全集》，劉文典著，安徽：安徽大學出版社，1999 年。

54. 《劉向〈新序〉研究》，許素菲著，臺北：臺灣學生書局，1980 年。

55. 《劉向〈說苑〉研究》，謝明仁著，蘭州：蘭州大學出版社，2000 年。

56. 《劉向評傳（附劉歆)》，徐興無著，南京：南京大學出版社，2005 年。

57. 《劉向校讎學纂微》，孫德謙著，四益宦刊本《孫隘堪所著書》。

58. 《陸放翁全集》，陸游著，北京：北京市中國書店，1986 年。

59. 《呂氏春秋全譯》，廖名春、陳興安譯注，四川：巴蜀書社，2004 年。

60. 《呂氏春秋新校釋》，陳奇猷校釋，上海：學林出版社，1984 年。

61. 《論衡》，王充著，上海：上海人民出版社，1974 年。

62. 《論語譯注》，楊伯峻譯注，北京：中華書局，1980 年。

63. 《孟子注疏》，孫奭注疏，《十三經注疏》本，北京：中華書局，1980 年。

64. 《孟子雜記》，陳士元著，上海：商務印書館，1937 年。

65. 《明史》，張廷玉等著，北京：中華書局，1974 年。

66. 《墨子閒詁》，孫詒讓著，北京：中華書局，2001 年。

67. 《目錄學發微》，余嘉錫著，北京：中華書局，2007 年。

68. 《七略別錄佚文》，姚振宗著，《快閣石室山房叢書》本。

69. 《秦漢史》，呂思勉著，上海：上海古籍出版社，1983 年。

70. 《全上古三代秦漢三國六朝文》，嚴可均編，北京：中華書局，1958 年。

71. 《全祖望集彙校集注》，朱鑄禹彙校，上海：上海古籍出版社，2000 年。

72. 《群書治要》，魏徵編，影印文淵閣四庫全書本。

73. 《群書拾補》，盧文弨撰，上海：商務印書館，1937 年。

74. 《尚書正義》，孔穎達等，《十三經注疏》本，北京：中華書局，1980 年。

75. 《三國志》，陳壽著，北京：中華書局，1959 年。

76. 《少室山房筆叢》，胡應麟著，上海：上海書店出版社，2001 年。

77. 《詩三家義集疏》，王先謙著，北京：中華書局，1987 年。

78. 《史記》，司馬遷著，北京：中華書局，1982 年。

79. 《史通箋注》，劉知幾撰，張振佩箋注，貴陽：貴州人民出版社，1985 年。

80. 《士禮居藏書題跋記》，黃丕烈著，北京：書目文獻出版社，1989 年。

81. 《書林清話　附書林餘話》，葉德輝著，遼寧：遼寧教育出版社，1998 年。

82. 《說文解字注》，段玉裁注，上海：上海古籍出版社，1988 年。

83. 《説苑集證》，左松超著，臺灣：國立編譯館，2001 年。

84. 《説苑今注今譯》，盧元駿注譯，臺灣：商務印書館，1979 年。

85. 《説苑全譯》，王瑛、王天海譯注，貴州：貴州人民出版社，1992 年

86. 《説苑疏證》，趙善詒疏證，上海：華東師大出版社，1985 年。

87. 《説苑探微》，許素菲著，太白書屋，1989 年。

88. 《説苑校證》，劉向撰、向宗魯校注，北京：中華書局，1987 年。

89. 《説苑選》，范能船著，福建：福建教育出版社，1986 年。

90. 《説苑逐字索引》，劉殿爵編，臺灣：商務印書館，1992 年。

91. 《説苑纂注》，（日本）尾張關嘉著，日本興藝館 1794 年。

92. 《四庫全書簡明目錄》，永瑢等著，上海：上海古籍出版社，1985 年。

93. 《四庫全書總目》，永瑢等著，北京：中華書局，1965 年。

94. 《四庫全書總目提要補正》，胡玉縉補正，北京：中華書局，1964 年。

95. 《四庫提要辯證》，余嘉錫著，北京：中華書局，1980 年。

96. 《宋史》，脫脫等著，北京：中華書局，1977 年。

97. 《隋書》，魏徵等著，北京：商務印書館，1957 年。

98. 《遂初堂書目》，尤袤著，文淵閣《四庫全書》本。

99. 《太平御覽》，李昉等編，北京：中華書局，1985 年。

100. 《鐵橋漫稿》，嚴可均著，《續修四庫全書》本，上海：上海古籍出版社，1995 年。

101. 《鐵琴銅劍樓藏書題跋集錄》，瞿鏞著，上海：上海古籍出版社，1985 年。

102. 《通志》，鄭樵著，北京：中華書局，1987 年。

103. 《萬卷精華樓藏書記》，耿文光著，黑龍江：黑龍江人民出版社，1992 年。

104. 《偽書通考》，張心澂著，上海：上海書店，1988年。

105. 《文史通義校注》，章學誠著、葉瑛校注，北京：中華書局，1985年。

106. 《文獻通考》，馬端臨著，北京：中華書局，1986年。

107. 《文心雕龍注》，劉勰撰、范文瀾注，北京：人民文學出版社，1978年。

108. 《文選》，蕭統編、李善注，北京：中華書局，1977年。

109. 《文子疏義》，王利器疏義，《新編諸子集成》本，北京：中華書局，2000年。

110. 《無求備齋學術新著》，嚴靈峰著，臺灣：商務印書館，1987年。

111. 《無邪堂答問》，朱一新著，北京：中華書局，2000年。

112. 《先秦學術概論》，呂思勉著，雲南：雲南人民出版社，2005年。

113. 《先秦諸子繫年》，錢穆著，北京：商務印書館，2000年。

114. 《先秦兩漢史料學》，曹道衡、劉躍進著，北京：中華書局，2005年。

115. 《閒堂文藪·史傳文學與傳記之發展》，程千帆著，山東：齊魯書社，1984年。

116. 《小說的興起》，伊恩·P·瓦特著，高原等譯，北京：三聯書店，1992年。

117. 《小說面面觀》，愛·摩·佛斯特，蘇炳文譯，廣州：花城出版社，1984年。

118. 《新論》，桓譚著，上海：上海人民出版社，1977年。

119. 《新書校注》，閻振益、鍾夏校注，北京：中華書局，2000年。

120. 《新唐書》，歐陽修等著，北京：中華書局，1975年。

121. 《新序今注今譯》，盧元駿注譯，天津：天津古籍出版社，1987年。

122. 《新序全譯》，李華年譯，貴陽：貴州人民出版社，1994年。

123. 《新序疏證》，趙善詒疏證，上海：華東師範大學出版社，1989年。

124. 《新序通檢》，中法漢學研究所編，1946年，臺北1968年重印。

125. 《新序詳注》，趙仲邑注，北京：中華書局，1997年。

126. 《新序校記》，劉向撰、張國銓校注，成都彬明印刷社，民國33年（1944）。

127. 《新序校釋》，石光瑛校釋，北京：中華書局，2001年。

128. 《新序譯注》，馬達譯注，湖北：湖北人民出版社，1986年。

129. 《新序逐字索引》，劉殿爵、陳方正編，香港：商務印書館，1992年。

130. 《新學偽經考》，康有為著，北京：中華書局，1959年。

131. 《新語校注》，陸賈著、王利器校注，北京：中華書局，1986年。

132. 《荀子集解》，王先謙集解，北京：中華書局，1988年。

133. 《晏子春秋集釋》，吳則虞集釋，北京：中華書局，1962 年。

134. 《晏子春秋譯注》，盧守助譯注，上海：上海古籍出版社，2006 年。

135. 《晏子春秋校釋》，駢宇騫著，北京：書目文獻出版社，1988 年。

136. 《儀禮注疏》，賈公彥注疏，《十三經注疏》本，北京：中華書局，1980 年。

137. 《藝文類聚》，歐陽詢編，上海：上海古籍出版社，1982 年。

138. 《意林全譯》，王天海譯，貴州：貴州人民出版社，1997 年。

139. 《余嘉錫說文獻學》，余嘉錫著，上海：上海古籍出版社，2001 年。

140. 《玉海》，王應麟著，廣陵書社（揚州廣陵古籍刻印社），2007 年

141. 《曾鞏集》，陳杏珍、晁繼周點校，北京：中華書局，1984 年。

142. 《增訂四庫簡明目錄標注》，邵懿辰撰、邵章續錄，上海：上海古籍出版社，1979 年。

143. 《札迻》，孫詒讓著，北京：中華書局，1989 年。

144. 《戰國策新校注》，繆文遠校注，四川：巴蜀書社，1998 年。

145. 《章太炎全集》，章太炎著，上海：上海人民出版社，1982 年。

146. 《昭仁殿天祿琳琅書目》，于敏中等著，遼寧：遼寧教育出版社，2000 年。

147. 《鄭堂讀書記》，周中孚著，《清人書目題跋叢刊》，北京：中華書局，1993 年。

148. 《直齋書錄解題》，陳振孫著，上海：上海古籍出版，1990 年。

149. 《中國叢書廣錄》，陽海青編，湖北：湖北人民出版社，1999 年。

150. 《中國叢書綜錄》，上海圖書館編，北京：中華書局，1982 年。

151. 《中國古典文獻學》，張三夕主編，湖北：華中師範大學出版社，2003 年。

152. 《中國古籍善本書目》，中國古籍善本書目編輯委員會編，上海：上海古籍出版社，1989 年。

153. 《中國目錄學史》，姚明達著，上海：上海古籍出版社，2005 年。

154. 《中國善本書提要》，王重民著，上海：上海古籍出版社，1983 年。

155. 《中國思想史》（第一卷），葛兆光著，上海：復旦大學出版社，1998 年。

156. 《中國思想通史》，侯外廬主編，北京：人民出版社，1957 年。

157. 《中國文學觀念論稿》，王齊洲著，湖北：湖北教育出版社，2004 年。

158. 《中國文學史》，袁行霈主編，北京：高等教育出版社，1999 年。

159. 《中國小說史略》，魯迅著，北京：人民文學出版社，1973 年。

160. 《中國小説史略》，周錫山釋評，上海：上海文化出版社，2005 年。

161. 《中國古代小説通論綜解》，王增斌、田同旭著，北京：中國文聯出版公司，1999 年。

162. 《中國文言小説史》，吳志達著，濟南：齊魯書社，1994 年。

163. 《中國哲學史》，馮友蘭著，上海：華東師範大學出版社，2000 年。

164. 《中説》，王通著，上海：上海古籍出版社，1986 年。

165. 《中興館閣書目》，陳騤著，古逸書錄叢輯本。

166. 《周秦漢魏諸子知見書目》，嚴靈峰著，北京：中華書局，1993 年。

167. 《周易正義》，孔穎達，《十三經注疏》本，北京：中華書局，1980 年。

168. 《朱子語錄》，黎靖德著，北京：中華書局，1986 年。

169. 《諸子考索》，羅根澤著，北京：人民出版社，1958 年。

170. 《諸子平議補錄》，俞樾著，北京：中華書局，1956 年。

171. 《諸子著作年代考》，鄭良樹著，北京：北京圖書館出版社，2001 年。

172. 《著硯樓書跋》，潘景鄭著，上海：古典文學出版社，1957 年。

173. 《莊子集釋》，郭慶藩集釋，北京：中華書局，1961 年。

174. 《子略》，高似孫著，遼寧：遼寧教育出版社，1998 年。

二、期刊論文（按發表時間先後排序）

1. 裴云：《唐寫本《説苑》讀後記》，《文物》，1961 年。

2. 王重民：《論七略在我國目錄學史上的成就和影響》，《歷史研究》，1963 年第 8 期。

3. 蒙傳銘：《劉向〈新序〉之重新考察》，圖書館學報，1965 年第 7 期。

4. 馬王堆漢墓出土帛書整理小組：《馬王堆漢墓出土帛書〈春秋事語〉釋文》，《文物》，1977 年第 1 期。

5. 安徽省文物工作隊等：《阜陽雙古堆西漢汝陰侯墓發掘簡報》，《文物》，1978 年第 8 期。

6. 張政良：《〈春秋事語〉解題》，《文物》，1977 年第 1 期。

7. 張白珩：《試論劉向〈新序〉成書之體例》，《四川師範大學學報（社會科學版）》，1980 年第 3 期。

8. 河北文物研究所：《河北定縣 40 號漢墓發掘簡報》，《文物》，1981 年第 8 期。

9. 定縣漢墓竹簡整理組：《定縣 40 號漢墓出土竹簡簡介》，《文物》，1981 年第 8 期。

10. 定縣漢墓竹簡整理組：《定縣八角廊漢簡〈儒家者言〉釋文》，《文物》，

1981 年第 8 期。

11. 何直剛：《〈儒家者言〉略説》，《文物》，1981 年第 8 期。

12. 張滌華：《別錄的亡佚及其輯本》，《合肥師院學報（社會科學版）》，1982 年第 2 期。

13. 張滌華：《〈別錄〉釋名》，《阜陽師範學院學報》，1982 年第 4 期。

14. 阜陽漢簡整理組：《阜陽漢簡簡介》，《文物》，1983 年第 2 期。

15. 呂立人：《〈說苑〉散論》，《新疆師範大學大學報（哲學社會科學版）》，1985 年第 1 期。

16. 李岩：《〈說苑〉的比喻》，《新疆師範大學學報（哲學社會科學版）》，1986 年第 1 期。

17. 馬達：劉向《說苑》管窺》，《鹽城師範學院學報（社會科學版）》，1987 年第 1 期。

18. 范能船：《「越世高談，自開戶牖」——〈說苑〉論》，《撫州師專學報（社會科學版）》，1987 年第 3 期。

19. 姚福申：《對劉向編校工作的再認識——〈戰國策〉與〈戰國縱橫家書〉比較研究》，《復旦大學學報（社會科學版）》，1987 年第 6 期。

20. 謝明仁：《雍門周爲孟嘗君鼓琴》不爲桓譚所注：讀劉向《說苑》札記一則》，《廣西大學學報（哲學社會科學版）》，1988 年第 3 期。

21. 范能船：《說〈說苑〉》，《上海師範大學學報（哲學社會科學版）》，1988 年第 1 期。

22. 管錫華：《從〈說苑〉述引前人文字看古漢語的發展》，《安徽教育學院學報》，1988 年第 4 期。

23. 謝謙：《劉向著述考略》，《許昌學院學報》，1989 年第 4 期。

24. 修建軍：《〈呂氏春秋〉是一部以儒家思想爲主體的「雜家」著作》，《中國哲學史研究》，1989 年第 4 期。

25. 蔣凡：《劉向文學思想述評》，《復旦學報》，1989 年第 5 期。

26. 唐有勤：《論劉向校書》，《西華師範大學學報（哲學社會科學版）》，1989 年第 5 期。

27. 胡益祥：《劉向、劉歆父子整理篇籍的貢獻》，《河南師範大學學報（哲學社會科學版）》，1991 年第 3 期。

28. 葉幼明：《劉向〈新序〉的思想和藝術》，《求索》，1992 年第 4 期。

29. 杜民喜、杜宏權：《劉向校書對後世的影響》，《求是學刊》，1992 年第 2 期。

30. 謝明仁：《論劉向的儒家思想》，《廣西師大學報（哲學社會科學版）》，1993 年第 2 期。

31. 李夢之：《劉向及其著作論略》，《歷史教學》，1994 年第 3 期。

32. 戴紅賢：《劉向書與中國前小說的形態特徵》，《四川師範大學學報（哲學社會科學版）》，1997 年第 1 期。

33. 謝謙：《劉向著述與漢代政治之聯繫考略》，《西南民族學院學報（哲學社會科學版）》，1997 年第 4 期。

34. 王承略、楊錦先：《劉向校書同僚學行考》，《文獻》，1998 年第 3 期。

35. 柳穗：《略論劉向父子對中華文化的傑出貢獻》，《圖書館論壇》，1999 年第 1 期。

36. 胡曉薇：《以著述當諫書」：關於劉向對〈新序〉故實的評論》，《四川師範大學學報（社會科學版）》，1999 年第 2 期。

37. 王蘇鳳：《劉向〈新序〉著作性質考辨》，《河北師範大學學報（哲學社會科學版）》，2000 年第 3 期。

38. 王蘇鳳：《論劉向〈新序〉的社會政治思想》，《河南大學學報（社會科學版）》，2000 年第 3 期。

39. 趙友林：《劉向〈別錄〉編纂的條件及原因初探》，《聊城師範學院學報》，2000 年第 4 期。

40. 馬達：《劉向《列子敘錄》非偽作》，《河南大學學報》，2000 年第 1 期。

41. 胡平生：《阜陽雙古漢簡與〈孔子家語〉》，《國學研究》第七卷，北京：北京大學出版社，2000 年。

42. 吳正嵐：《論劉向詩經學家法》，《福州大學學報（哲學社會科學版）》，2000 年第 2 期。

43. 周蔚《劉向小說的定位思考》《南京師範大學學報（社會科學版）》，2002 年第 3 期。

44. 顏麗：《〈說苑〉「其」字研究》，《信陽師範學院學報（哲學社會科學版）》，2002 年第 3 期。

45. 吳全蘭：《論劉向《新序》中的人文思想》，《廣西社會科學》，2003 年第 7 期。

46. 鄭萬耕：《劉向劉歆父子的學術史觀》，《史學史研究》，2003 年第 1 期。

47. 吳全蘭：《論劉向對先秦儒學的繼承和發展》，《雲南社會科學》，2003 年第 6 期。

48. 吳全蘭：《試論劉向的「修文」思想》，《廣西師範大學學報（哲學社會科學版）》，2003 年第 4 期。

49. 邢培順、王琳：《試論劉向著述的思想傾向》，《山東師範大學學報（人文社會科學版）》，2003 年第 3 期。

50. 郝繼東：《劉向〈新序〉之價值取向》，《瀋陽師範大學學報（社會科學

版)》，2004 年第 1 期。

51. 閔澤平：《劉向文章風格論》，《周口師範學院學報》，2004 年第 1 期。

52. 吳全蘭：《試論劉向的人生哲學》，《信陽師範學院學報（哲學社會科學版)》，2004 年第 1 期。

53. 李傳軍：《〈孔子家語〉辨疑》，《孔子研究》，2004 年第 2 期。

54. 邢培順：《劉向〈新序〉〈說苑〉〈列女傳〉材料來源及加工取捨方式探索》，《濱州師專學報》，2004 年第 3 期。

55. 王萍、王小蘭、王仲修：《道家思想與劉向學術》，《山東大學學報（哲學社會科學版)》，2004 年第 3 期。

56. 寧鎮疆：《八角廊漢〈儒家者言〉與〈孔子家語〉相關章次疏證》，《古籍整理研究學刊》，2004 年第 5 期。

57. 周蔚：《劉向小說藝術成就淺論》，《蘇州大學學報（哲學社會科學版)》，2004 年第 5 期。

58. 吳全蘭：《劉向的黃老思想》，《廣西師大學報（哲學社會科學版)》，2005 年第 1 期。

59. 李莉：《劉向文學思想淺探》，《甘肅聯合大學學報（社會科學版)》，2005 年第 3 期。

60. 羅立軍：《〈韓詩外傳〉無關詩義辨》，《華南師範大學學報（哲學社會科學版)》，2005 年第 3 期。

61. 張冰：《〈說苑〉引詩略考》，《山東教育學院學報》，2005 年第 3 期。

62. 吳全蘭：《論劉向的氣節觀》《學術論壇》，2005 年第 5 期。

63. 吳全蘭：《劉向「敬慎」的修身原則及其現代價值》，《廣西師大學報（哲學社會科學版)》，2006 年第 1 期。

64. 周雲中：《關於《新序》《說苑》《列女傳》的性質》，《廣西大學梧州分校學報》，2006 年第 2 期。

65. 郝繼東：《劉向《新序》版本述略》，《古籍整理研究學刊》，2006 年第 2 期。

66. 高月：《昧死以進諫──論劉向編撰〈說苑〉的心態及其成因》，《涪陵師範學院學報》，2006 年第 2 期。

67. 賈冬月：《論劉向的〈說苑〉及其體例》，《現代語文》，2006 年第 6 期。

68. 賈冬月：《劉向《新序》《說苑》《列女傳》的小說特徵》，《綏化學院學報》，2006 年第 6 期。

69. 吳修芹：《劉向及其校書世界》，《蘭臺世界》，2006 年第 8 期。

70. 劉蓓然：《〈說苑〉假設句群的類群與修辭功能》，《井岡山學院學報》，2006 年第 9 期。

71. 王繼如：《伯 2872 號考證——敦煌文獻新發現〈說苑〉殘卷》，《敦煌研究》2007 年第 3 期。

72. 寧鎮疆：《〈家語〉的「層累」形成考論——阜陽雙古堆一號木牘所見章題與今本〈家語〉之比較》，《齊魯學刊》，2007 年第 3 期。

73. 楊波：《論〈說苑〉〈新序〉同題材料的運用》，《古籍整理研究學刊》，2007 年第 4 期。

74. 王齊洲：《〈漢志〉著錄之小說家〈封禪方說〉等四家考辨》，《蘭州大學學報（社會科學版）》，2007 年第 5 期。

75. 楊波：《〈新序〉、〈說苑〉與〈韓詩外傳〉同題異旨故事比較》，《蘭州學刊》，2007 年第 12 期。

76. 寧鎮疆：《讀阜陽雙古堆一號木牘與〈孔子家語〉相關章題餘劄》，《中國典籍與文化》，2008 年第 2 期。

77. 徐建委：《劉向〈說苑〉版本源流考》，《文獻》，2008 年第 2 期。

三、碩博士論文

1. 李秀慧：《〈新序〉研究》，首都師範大學碩士論文，2006 年。

2. 葉剛：《〈新序〉文獻異文研究》，河南師範大學碩士論文，2003 年。

3. 楊芸：《〈新序〉接受史研究》，四川大學碩士論文，2006 年。

4. 劉蓓然：《劉向〈說苑〉修辭研究》，華東師範大學碩士論文，2007 年。

5. 劉琳霞：《劉向〈說苑〉考論》，河南大學碩士論文，2006 年。

6. 張冰：《論〈說苑〉的文獻價值》，山東師範大學碩士論文，2006 年。

7. 楊莊：《〈說苑〉及其相關文獻比較研究》，四川大學碩士論文，2004 年。

8. 梅軍：《〈說苑〉研究》，武漢大學碩士論文，2004 年。

9. 高月：《劉向〈說苑〉研究三題》，西南師範大學碩士論文，2004 年。

10. 顏麗：《〈說苑〉代詞研究》，曲阜師範大學碩士論文，2002 年。

11. 陶家駿：《〈說苑〉複音詞研究》，蘇州大學碩士論文，2003 年。

12. 李小平：《劉向及其文學成就》，北京語言大學碩士論文，2004 年。

13. 李莉：《劉向及其文學成就研究》，西北師範大學碩士論文，2004 年。

14. 鄭蘇青：《劉向三書倫理思想剖析》，福建師範大學碩士論文，2006 年。

15. 邱東玎：《劉向散文對西漢文風的繼承和超越》，重慶師範大學碩士論文，2004 年。

16. 刑培順：《劉向散文研究》，山東師範大學碩士論文，2003 年。

17. 高立梅：《理想與現實之間：〈說苑〉政治思想研究》，華南師範大學博士論文，2006 年。

附錄：《新序》《說苑》歷代著錄

劉向《說苑敘錄》

護左都水使者光祿大夫臣向言：所校中書《說苑雜事》及臣向書，民間書，詆校讐，其事類眾多，章句相溷，或上下謬亂，難見次序。除去與《新序》複重者，其餘者淺薄不中義理，別集以爲百家後，以類相從，一一條別篇目，更以造新事，十萬言以上。凡二十篇，七百八十四章，號曰《新苑》，皆可觀。臣向昧死。

（漢）班固《漢書》

向睹俗彌奢淫，而趙、衛之屬起微賤，踰禮制。向以爲王教由內及外，自近者始。故採取《詩》、《書》所載賢妃貞婦，興國顯家可法則，及孽嬖亂亡者，序次爲《列女傳》，凡八篇以戒天子。及采傳記行事，著《新序》、《說苑》凡五十篇，奏之，數上疏言得失，陳法戒，書數十上，以助觀覽，補遺闕。上雖不能盡用，然內嘉其言，常嗟歎之。

（梁）劉勰《文心雕龍》

《才略篇》「二班兩劉，奕葉繼採，舊說以爲固文優彪，歆學精向，然《王命》清辯，《新序》該練，璠璧產於昆崗，亦難得而踰本矣云。」

《諸子篇》「若夫陸賈《典語》、賈誼《新書》、楊雄《法言》、劉向《說苑》、王符《潛夫》、崔寔《正論》、仲長《昌言》、杜夷《幽求》，咸敘經典，或明政術。雖標論名，歸乎諸子何者？博明萬事爲子，適辨一理爲論，彼皆蔓延雜說，故入諸子之流。」

（唐）劉知幾《史通》

觀劉向對成帝，稱武宣行事，世傳失實。事具《風俗通》，其言可謂明鑒者矣。及自造《洪範》、《五行》及《新序》、《說苑》、《列女》、《神仙》諸傳，而皆廣陳虛事，多構僞辭。非其識不周而才不足，蓋以世人都可欺故也。

至班固《漢書》，則全同太史，自太初已後，又雜引劉氏《新序》、《說苑》、《七略》之辭，此皆當代雅言，事無邪僻，故能取信一時，擅名千載。

（宋）曾鞏《曾鞏集》

《新序目錄序》劉向所集次《新序》三十篇，錄一篇，隋唐之世尚爲全書，今可見者十篇而已。臣既考正其文字，因爲其序論曰：「古之治天下者，一道德，同風俗。蓋九州島之廣，萬民之眾，千歲之遠，其教已明，其習已成，之後所守者一道，所傳者一說而已。故《詩》《書》之文歷世數十，作者非一，而其言未嘗不爲終始，化之如此其至也。當是之時，異行者有誅，異言者有禁，防之又如此其備也。故二帝三王之際及，其中間嘗更衰亂，而餘澤未熄之時，百家眾說未有能出於其間者也。及周之末世，先王之教化法度既廢，餘澤既熄，世之治方術者，各得其一偏。故人奮其私智，家尚其私學者，?起於中國，皆明其所長而昧其短，矜其所得而諱其失。天下之士各自爲方而不能相通，世之人不復知夫學之有統，道之有歸也。先王之遺文雖在，皆紕而不講，況至於秦，爲世之所大禁哉！漢，六藝皆得於斷絕殘脫之餘，世復無明先王之道以一之者。諸儒苟見傳記百家之言，皆悅而向之。故先王之道爲眾說之所蔽，暗而不明，鬱而不發。而怪奇可喜之論，各師異見，皆自名家者，誕漫於中國。一切不異於周之末世，其弊至於今尚在也。自斯以來，天下學者知折衷於聖人，而能純於道德之美者，揚雄氏而止耳。如向之徒，皆不免乎爲眾說之所蔽，而不知有所折衷者也。孟子曰：「待文王而興者，凡民也。豪傑之士雖無文王，猶興。漢之士豈無明先王之道以一之者哉？亦其出於是時者，豪傑之士少，故不能特起於流俗之中，絕學之後也。蓋向之序此書，於今爲最近古，雖不能無失，然遠遠至舜禹而次及於周秦以來，古人之嘉言善行亦往往而在也，要在慎取之而已。故臣既惜其不可見者，而校其可見者特詳焉，亦足以知臣之攻其者失者，豈好辯哉？臣之所不得已也。

《說苑目錄序》劉向所序《說苑》二十篇，崇文總目云今存者五篇，餘皆亡。臣從士大夫間得之者十有五篇，與舊爲二十篇，正其脫謬，疑者闕之，而敘其篇目。曰：「向採傳記百家所載行事之跡以爲此書，奏之。欲以爲法戒，

然其所取或有不當於理，故不得而不論也。夫學者之於道，非知其大略之難也，知其精微之際固難矣。孔子之徒三千，其顯者七十二人，皆高世之材也。然獨稱顏氏之子其殆庶□乎。及回死，又以爲無好學者。而回亦稱夫子曰仰之彌高鑽之彌堅。子貢又以謂夫子之言性與天道不可得而聞也，則其精微之際固難知矣。是以取捨不能無失於其間也。故曰學然後知不足，豈虛言哉。向之學博矣，其著書及建言尤欲有爲於世，忘其枉已而爲之者有矣。何其徇物者多而自爲者少也？蓋古之聖賢非不欲有爲也，然而曰求之有道得之有命，故孔子所至之邦必聞其政，而子貢以謂非夫子之求之也，豈不求之有道哉。子曰，道之將行也，歟命也。道之將廢也，歟命也。豈不得之有命哉？令向知出此安於行止以彼其志能擇其所學以盡乎精□。則其所至未可量也。是以夫子稱古之學者爲己，孟子稱君子欲其自得之，自得之則取諸左右逢其原，豈汲汲於外哉。向之得失如此，亦學者之戒也。故見之敘論，令讀其書者知考而擇之也，然向數困於讒而不改其操與。夫患失者異矣，可謂有志者也編。校書籍臣曾鞏上

（宋）高似孫《子略》

《新序》《說苑》，河間大雅文獻，蔚然風流，崇經尚文，殫極禮樂而所尚醇正，言議彬彬，何其雍容不群如此也。三代一下，一人而已！抑其時所遭者然歟敘磐石之宗，莫可及之者。向以區區宗臣，老於文學窮經之苦，崛出諸儒，炯炯丹心，在漢社稷，奏篇每上，無言不危。吁，亦非以其遭時遇主者如入是歟！先秦古書，甫脫燼劫，一入向筆，採擷不遺。至其正紀綱，迪教化，辨邪正，黜異端，以爲漢規諫者盡在此書，茲說苑新序之旨也。嗚呼，向誠忠矣！向之書誠切切矣。漢之政，日益萎荼而不振，迄終於大亂而後已，一杯水不足以救輿薪之火，此之謂歟！觀此則向之抱忠懷誼，固有可憐者焉，視河間之雅正不迫，亦一時歟！

（宋）陳振孫《直齋書錄解題》

《新序》十卷漢護都水使者光祿大夫劉向子政撰。舜禹以來迄於周，嘉言善行，往往在焉。其書最爲近古，案：曾鞏序略曰，向之序此書於今最爲近古，雖不能無失，然遠至舜禹而次及於周秦以來，古人之嘉言善行，亦往往而有也。此云：「自舜禹以來迄於周」疑有脫句。

《說苑》二十卷，劉向撰。序言臣向所校中書《說苑雜事》，除去與《新

序》複重者，其餘者淺薄不中義理，別集以爲百家後，今以類相從，更以造新事，凡二十篇七百八十四章，號曰《說苑》。案《漢志》劉向所序六十七篇，謂《新序》、《說苑》、《世說》、《列女傳頌圖》也。今本南豐曾鞏序，言《崇文總目》存者五篇，從士大夫得十五篇，與舊爲二十篇，未知即當時篇章否？《新苑》之名亦不同。

（宋）黃震《黃氏日抄》

《新序》十卷，漢劉向之所集，本朝曾鞏之所校者也。周秦至漢，君臣言行苟足爲世教者類在焉，其前五卷皆曰雜事，警戒居多，惟江乙謂昭奚恤爲狐假虎威，此乃小臣離間之言恐不當錄。使昭奚恤非其人而楚用之，並楚君亦且與之俱輕矣。北方豈其以君之故而畏之哉。樂毅挾四國之兵，屠齊七十餘城，掠重器貨寶而去之，此盜也，縱惠王不信□而易將，毅亦必無以勝二城必死之守。世乃以毅與管仲同稱，何哉？次六曰刺奢，自桀紂以來戒之詳矣，惟孟獻子誇得顏回茲無虞二生爲富，則未必然。蓋顏子未嘗仕於大夫之家也。次七次八曰節士，曹子臧致國於殺奪之成公，亦異於太伯、伯夷之讓矣，季札乃慕而傚之，寧滅其宗國。若魯公子肸不義宣公之殺奪而終身不食其食，此爲能審所處爾。晉太子避蛇祥而伏劍，石奢以不私其父而刎頸，李離多殺不辜而自戕，介之推怨懟而就焚，申徒狄嫉世而沉河，果其輕生如此，此皆死非其所，不可言節。齊太史死於職此真足言守節之士，屈平不忍宗國之將亡而自殞，其志爲可悲。而餓者不食嗟來之食，袁族自欲嘔出其盜之食，書之亦可厲天下後世之無恥者矣。程嬰既立趙後自殺以下報杵臼，劉向以爲過，然使果有此事，而事定嬰不死，是給杵臼使之先死也，於義亦合有所處。次八曰義勇，晏子獨免崔杼之盟，王子閭不受白公之立，最爲得義。如弘演輩死非其所當死矣。次九次十曰善謀，戰國謀臣皆苟爲一時耳，至漢張良始多善謀，然封信越，以分地所能助帝滅楚者此謀，而殺信越者亦此謀；召四皓以輔太子所能護惠帝者此謀，而殺戚夫人者亦此謀；以偶語沙上者爲謀反所能封雍齒安一時者此謀，而啓帝疑心叛者九起致帝卒斃於行者亦此謀。大抵機動於此，功成於彼，成其一必不能保其二，未嘗明白一言以義理而折衷之，俾相安無後患焉，殆亦權謀耳，亦未得爲盡善也。

《說苑》者劉向之所校讎，去其複重與凡已見《新序》者而定爲二十卷名《說苑》。然自今觀之，其間煩重與《新序》混淆者尚亦多有，且亦多傅會，如唐虞三代，孔門問答，其詞旨議論，殊非聖賢氣象，楚莊王賢君而謂其築

臺殺賢者七十二人，秦皇嚴譏謗之誅而反謂其能茅焦、鮑白令與侯生三人之極諫。凡欲言其臣之節，必先愼其君之惡，形容文致，殆非人情。曾參大賢謂其耘瓜而擊其子幾死，子路高弟謂其欲釋古學，揆之事理，皆未必然，又桑谷之祥，既以爲大戊又以爲武丁，與書則武丁乃鼎雉之事耳。龍蛇之章既以爲介子推，又以爲舟之僑。於傳則橋乃戮於城濮之役耳。鴻鵠六翮之喻，《新序》以爲固桑告晉平公，《說苑》以爲古乘告趙簡子。不屑扶君之事，《新序》以爲虎會事趙簡子，《說苑》以爲隋會使晉文侯。君不能致士之說，《新序》以爲大夫對衛相，《說苑》以爲田饒對齊相宗衛。解衣就鼎以諫佛肸之說，《新序》以爲田單，《說苑》以爲田基，是二書定於一人而自爲異同。若嚴則音聲之訟，以一位公孫文子告楚，一以爲晏子告齊，是一書重出而自異同。劉向自以爲去其複重而尙若是，何哉，方南豐編集時，官書僅有五卷，後於士大夫間得十五卷以足之，則後世之殘斷錯誤，非必皆劉向本文耳。然其指歸皆出於勸善懲惡，冀扶世教，雖不盡純而最多精語，過於諸子之雜書橫議遠矣。君子亦不可以不觀也。而南豐乃譏其徇物者多，自爲者少。

（宋）晁公武《郡齋讀書志》

《新序》十卷，右漢劉向撰。向當成帝時典校書，因採傳記行事百家之言，刪取正辭美義可勸誡者爲《新序》《說苑》共五十篇。新序陽朔元年上。世傳本多亡闕。皇朝曾子固在館中日，校正其訛舛而綴緝其放逸，久之，新序始復全。

《說苑》二十卷，右漢劉向撰。以君道、臣術、建本、立節、貴德、復恩、政理、尊賢、正諫、法誡、善說、奉使、權謀、至公、指武、談叢、雜言、辨物、修文爲目，鴻嘉四年上之，闕第二十卷。曾子固校書，自謂得十五篇於士大夫家，與崇文舊書五篇，合爲二十篇而敘之，然止是析十九卷作修文上下篇耳。

（宋）周中孚《鄭堂讀書記》

《新序》十卷，漢魏叢書本。漢劉向撰，四庫全書著錄《漢志》載劉向所序六十七篇，《新序》、《說苑》、《列女傳》頌圖也。《漢書》本傳載《新序》、《說苑》凡五十篇，《隋志》作三十卷，錄一卷，新、舊唐志俱同而無錄一卷。《崇文總目》、《讀書志》、《書錄解題》，《通考》、《宋志》俱作三十卷。曾子固序稱劉向所集《新序》三十篇、錄一篇，隋唐之書，尙爲全書，今可見者

十篇而已。然則子固校訂本,即今之十卷本也。凡〈雜事〉五篇,〈刺奢〉一篇,〈節士〉、〈善謀〉各二篇,篇各一卷。子固又稱向之所序此書於今最爲近古,雖不能無失,然遠至舜、禹而次及於周、秦以來,古人之嘉言善行,亦往往而在也。要在慎取之而已。晁氏亦謂自秦之後,綴文之士,有補於世者稱向與楊雄爲最雄之言,莫不趨孔、孟,向之言不皆概諸聖,今觀其書,蓋向雖雜博而自得者多,雄雖精深而自得者少。然則向之書可遵而行殆過於雄矣。合二家之言參之,學者其可以易之哉!

《說苑》二十卷,漢魏叢書本。漢劉向撰,四庫全書著錄,《漢志》總載於劉向所序六十六篇中,漢書本傳則與新序合稱五十篇,新序凡三十篇,則是書二十篇也。隋志、讀書志、書錄解題、通考、宋志雜家類俱作二十卷,新書唐志則俱作三十卷,字之誤也。崇文目作五卷釋云:向成帝時典秘書,採傳記百家之言,掇其正辭美義可爲勸誡者,以類相從爲《說苑》二十篇。今存者五篇。曾子固序稱臣從士大夫間得之者十有五篇,與爲二十篇正其脫謬,疑者闕之,晁氏稱其闕第二十卷,子固止是析十九卷作修文上下篇耳晁氏是也,此書亦每卷爲篇,篇各自有目,與新序體例相同,大旨亦復相類。其所以分爲二書者,蓋其成書有早晚,奏之朝者有先後。遂不可合併爲一書,以致一事而兩書異詞者,亦復不少,總由於各據所見群書採摭而成,故未能較若畫一,何況各自爲書耶。

(宋)馬端臨《文獻通考》

《新序》十卷《崇文總目》:漢劉向撰。成帝時,典校秘書,因採載戰國、秦、漢事,爲三十卷上之。其二十卷今亡。晁氏曰:當成帝時,與校書,因採傳記、行事、百家之言,刪取正辭美義可勸誡者,爲《新序》、《說苑》,共五十篇。《新序》,陽朔元年上。世傳本多亡闕,皇朝曾鞏子固在館中,日校正其訛舛,而綴緝其放逸,久之,《新序》始復全。自秦之後,綴文之士有補於世者,稱向與揚雄爲最。雄之言,莫不步趨孔、孟;向之言,不皆概諸聖,故議者多謂雄優於向。考其行事,則反是。何哉?今觀其書,蓋向雖雜博而自得者多,雄雖精深而自得者少故也。然則向之書可遵而行,殆過於雄矣,學者其可易之哉!南豐曾氏序略曰:劉向所集次《新書》三十篇、《目錄》一篇,隋、唐之世尚爲全書,今可見者,十篇而已。漢興,六藝皆得於散絕殘脫之餘,世復無明先王之道以一之者,諸儒苟見傳記百家之言,皆悅而向之,故先王之道爲眾說之所蔽,暗而不明,鬱而不發,而怪奇可喜之論,各師異

見，皆自名家者，誕慢於中國，一切不異於周之末世。天下學者，知折衷於聖人，而能純於道德之美者，楊雄氏而止耳。如向之徒，皆不免乎爲眾說之所蔽，而不知有所折衷者也。蓋向之序此書，於今爲最近古，雖不能無失，然遠至舜、禹，而次及於周、秦以來，古人之嘉言善行，亦往往而在也。要在慎取之而已。故臣惜其不可見者，而校其可見者特詳焉。所以攻其失者，豈好辯哉？不得已也！高氏《子略》曰：向以區區宗臣，老於文學，窮經之苦，崛出諸儒。先秦古書，甫脫燼劫，一入向筆，採擷不遺。至其正紀綱、迪教化、辯邪正、黜異端，以爲漢規鑒者，盡在此書，號《說苑》、《新序》之旨也。

《說苑》二十卷《崇文總目》：漢劉向撰。向，成帝時典秘書，採傳記百家之言，掇其正辭美義可爲勸誡者，以類相從，爲《說苑》二十篇。今存者五卷，餘皆亡。晁氏曰：劉向撰。以《君道》、《臣術》、《建本》、《立節》、《貴德》、《復思》、《政理》、《尊賢》、《正諫》、《法誡》、《善說》、《奉使》、《權謀》、《至公》、《指式》、《談叢》、《雜言》、《辯物》、《修文》爲目。陽嘉四年上之，闕第二十卷。曾子固校書，自謂得十五篇於士大夫家，與《崇文》舊書五篇合爲二十篇，又敘之。然止是析十九卷，作《修文》上、下篇。南豐曾氏序略曰：向採傳記百家所載行事之跡，以爲此書奏之，故以爲法戒，然其所取，往往不當於理，故不得而論也。夫學者之於道，非知其大略之難也，知其精微之際固難矣。向之學博矣，其著書及建言，尤欲有爲於世。意其枉己而爲之者有矣，何其徇物者多而自爲者少也？蓋古之聖賢，非不欲有爲也，然而曰「求之有道，得之有命」。令向知出此，安於行止，以彼其志，能擇其所學以盡乎精微，則其所至，未可量也。讀其書，知考而擇之可也。然向數困於讒而不改其操，與患失之者異矣。陳氏曰：序言臣向所校中書《說苑》雜事，除去與《新序》複重者，其餘淺薄不中義理，別集以爲百家後，令以類相從，更以造新事，凡二十篇，七百八十四章，號曰《說苑》。按《漢志》，劉向所序六十七篇，謂《新序》、《說苑》、《世說》、《列女傳頌圖》也。今本南豐曾鞏序言，《崇文總目》存者五篇，從士大夫得十五篇，與舊爲二十篇。未知即當時篇章否。《新苑》之名亦不同。

（明）何良俊《說苑新序序》

《說苑》二十卷，《新序》十卷，漢中壘校尉劉向子政所撰，宋集賢校理曾鞏之所序錄者也。觀鞏之序說苑，譏子政不能究知聖人精微之際，又責其著書建言，尤欲有爲於世，忘其枉己而爲之。至論新序，則以爲秦漢絕學之

後，學者知折中於聖人，而能純於道德之美者，楊雄氏而止耳。余謂鞏之文，簡嚴質直，大類子政。獨其詆訶甚嚴，與奪失實，蓋竊疑之焉。夫自三代而下，言道者莫純於孔子，今考其書，自說易而外，其於經緯之際，該不數數也。故曰：「民可使由之，不可使知之。」子貢曰：「夫子之言性與天道，不可得而聞也。」今夫朱生於絳，青生於藍，遂踰本色，不可復化，其質定也。金之在熔，其爲鍾鏞，爲鼎彝尊罍，皆是也。及其既有成器，則鍾鏞之不可使爲鼎彝尊罍，鼎彝尊罍之不可使爲鍾鏞者，其質定也。蓋道者渾淪無方，本無定質，苟欲以言而定之者，則道者將必爲天下裂。子思談道，最爲精微，其言曰：「率性之謂道」此其至善言者，繼之曰：「鳶飛戾天，魚躍於淵。」其言適至是則止耳。苟鳶而必求其所以戾於天，則鳶者始膠膠然亂於上矣。苟魚必求其所以躍於淵，則魚者始膠膠然亂於下矣。故孟子雖爲亞聖，其自序以爲功者，惟曰：「出則孝，入則弟，守先王之法，以待後學者。」而於精微之際，蓋亦不數數也。孟子固亦以言之長者，道之所以裂也，下是而言道者，世號純儒，莫過董生，然尤泥於機祥，東漢諸人則誣於緯候，至於魏晉斷滅於虛無，盡矣，即鞏之所推，獨稱揚雄，然雄之所陳，有曰：「爰清爰靜，遊神之庭，惟寂惟寞，守德之宅。」苟折中於聖人之論，其亦眞能純於道德之美者非邪？宋元豐間，館閣諸名士，一日共商較古今人物失得，王介甫言漢元晚節，劉向數言天下事，疑太犯分，呂晦叔曰：「同姓之卿歟？」眾以爲然。昔屈原與楚同姓，傷懷王之信讒，遂入秦不反，雖放流作離騷、九章諸篇，猶拳拳於存君興國，君子以爲忠，夫以子政爲有非者，然則屈原亦有非耶？按子政當漢元、成間，弘恭、石顯、王鳳方用事尊顯，皆擅國，士大夫一失其旨意，即斥逐誅死不旋踵。子政數上章刺譏時事，指陳災異徵應，乃至亡國弑君，借尋常患難時朋友所不能忍容，子政獨斷斷於天子之前不少休，有不啻批其逆鱗者，是亦豈忘己者之爲。使肯枉己，則子政以彼其才，稍自貶，其取臣相御史不難，顧不出彼，乃與其所爲三獨夫者終始相結託，則不用，困抑以死，若此者，鞏獨不少貸之哉！夫春秋戰國時，先王之澤未泯，士君子之言語行事，皆有可稱，第一以節見，或少戾於中庸之旨，率不爲眾人所錄，一時韓非、呂不韋諸人，雖有論撰，又雜以名法縱橫之說。余謂數千百年之後，凡成學治文者，欲考見三代放失舊聞惟子政之書時爲雅馴。今讀《說苑》二十篇，自君道、臣術以下，即繼以建本，極於修文，終於反質，蓋庶幾三王成敝易變之道，又豈後代俗傳所得窺其旨要哉！余因刻《說苑》、

《新序》二書，懼學者承誤習謬，使子政之心不不白於天下，乃爲之辨著如此云。嘉靖丁未八月朔東海何良俊撰。

（明）董其昌《說苑》序

兩漢之著書者，自陸賈以下凡六家，而卯金子居其二。淮南王安則有《鴻烈解》，中壘校尉向則有《說苑》《新序》云。淮南之書，俶詭超忽，世所稱挾風霜，飲沆瀣者。蓋文士多沉耽焉，而向之《說苑》二十篇，網羅舊聞，應規入矩，似非好奇者所急也。茲專刻《說苑》何也？曰：向之此書，其合於立言之旨者有三，而文辭之爾雅不與焉。裨用一也，述聖一也，獻讜一也，有一於此，皆可傳也，參兼至者乎！夫語稱公輸子巧於爲舟車，而拙於爲木鳶，以非所長御也，顧長康易於貌神鬼，而難以貌狗馬，以眾所希見也。向之《說苑》自《君道》《臣術》迄於修文、反質其標章持論，鑿鑿民經，皆有益於天下國家而非雕塵鏤空。縱談六合之外，以正視聽者，是爲裨用，可傳也。漢承秦後，師異道，人異學，自仲舒始有大一統之說，然世尤未知歸趣，向之此書，雖未盡洗戰國餘習，大都主齊、魯論、家語而稍附雜以諸子，不至逐流而忘委，是以獨列於儒家，是爲述聖，可傳也。元、成間，中官外戚株連用事，向引宗臣大義，身攖讒吻，顧所謂三獨夫者，共憂社稷，懷忠不效。又進《說苑》以見志，吾?其正諫一篇，蓋論昌陵論外戚，封事之餘音若縷焉，是爲獻讜，可傳也。此三者鴻烈有之乎？豈惟鴻烈，陸大夫又向之麗而無其實，賈太傅有向之辨，而無其識，董江東有向之醇，而無其達；揚子雲有向之詣而無其節知言者必能折中矣。史載子政自言得淮南王枕中秘書以往金不成獲罪，則好鴻烈者，宜莫如向，故曾子固譏其言不深純，是不然。夫子政固少好淮南書者，及其義甘不調齟齬憂患之遍嘗，而學術意見已一變矣。昔柳河東文師國語，而非國語，曾南豐文師子政，而詆子政，文人反攻固而，可盡信哉！明文在四十。

（清）紀昀《四庫全書總目提要》

《新序》十卷，漢劉向撰，向字子政，初名更生，以父任爲輦郎。歷官中壘校尉，事跡具《漢書》本傳。案班固《漢書藝文志》稱向所序六十七篇：《新序》、《說苑》、《世說》、《列女傳頌圖》也。《隋書經籍志》，《新序》三十卷，錄一卷，《唐書藝文志》其目亦同，曾鞏《校序書》則云：「今可見者十篇，」鞏與歐陽修同時，而其所言卷帙懸殊，蓋《藝文志》所載，據唐時全

本爲言，鞏所校錄則宋初殘缺之本也，晁公武謂曾子固綴輯散逸，《新序》始復全者，誤矣。此本《雜事》五卷，刺奢一卷，《節士》二卷，《善謀》二卷，蓋即曾鞏校定之舊。《崇文總目》云：所載皆戰國秦漢間事。以今考之，春秋時事尤多，漢事不過數條，大抵採百家傳記，以類相從，故頗與《春秋》內、外《傳》、《戰國策》、《太史公書》互相出入。高似孫《子略》謂：「先秦古書，甫脫燼劫，一入向筆，採擷不遺。至其正紀綱，迪教化，辨邪正，黜異端，以爲漢規監者，盡在此書。」固未免推崇已甚之詞，要其推明古訓，以衷之於道德仁義，在諸子中猶不失爲儒者之言也。葉大慶《考古質疑》摘其昭奚恤對秦使者一條，所稱司馬子反在奚恤前二百二十年，葉公子高、令尹子西在奚恤前一百三十年，均非同時之人，又摘其誤以孟子論好色好勇爲對梁惠王，皆切中其失。至大慶謂《黍離》乃周詩，《新序》誤云衛宣公之子壽，閔其兄且見害而作，「則殊不然。向本學《魯》詩，而大慶以毛《詩》繩之，其不合也固宜，是則未考漢儒專門授受之學矣。

　　《說苑》二十卷，漢劉向撰。是書凡二十篇，隋、唐志皆同。《崇文總目》云：「今存者五篇，餘皆亡。」曾鞏《校書序》云：「得十五篇於士大夫家，與舊爲二十篇。」晁公武《讀書志》云：「劉向《說苑》以君道、臣術、建本、立節、貴德、復恩、政理、尊賢、正諫、法誡、善說、奉使、權謀、至公、指武、談叢、雜言、辨物、修文爲目。陽嘉四年上之，闕第二十卷。曾子固所得之二十篇。正是析十九卷作修文上下篇耳。」今本第十《法誡篇》作敬慎，而《修文篇》後有《反質篇》。陸游《渭南集》記李德芻之言，謂得高麗所進本補成完書，則宋時已有此本。晁公武偶未見也。其書皆錄逸聞佚事足爲法戒之資者，其例略如《詩外傳》，葉大慶《考古質疑》摘其趙襄子賞晉陽之功孔子稱之一條，諸御已諫楚莊王築臺引伍子胥一條，晏子使吳見夫差一條，晉太史屠余與周桓公論晉平公一條，晉勝智氏後闔閭襲郢一條，楚左史倚相論越破吳一條，晏子送曾子一條，晉昭公時戰邲一條，孔子對趙襄子一條，皆時代先後邈不相及，又介子推舟之僑並載其龍蛇之歌，而之僑事尤舛，黃朝英《緗素雜記》亦摘其固桑對晉平公論養士一條，《新序》作舟人古乘對趙簡子，又楚文王爵筦饒一條，《新序》作楚共王爵筦蘇，二書同出向手，而自相矛盾，殆捃拾眾說，各據本文，偶爾失於參校也，然古籍散佚多賴此以存，如漢志《河間獻王》八篇，隋志已不著錄，而此書所載四條，尚足見其議論醇正，不愧儒宗。其他亦多可採擇。雖間有傳聞異辭，固不以微瑕累

全璧矣。

（清）紀昀《四庫全書簡明目錄》

《新序》十卷，漢劉向撰，唐以前本皆三十卷，宋以後本皆十卷，蓋不知為合併，為殘缺也。所錄皆春秋至漢初軼事，可為法戒者，雖傳聞異辭，姓名、時代或有牴牾，要其大旨主幹正紀綱、迪教化，不失為儒者之言。

《說苑》二十卷，漢劉向撰。凡二十篇，與《新序》體例相同，大旨亦復相類，其所以分為兩書之故，莫之能詳，中有一事而兩書異辭者，蓋採摭群書，各據其所見，既莫定其孰是，寧傳疑而兩存也。

胡玉縉《四庫全書總目提要補正》

汪之昌《青學齋集》有是書書後云：「本書十篇，雜事居首，舜耕稼陶漁外，若〈刺奢篇〉，桀作瑤臺，紂為露臺，〈節士篇〉述伯成子高在堯、舜、禹時事，繼以桀為酒池，紂作炮烙之刑，皆唐、虞三代間事，其他亦春秋時事居多。《崇文總目》云云，亦非其實。高似孫子略云云。考開卷引舜事，證以孔子『孝悌之至，通於神明，光於四海』之文，並引孔子居闕黨，仕魯國諸事，以為『其身正，不令而行』之證。〈刺奢篇〉宋子罕告荊士尹條，以『修之廟堂之上而折衝千里之外』孔子之語為折衷。晉宣子觴魯獻子條，特引孔子所云『魯獻子之富可著於春秋。』〈節士篇〉齊攻魯求岑鼎條，引孔子云：『大車無輗，小車無軏，其何以行之哉？』又明見〈論語〉。是以向撰〈新序〉，大致闡明聖訓，俾見此書者，無惑於他歧。且綜全書而論，自首篇至第九篇，率稱舉唐、虞以迄戰國時事，其第十篇則始漢高之入咸陽，終主父偃之削宗室，莫非當代故實，意在鑒戒甚明。」玉縉案：摘《新序》、《說苑》之誤者，《考古質疑》外，如黃朝英《靖康湘素雜記》、王應麟《困學紀聞》、顧炎武《日知錄》、虞兆漋《天香樓偶得》諸書，皆有若干條。朱一新《無邪堂答問》云：「劉子政作《新序》、《說苑》，冀以感悟時君，取是達意而止，不復計事之舛誤。蓋文章體制不同。議論之文，源出於子，自成一家，不妨有此。」瞿氏《目錄》有校宋本云：「間有小注，明刻所無。如卷十〈善謀篇〉『守戰南陽守齮保宛城』下注云：『史作與南陽守齮戰犨東，破之，南陽守齮走保城守宛。』又『休牛於桃林』下注云：『史作放牛桃林之陰，示天下不復輸積。』又『雍齒與我有故』下注云：『《漢書音義》曰，未起時有故怨。』又『深入伐國墮城』下注云：『漢史作以飽待饑，正治以待其亂，定舍以待其勞。故按

兵覆眾，伐國墮城。』又『正遣人獲也』下注云：『漢史作不至千里，人馬乏食，《兵法》曰，遣人獲也。』全書改正僞奪處甚多。」陸氏《儀顧堂題跋》有宋本《新序》跋，大率襲其說。又云：「曾序末有『亦足以知臣之志者』鞏集作『亦足以知臣之攻其者失者，豈好辯哉』小注二十五字。卷三樂毅條『順庶孽』下有『史作餘教未衰，執政任事之臣，修法令，慎庶孽』小注十九字。卷十沛公條『張子房之謀也』下有『楚雖無疆，漢史作楚唯無疆』小注十一字。漢五年條，『功』下『子房』上，無『張』字有『一作張子房之謀也』小注八字。高皇帝五年條『卒爲建信侯』下有『封之二千戶』正文五字。」何允中本跋云：「《新序》原本三十卷，至宋仁宗時只存十篇，《藝文類聚》、《太平御覽》所引，多有出於今本之外者，皆三十篇中逸文。盧抱經《群書拾補》已搜輯無遺。《群書治要》比今本多四條：一爲『孟子見齊宣王於雪宮』至『未之有也』凡九十五字；一爲『齊有田巴先生者』至『斯齊國治矣』一百七十八字；一爲『臧孫行猛政』至『退而避位』凡五百八十九字；一爲『子路治蒲』至『其民不擾也』一百四十一字。與《類聚》、《預覽》所引大同小異，亦皆三十篇中逸文也。」玉縉案：嚴可均輯佚文凡五十二條，在《全漢文》中。

汪之昌《青學齋集》有是書書後云：「曾鞏謂此向採傳記百家所載行事之跡，以爲此書奏之，欲以爲法戒，古書容多傳聞異辭，在向要必各有所據。觀於邶風燕燕，鄭君箋詩則作者莊姜，禮坊記注則作者定姜，詁經不嫌並存異議，況此書主在規戒。俾見者會其義理，人名時代，固在所後矣。以書例論，或述往事，證以古經，則《韓詩外傳》之體也，或舉經文，而下己意申戒之，與《春秋繁露》之體相近，自是西京時製作無疑。」吳氏《拜經樓藏書題跋記》有咸淳乙丑所刻二十卷，並載孫志祖跋云：「取以校叢書程氏榮刻本，其立節篇云『比干殺身以成其忠，尾生殺身以成其信，伯夷、叔齊殺身以成其廉。』程本脫尾生句，則與下文舉忠、舉信、舉廉之語不應。又復恩篇，蘧伯玉得罪於衛君一則，程本所無，此舊刻之可寶，然余尚有疑者，晁氏《郡齋讀書志》敘《説苑》篇目，避宋孝宗諱，易「敬慎」爲「法戒」，而此本不易。切李善《文選注》及《太平御覽》諸書所引《説苑》間出今二十篇以外，王厚齋南宋人也，撰《困學紀聞》，引晉靈公造九層臺，荀息上書求見，云云，此本亦無之，則是書之闕佚者多矣。」又載黃丕烈跋云：「卷四『立節篇』有『尾生殺身以成其信』一句，卷六『復恩偏』多木門子高一條，自明天順本以下皆無之，則信稱善本矣。惟是卷六陽貨得罪條，多非桃李也四

字，餘本爲然，與弨弓盧學士《群書拾補》引御覽合，此猶失之，其他與余本異者亦復彼善於此。」玉繩案：咸淳爲度宗年號，在孝宗後，孫所見不避者當是翻舊本耳，不必疑也。所多一條，瞿氏目錄載其文曰：「蘧伯玉得罪於衛君，走而之晉，晉大夫有木門子高者，蘧伯玉舍其家，居二年，衛君赦其罪而反之，木門子高使其子送至，至於境，蘧伯玉曰：『鄙夫之子反矣。』木門子高后得罪於晉君，歸蘧伯玉，伯玉言之衛君曰：『晉之賢大夫木門子高得罪於晉君，願君禮之』於是衛君郊迎之，竟以爲卿。」丁氏藏書志有明刊校宋本云：「立節篇校添『尾生殺身以成其信』一句，復恩篇晉趙盾舉韓厥條，「欲誅趙氏」下，多「初趙盾在」四字，楚莊王賜群臣酒，陽虎得罪北見簡子兩條，均不缺。「玉繩案：「明楚府刊大字本多『初趙盾在時』五字，與宋本同，而楚莊、陽虎兩條仍缺，見陸氏儀顧堂題跋。又嚴可均輯佚文凡二十四條，在全漢文中。」

（清）王謨《新序跋》《說苑跋》

《新序跋》劉向《新序》十卷，隋、唐志俱三十，《通考》只十卷。曾子固序其略曰，向所集次《新序》三十篇、錄一篇，隋唐之世，尚爲全書，今可見者十篇而已。此書最爲近古，雖不能無失，然遠至舜、禹，而次及周秦以來，古人之嘉言善行，往往而在，而惜乎所缺二十篇，竟無得而考也。謨嘗遍覽唐宋人類書所引《新序》，亦頗有今本所不收者，而其文皆不全，惟《三國志.劉廙傳》注引《新序》云：「趙簡子欲專天下，謂其相曰『趙有犢犨，晉有鐸鳴，魯有孔丘，吾殺三人者，天下可王也。』於是乃召犢犨、鐸鳴而問政焉，已而殺之。使使者聘孔子於魯，以胖牛肉迎於河上。使者謂船人曰：『孔子即上船，中河必流而殺之。』孔子至，使者致命，進胖牛之肉，孔子仰天長歎。」下乃云云，具有首尾，而其文�駁。若未可信，第以胖牛故事語人，未有不茫然者。故亦復識之，以補《史記》、《家語》之缺。若其所引楚共王逐申侯，晉文公遇樂武子，葉公諸梁問樂王鮒，王伯厚已與《說苑》同譏，傳記若此者眾，又不勝辨也。此與《說苑》、《列女傳》俱在《漢志》劉向所序六十七篇內，但班固原注尚有《世說》，書不傳，而後世所傳《列仙傳》三卷，又不在此數內，今只仍叢書舊本，校刊《新序》、《說苑》其《列女》、《列仙》二傳，尚當採而續之云。汝上王謨識。

《說苑跋》右劉向《說苑》二十卷，隋、唐志及統考卷數並同。《崇文總目》只存五卷，餘並亡。後曾子固校得十五篇於士大夫家，與崇文總目舊書

五篇合爲二十卷，而爲之序。大略謂向採傳記百家所載行事之跡，以爲此書奏之，欲以爲法戒，然其所取或不當於理，知其精微之際固難矣。又謂其徇物者多，自爲者少。所論過刻，誠有如何氏所。但其所採春秋時事，亦實多牴牾。如咎犯以樂見晉平公；石乞侍坐於屈建；介子推行年十五而相荊；孔子使人往視，晉靈公造九層臺，荀息上書求見。王伯厚已斥其述記之誤（見《困學紀聞》）不惟此也，其言楚昭王問太史州黎，韓武子謂樂懷子，叔向間殺長弘，左史倚相諫楚莊王，皆前後不同時，又以狐突自殺在獻公卒時，舟子僑作龍蛇詩同介子推羊舌虎爲善樂達，皆與左傳不合，而言屠岸賈事全同史記，其尤可怪者，則言秦始皇謀善天下以鮑白令之諫罷（見《至公篇》）又盧生、侯生既亡，後得侯生，侯生歷數始皇過失，始皇默然，遂釋不誅（見《反質篇》）俱與史記大異。向距漢初不遠，必非無據而爲此說，故特表之，以廣井魚之聽矣。此書自曾氏校正後，頗無殘缺。今叢書本間有以上下章誤合爲一者，亦只略爲乙正，未另編次。汝上王謨識。

（清）嚴可均《書說苑後》

《漢志》《說苑》二十篇，《隋志》《新唐志》皆二十卷，《舊唐志》作三十卷誤，《崇文總目》五卷。《宋志》以來皆二十卷。盧抱經《群書拾補》所載宋本有劉向敍一首，余得元本、楚藩本、程榮本、何良俊本無之，向敍言凡二十篇七百八十四章。今本君道三十八章，臣術二十二章，建本二十七章，立節二十一章，貴德二十八章，復恩二十四章，政理四十一章，尊賢三十四章，正諫二十五章，敬愼三十章，善說二十四章，奉使十九章，權謀四十四章，至公二十一章，指武二十五章，叢談七十二章，雜言五十二章，辨物三十一章，修文三十八章，反質二十三章，凡六百三十九章。《群書拾補》有佚文二十四事，當是二十四章，都計六百六十三章，視向敍少一百二十一章，非完書也。向所類事與左傳及諸子間或時代牴牾，或一事而兩說、三說兼存，韓非子亦如此。良由所見異詞，所聞異詞、所傳聞異詞，不必同李斯之法，別黑白而定一尊。淺學之徒，少所見，多所怪，謂某事與某書違異，某人與某人不相值。生二千載後而欲畫一二千載以前之人之事，甚非多聞闕疑之意，善讀書者豈宜然乎？此本楊澄校刻。楊澄明季人而有方孝孺、王世貞印記，書賈作僞，宜剗棄之。道光戊子歲秋九月，嚴可均書於富春之雙桂坊官舍。鐵橋漫稿卷八。

後 記

　　連綿的寒雨，潮濕的空氣，經過近一個月的陰雨天氣之後，天終於放晴。而此時，我的博士論文也如期完成。走出房屋，春光明媚，鳥語花香，竟有著眩暈般的感覺。想到前幾天還躲在小樓日夜奮戰，備受煎熬。冷雨，就像不受歡迎的客人，長期駐留在窗邊，不知何時才是盡頭。而今天，陽光終於開始熱情地問候萬物，一切陰霾都給驅散。短短的時間內，生活就讓我真切地感受到了它的冷酷與溫柔。

　　博士論文學位論文能夠順利寫完，首先要感謝導師王齊洲教授。早在第一學年，老師就幫助我確定了論文的選題範圍。第二學年開題，第三學年正式開始寫作，直至今年 3 月 6 號博士論文修改完畢，整個流程都離不開老師的細緻指導。特別是今年春節前，我的論文初稿草草寫就，便交給老師。春節後老師的批閱稿返回到手中時，才發現論文從頭到尾都是紅筆批閱的痕迹，從篇章結構到字詞標點，每一處都凝結著老師的智慧與汗水。

　　同樣，張三夕師與高華平師的教誨也令人受益匪淺。張老師學識淵博，提起古今中外作品如數家珍。其執教的「文學思想史與思想史文獻」課堂，是最為緊張的地方。在這裏，張老師突如其來的問，學生張口結舌的答，往往是課堂常態。再充分的課前準備，課後也是汗流浹背。其實老師的看似「刁難」，包含的是一份苦心，它訓練了我們的思維、膽量、口才，培養了我們言而有據、小心求證的研究態度，使我們一生受益無窮。高老師是一位年輕的博導，他上課時嚴肅認真，下課時隨意和氣。記得曾經在文學院大門口為某一問題請老師留步，高老師旁徵博引，侃侃而談，全然忘記周邊學生來來往往。

這一切都多麼值得留念。我熱愛中國古典文獻學專業。這裏有三位恩師的嚴格要求與關心愛護，還有同學朋友們的互幫互助、和睦相處。特別是同年級的吳福秀博士、錢敏博士，三年同窗，無限友情，終生難忘。我也熱愛華中師範大學文學院，在這裏，我分別完成了本科、碩士、博士學業，先後聽過胡亞敏、黃曼君、邱紫華、張玉能、王耀輝各位老師的課。所受恩澤，難以回報。

在論文的寫作過程中，受我求援，廣西大學的謝明仁教授寄來其著作《劉向〈說苑〉研究》；我的朋友、武漢大學藝術系博士王培喜幫忙在武大圖書館複印左松超的《說苑集證》；我的父親姚家松、母親王高桂專程到武漢，承擔一切家庭瑣事，父親還幫我校對了論文文字部分；先生徐明、女兒徐姍給予的家庭溫暖則是我完成學業的動力源泉。

子在川上曰：「逝者如斯夫，不捨晝夜。」時間流淌而去，記憶潮水般湧來。在生命中，有兩位我敬愛的人。一位是大伯姚家林。他讀過十年私塾，曾任岑河中學校長，是一位老夫子式的教師。我寫給他的信，他作滿了批註，指出信中的文字、語法、標點上的錯誤，然後重新寄回；我懷孕休假期間，他搭車進城，只爲教我詩詞格律；當我考上博士，他送我一部《十三經注疏》。我始終堅持不懈地追求知識，就是由於大伯的執著導航。還有一位是教育系吳丹博士。我們一九八八年相識相伴，一九九八年失去聯繫，命運又安排我們二〇〇六年相聚在華師校園，這是一份歷久彌新的友誼。與她的重遇，是命運的恩惠，讓我對生活充滿了感激。

最後，再次向所有關心我的老師、同學、朋友、親人致以謝意。三年學習期間，我不僅跨進了知識的華麗殿堂，而且感受到美好的師生之情、友情、親情，這三年將是我一生中最寶貴的時光。

姚　娟

二〇〇九年三月記於武昌寓所